Alcy Cheuiche

NOS CÉUS DE PARIS

O romance da vida de Santos Dumont

www.lpm.com.br

L&PM POCKET

Coleção **L&PM** POCKET, vol. 235

Texto de acordo com a nova ortografia.

Este livro foi publicado em primeira edição, pela L&PM Editores, em formato 14x21cm, em 1998.
Primeira edição na Coleção **L&PM** POCKET: outubro de 1998
Esta reimpressão: junho de 2011

Capa: Marco Cena sobre foto de Santos Dumont pilotando o "nº 6" em seu voo vitorioso em torno da Torre Eiffel em 1901 (Musée de l'Air et de l'Espace).
Revisão: Renato Deitos e Delza Menin

S237c

Cheuiche, Alcy
Nos céus de Paris: O romance da vida de Santos Dumont / Alcy Cheuiche. –Porto Alegre: L&PM, 2011.
256 p. ; 18 cm (Coleção L&PM POCKET; v. 235)

ISBN 978-85-254-1119-8

1. Ficção brasileira-Romances. I. Título. II. Série

CDD 869.93
CDU 869.0(81)-3

Catalogação elaborada por Izabel A. Merlo, CRB 10/329.

Rua Comendador Coruja, 314, loja 9 – Floresta – 90220-180
Porto Alegre – RS – Brasil / Fone: 51.3225.5777 – Fax: 51.3221.5380

PEDIDOS & DEPTO. COMERCIAL: vendas@lpm.com.br
FALE CONOSCO: info@lpm.com.br
www.lpm.com.br

Impresso no Brasil
Inverno de 2011

Dedico este livro a todos os que ainda acreditam na grandeza do ser humano.

Santos Dumont deu os primeiros passos. Virão, depois, os outros. Não há horizonte fechado à ambição humana. Daqui a pouco, o homem não se contentará em pairar perto da Terra: quererá desaparecer na vastidão gloriosa, quererá chegar ao limite da atmosfera. Depois, dispensará o ar, atravessará o vácuo, visitará o satélite e os planetas, roçará o sol com as asas e, farto de conhecer este nosso mísero sistema solar, irá estudar os outros, até chegar ao centro deles, a esse centro que Flammarion dá o nome de Deus.

Olavo Bilac

SUMÁRIO

Praia do Guarujá, São Paulo, 23 de julho de 1932

O homem hesitou um momento e depois sentou-se na areia. Tirou os sapatos e as meias pretas. Desviou o olhar dos pés pequenos, muito brancos, e colocou as meias uma em cada bolso do paletó. O mar verde-esmeralda descia e subia mansamente sobre a praia deserta. O leve ruído de conchas roladas parecia um ressonar. O homem respirou fundo. Cheiro bom de maresia. O sol brilhava sobre as ondas, doendo nos seus olhos insones.

O homem tirou o chapéu de abas caídas e passou a mão esquerda pela calva, num gesto distraído. Ficou alguns minutos imóvel, o peito arfante, o olhar perdido no mar. A velha canção de infância, como um quebra-cabeça, foi tomando forma na sua memória. *Moro na beira do mar, moro, moro, na beirinha. Da janela do meu quarto vejo saltar a sardinha.* Um projeto de sorriso imobilizou-se sob o bigode branco. Crispou mais os lábios. Mas a manhã ensolarada teimava em arejar-lhe a mente. *Moro na beira do mar, moro, moro, sim senhor. Da janela do meu quarto vejo passar meu amor.* Quantos anos atrás? Mais de cinquenta. Por alguns segundos, o rosto da avó ressurgiu na sua mente. O rosto do velho retrato da sala, na fazenda de Ribeirão Preto. Não se lembrava mais da imagem real. Mas a voz que cantava a canção portuguesa com leve sotaque francês era a mesma da sua infância.

O gemido angustiado de um navio correu célere sobre a superfície do mar. O homem estremeceu e encolheu-se dentro do paletó escuro. Recolocou o chapéu na cabeça e prendeu os joelhos com as duas mãos. Sob o tecido suave da casimira inglesa, apalpou os ossos dos joelhos. Depois subiu as mãos pelas coxas, como à procura dos músculos fortes da juventude. Sempre confiara nas suas pernas. Pernas de andarilho. Pernas de cavaleiro. E viu claramente diante de si as crinas douradas do garanhão. Ouviu nitidamente o estalar do chicote. E a voz rouca do pai que incitava o animal a correr.

Sentado na boleia, ao lado do homem de ombros largos, o menino via retalhos da paisagem entre nuvens de poeira. A *charrette* de rodas altas parecia não ter mais peso. Visto de cima, entre os varais, o cavalo alazão ficara mais baixo e comprido. Com a exatidão de uma máquina, seus cascos batiam no chão e voltavam a erguer-se para bater novamente. As longas crinas louras permaneciam como penteadas para trás. O chicote estalava regularmente, por cima das rédeas tensas, sem nunca tocar no animal. E os cafezais, carregados de frutos vermelhos, confundiam-se em muros compactos dos dois lados da estrada e a perder de vista.

Uma buzina fanhosa fez o homem despertar novamente. Com medo de ser reconhecido, não olhou para trás. Mas seu ouvido acostumado aos motores identificou o Ford Modelo A como se o estivesse vendo. Alto sobre as rodas, sacolejando na estrada esburacada da beira da praia.

O ruído do motor foi-se afastando, mas o homem não recuperou a imagem dos cafezais. Agora, outro motor crepitava na sua memória. Seu primeiro automóvel. Um Peugeot 1891, recém-saído da fábrica de Valentigney. Firmou mais a mão direita no timão condutor e acelerou com gosto. Correndo pelo *Bois de Boulogne* a quinze quilômetros por hora, o jovem brasileiro sentia-se dono do mundo. Seus lábios rosados, sob o nascente bigode negro, obrigaram o rosto enrugado a sorrir. Dentro do automóvel, perdera para sempre o medo, a sensação de caipira dos seus primeiros dias em Paris. Ultrapassado o contorno do Arco do Triunfo, rodava agora pelos *Champs Elysées*. As fisionomias espantadas dos parisienses refletiam-se nos seus grandes óculos de moldura de couro. Circulando entre as carruagens e os bondes puxados por cavalos, dobrou à esquerda antes de chegar ao Louvre. Mexia nos comandos com grande atenção, mas sem perder de vista os olhares das mulheres. No extremo da Avenida da Ópera, o próprio *Palais Garnier* não lhe impôs mais o respeito dos primeiros dias. Enquanto estacionava o veículo em frente ao *Café de la Paix*, uma pequena multidão aglomerou-se em torno da obra-prima da mecânica francesa. E o jovem *chauffeur*, parecendo ignorar a sensação que causava, saltou fora do carro, tirou os óculos de motorista num gesto amplo e dirigiu-se tranquilamente para uma das mesas do terraço.

Agora, viu-se também em Paris, em outro dia de sol. O elevador subia lentamente pelo interior da Torre Eiffel. Acompanhando a curvatura do pilar oeste, a grande gaiola dupla, capaz de transportar duzentos passageiros em cada cabine, parecia quase vazia. Entre o grupo de turistas, na maioria ingleses, alemães e franceses da província, as mulheres com vestidos de mangas bufantes e chapéus floridos davam gritinhos de admiração. Reviu nitidamente a seu lado o professor Garcia, que lhe dava aulas particulares de química, física, mecânica e eletricidade. O velho fraque surrado, a cartola que o fazia parecer ainda mais alto. O rosto triste com os bigodes caídos nos cantos da boca. A voz com sotaque espanholado venceu a distância de quase meio século e soou-lhe nítida como naquele dia de verão: "Eiffel tem muitos inimigos. Você não imagina como foi a luta contra os adversários desta obra. E adversários famosos como Verlaine, Gounod, Guy de Maupassant, Alexandre Dumas Filho e tantos outros que assinaram o manifesto contra a construção da torre". Os inimigos do progresso. Os invejosos de todos os matizes. Naquele tempo, com vinte anos de idade, não acreditava nessas assombrações. Mas a vida o ensinara que o sucesso desperta nos outros os mais mesquinhos sentimentos.

O ronco de um avião arrancou o homem de suas recordações. Tirou outra vez o chapéu e percorreu o céu azul com um olhar inquieto. Muito acima do bando de aves marinhas, o aviãozinho vermelho voava em direção ao norte. Uns mil metros de altura, calculou. Levantou-se com algum esforço e ficou olhando o avião e sua sombra que corria sobre o mar. Quando a aeronave sobrevoou o porto de Santos, ouviu-se o matraquear distante de uma metralhadora. O homem estremeceu, crispou as mãos e ficou olhando a pequena mancha cor de sangue que ganhava altura e desaparecia por trás das montanhas.

Silêncio absoluto. O homem sentou-se novamente na areia, ao lado dos seus sapatos. Ficou bastante tempo assim, lutando contra o presente, até ouvir o latido de um cão. E a memória auditiva abriu-lhe diante dos olhos um outro dia de sol.

Às onze horas da manhã, os preparativos estavam terminados. Uma brisa acariciava a barquinha, que se balançava suavemente sob o balão. A um canto dela, o jovem elegantemente vestido aguardava com impaciência o momento da subida. Do outro lado, o aeronauta bigodudo, com um quepe enterrado até as orelhas, deu a ordem de partida: *Lâchez tout*! Larguem tudo! No mesmo instante, o vento deixou de soprar. Era como se o ar em torno do balão estivesse imobilizado. O jovem sorriu, encantado. O balão subia rapidamente, mas parecia imóvel, e a Terra é que descia cada vez mais sob a barquinha. Aldeias e bosques, prados e castelos desfilavam como quadros movediços. Apitos de trens desferiam notas agudas e longínquas. As pessoas pareciam formigas caminhando sobre linhas brancas, as estradas. Mas as vozes humanas não chegavam naquelas alturas. Só eram bem nítidos os latidos dos cães.

O homem de terno escuro ouviu um repicar de sinos, mas não se moveu da sua posição. Confortável ali na areia e no seu primeiro voo em balão, voltou a sentir uma nítida sensação de fome. Não comera quase nada nos últimos dois dias, sozinho no seu quarto de hotel. Mas não precisava mover-se dali. Ele e o francês, *Monsieur* Machuron, haviam levado na barquinha um cesto com iguarias: ovos duros, vitela e frango frios, queijo, frutas, doces, *champagne* no gelo, café e licor. Nada mais delicioso do que um almoço acima das nuvens. Que sala de refeições ofereceria melhor decoração? O calor do sol, pondo as nuvens em ebulição, fazia-as lançar em redor da mesa jatos irisados de vapor gelado, comparáveis a grandes feixes de fogos de artifício. A neve, como por milagre, espargia-se em todos os sentidos, em lindas e minúsculas palhetas brancas. O jovem acabava de beber um cálice de licor quando uma cortina desceu sobre o cenário de sol, nuvens e céu azul. O barômetro elevou-se rapidamente cinco milímetros, indicando uma brusca ruptura do equilíbrio e uma descida precipitada. O balão, sobrecarregado com muitos quilos de neve, caía rapidamente. Sentado na areia, na longínqua praia brasileira, o homem sorriu. Nada faria para impedir a queda.

O aviãozinho vermelho roncou novamente sobre sua cabeça e avançou resoluto em direção ao porto. Com os olhos esbugalhados, o homem assistiu ao bombardeio. Voando baixo sobre a cidade de Santos, o avião deixou cair suas cargas explosivas. A metralhadora voltou a matraquear, entre os estrondos de dinamite. Ouviu-se bem perto o rugido de um canhão. Desesperado, o homem tapou os olhos com os braços e deitou-se na areia em posição fetal.

Serra da Mantiqueira, Província de Minas Gerais, 20 de julho de 1873

A locomotiva avançava rapidamente no trecho em declive. Rolos de fumaça esbranquiçada subiam da chaminé e eram espalhados pelo vento. Fazia frio no alto da serra. Mas os dois homens suavam junto da caldeira. O maquinista ergueu o braço esquerdo e acionou o apito em longos silvos plangentes. O gado que atravessava os trilhos, bem lá embaixo, onde começava a subida, agitou-se e correu em várias direções. Só um grande zebu cupinudo ficou parado, sacudindo a cabeça, como em desafio. Mais um apito e o boi também fugiu espavorido. O foguista jogou mais uma braçada de lenha na fornalha e sorriu para o maquinista, em sinal de aprovação.

Surgidos do mato, do lado direito da via férrea, dois homens montados em mulas tentaram enxotar as últimas reses de cima dos trilhos. Uma vaca malhada, com grandes chifres em forma de lira, caiu de joelhos e rolou de cima do barranco. O ruído da locomotiva misturou-se aos berros do gado. E a máquina fumacenta foi-se morro acima, perseguida pelos braços erguidos e pelos palavrões dos vaqueiros.

No alto da elevação, no início do platô onde terminavam os trilhos, um homem de estatura baixa, ombros largos e peito proeminente, olhava a cena com desagrado. Naquele lugar deserto, junto à barraca de lona agitada pelo vento, estava vestido como um cavalheiro. Botas e culotes de montaria. Casaco comprido, abotoado até o pescoço. Um quepe puxado sobre os olhos. A barba castanha, começando a ficar grisalha, cobria-lhe quase todo o rosto queimado de sol. Barba curta, aparada com cuidado. Nariz forte, sem ser grande demais. Os olhos castanhos, meio enterrados nas órbitas, desviaram-se da locomotiva que subia com dificuldade. E fixaram-se no rosto do negro alto e grisalho, vestindo um macacão azul desbotado, que se aproximava da barraca.

– Que loucura deu nessa gente, Damião? Para que todos esses apitos?

O negro coçou a cabeça.

– Sei não, sinhor. Mas deve sê coisa de fundamento.

– Melhor para eles se for.

Damião ia dizer alguma coisa, mas calou-se com a chegada da locomotiva. Os jatos de vapor quente fizeram os dois homens recuarem até uma pilha de dormentes. As grandes bielas começaram a empurrar as rodas de ferro para trás, ajudando o mecanismo dos freios. O maquinista mexeu nos controles e desligou a máquina. Por alguns momentos, ouviu-se apenas o ruído do vento. Finalmente, o maquinista tirou o boné encardido e respondeu à pergunta formulada por dois olhos duros.

– Seu doutor, desculpe a correria, mas é que...

– Já disse a você que não sou doutor, sou engenheiro e me basta.

O maquinista encabulou e começou a gaguejar.

– Pois seu dout... seu engenheiro... é que Dona Francisca, ela...

O engenheiro deu um passo à frente, as sobrancelhas unidas numa ruga profunda.

– O que tem a minha mulher? Fala, homem de Deus!

– Ela tá... acho que tá ganhando filho. Tá, sim senhor.

Por alguns segundos, o homem barbudo ficou atônito. Foi o escravo que falou com voz serena.

– A Patroa tá ganhando ou já ganhou?

– Acho que tá ganhando. Mas não sei direito. Foi Siá Ordália que nos disse pra deixar a carga e vir correndo pra avisar o patrão.

O engenheiro olhou para o escravo.

– Ainda bem que a tua mulher estava prevenida. Só ela achava que a criança ia nascer antes do fim do mês.

Damião sorriu com bons dentes.

– A minha Ordália não nega fogo. Parteira melhor que ela, não tem nem em Barbacena, não sinhor.

O engenheiro concordou, apressado.

– Eu vou até Cabangu agora mesmo. Diz ao capataz que a primeira turma pode seguir colocando os trilhos até o pontilhão. A segunda turma deve tirar cascalho para o aterro do outro lado. E guarda essas plantas pra mim no baú, dentro da barraca.

Voltando-se para o maquinista, recuperou o tom de voz autoritário.

– Tem água que chegue na caldeira? Para nós voltarmos até Cabangu?

Os dois caboclos trocaram um olhar angustiado. Até que o foguista lembrou-se de consultar o registro da caldeira.

– Tem bastante ainda, sim senhor.

– Então vamos embora de uma vez.

Saltando agilmente para o interior da locomotiva, o engenheiro ocupou o lugar do maquinista. Verificou os controles, sacudindo várias vezes a cabeça.

– Tudo bem. Nem lenha precisa botar, até que eu mande.

Junto à barraca estufada pelo vento, Damião ficou olhando a locomotiva afastar-se em marcha a ré. Bem na frente, como uma gigantesca aranha, a grade do limpa-trilhos presa à base do cilindro de ferro. Mais acima, o prato de vidro de aumento da lâmpada de querosene. No alto, a chaminé quadrada expelindo fumaça branca e faíscas incandescentes. Lembrando-se das ordens, o negro deu as costas aos trilhos e caminhou até junto da mesinha desmontável, na frente da barraca. Segurou com cuidado as folhas de papel, cheias de desenhos e números. Retirou de cima delas os dois tijolos, e levou as plantas solenemente para guardá-las no baú de couro de vaca.

Na parte traseira da locomotiva, o maquinista sentara-se sobre a pilha mais alta de lenha. Protegendo do vento o cigarrinho de palha, controlava os trilhos com olhos lacrimejantes. De ambos os lados, árvores esparsas e vegetação rasteira castigada pela seca. Por alguns momentos, bordejaram um precipício, a máquina a poucos palmos do paredão de pedras do lado direito. No interior da cabina, o foguista de rosto encarvoado pegou de junto da fornalha uma caneca de metal polido e colocou-a sobre uma pequena bandeja de madeira. Com as pernas abertas, equilibrando-se com o balanço, aproximou-se do engenheiro.

– O senhor quer um pouco de café? Tá bem quentinho. Foi Siá Ordália que mandou pro senhor.

O patrão hesitou um instante, inspecionando a limpeza da caneca, e depois espichou a mão enluvada. Bebeu um gole com cuidado e sorriu. Café recém-torrado, bem forte e doce, como eu gosto. Até que não posso me queixar do meu pessoal. Todo mundo disse em Ouro Preto que era uma loucura contratar este trecho da estrada. Mas estou quase terminando e não vou ter prejuízo. E não perdi nenhum escravo de acidente, só dois de doença, o que é normal. Nesta curva, a inclinação está exata. E como eu detestava as aulas de cálculo... Mas o velho *Monsieur* Lagrange é que estava certo: *Un centimètre de plus ou un centimètre de moins et vous voilà jeté dans la merde!* É isso mesmo. Um centímetro de erro no cálculo, até menos, e o trem cai num precipício, como esse aí. E o engenheiro cai no opróbrio e na miséria. Velho desbocado, mas muito sabido. E como dá prazer ver as coisas bem feitas... Não posso esquecer de fazer um agrado à Siá Ordália. Nas mãos dela, Francisca já ganhou cinco filhos sem nenhum problema. Tomara que ela esteja bem e o nenê seja homem. Quem diria que fosse nascer logo no dia de hoje... Dez dias antes do prazo que o doutor Cintra calculou. Bem se vê que ele não é engenheiro. Se fosse, dava com os burros n'água.

Na estrada poeirenta, ao lado dos trilhos, um carro de bois carregado com feixes de cana subia lentamente a elevação a pique. Os animais de pescoços espichados, concentrados no esforço. O carreiro batendo neles sem dó. Desviando os olhos da cena que o irritava, o engenheiro percebeu a aproximação do povoado. A igrejinha branca, algumas casas cobertas de telhas, a rancharia de sapé. Junto dos trilhos, pouco além da caixa d'água, a pequena estação da Mantiqueira recebia os últimos retoques. O engenheiro diminuiu um pouco a marcha, mas não parou junto à plataforma de cimento. Apenas acenou para os trabalhadores que corresponderam com entusiasmo. Bem mais adiante, após a subida em forma de ferradura, desligou a máquina a vapor e acionou os freios. Como um grande animal domesticado, a locomotiva parou exatamente onde ele queria. Bem ao lado da placa de ferro pintada de branco, com um letreiro bem desenhado com tinta preta: APEADEIRO DE JOÃO AIRES.

Na casa do sítio Cabangu, construção modesta, cercada por uma varanda sombreada e fresca, tudo parecia sem novidades. Algumas crianças, a maioria negras, empinavam papagaios, rindo e correndo contra o vento. Uma escrava recolhia roupas do varal. Outra empurrava um carrinho de mão em direção à senzala. Bem longe, do fundo do vale, ecoava o som anasalado de um berrante.

Somente os cães deram pela chegada do engenheiro. Os dois maiores latindo com desconfiança. O pequeno *fox-terrier* correndo pelo declive até quase chocar-se com as botas do dono. Largando a corda que estava pulando, uma menina de uns sete anos também correu atrás do cãozinho. As tranças ao vento, o vestido comprido a embaraçar-lhe as pernas finas. O homem esperou-a de braços abertos, enquanto a menina gritava com voz esganiçada.

– Nasceu, papai, nasceu o nenê!

O homem deu um amplo sorriso e ergueu a menina do chão. Beijou-lhe o rostinho gelado e acomodou-a no braço esquerdo, ralhando-a com carinho.

– Que vergonha, Virgínia. De pés descalços outra vez. O que vai dizer tua mãe?

A menina encostou o rosto na barba do pai e choramingou.

– Não me deixaram ver o nenê. Nem mamãe eu vi mais. Mas eu sei que é um menino com cara de velho. Rosalina me disse.

– Maria Rosalina só tem treze anos. Não devia estar se metendo nessas coisas.

– Foi o que Siá Ordália disse pra ela. E botou ela e Henrique pra fora da casa. Mas Rosalina viu o nenê. Disse que é mais feio que passarinho novo.

O engenheiro deu um rápido olhar em volta.

– Onde é que eles estão?

– Saíram a cavalo e não me levaram. Henrique saiu no cavalo pedrês que o senhor não quer que ele saia. Saiu montado só no pelo. Disse que ia caçar uma paca que ele viu a toca hoje de manhã. Rosalina foi na mulinha preta. Parecia uma mocoronga.

Sempre conversando, chegaram diante da casa. As crianças negras, empinando suas pipas coloridas, estavam agora em silêncio. Somente o cãozinho de rabo curto continuava a latir e saltitar. Um menino branco de uns quatro anos, controlado pela babá, segurava o cordel do papagaio com suas mãos gorduchas. Ao ver o pai, largou o barbante encerado e correu a agarrar-se nas suas pernas.

– Quélo colo. Quélo colo também.

Sob o olhar assustado da babá, o papagaio verde e amarelo ergueu-se livremente e seguiu navegando ao sabor do vento. A menina escrava ficou de braços caídos, os lábios grossos tremendo, os olhos cheios de lágrimas.

Imediatamente, Virgínia saltou para o chão e consolou-a com carinho.

– Não foi nada, Terezinha, não é, papai? Ainda tem muito papel de seda e bambu é fácil de cortar. Não chora, tá? A gente faz outro papagaio para Luís. A culpa foi dele, desse bobo, não é, papai ?

Com o menino nos braços, o engenheiro concordou. Luís estava agora concentrado no quepe do pai. Num gesto rápido, empurrou-o para trás, revelando a calva luzidia.

– Papai caléca! Papai caléca!

Virgínia interveio novamente.

– Cala a boca, Luís! O papai é muito bonito sem cabelo... Cabelo não serve pra nada. Só pra juntá piolho.

O engenheiro riu-se com gosto e colocou o menino no chão.

– Agora fiquem aqui bem bonzinhos, que eu vou lá dentro ver a mamãe e o nenê.

– Posso ir junto, posso?

– Depois, Virgínia. É melhor você ajudar Terezinha a cuidar do Luís.

No quarto do casal, deitada na cama de guarda alta, a mulher dormia serenamente. Seus cabelos negros e lisos, entremeados de alguns fios brancos, espalhavam-se sobre os travesseiros. No rosto pálido, sobressaía-se o nariz grande, bem desenhado, as sobrancelhas espessas e a testa ampla, porejada de suor. Um braseiro mantinha o calor do quarto, abanado de quando em quando por uma escrava sentada no assoalho. Outra negra vestida de branco, de busto farto e cadeiras largas, estava de pé ao lado do berço de vime. Um leve cheiro de charuto, álcool e cânfora pairava no ambiente. Os postigos fechados deixavam entrar apenas algumas réstias de sol.

Num rápido olhar, o engenheiro percebeu que tudo estava em paz. Fechou cuidadosamente a porta e avançou para a cama, as botas rangendo sobre as tábuas do assoalho. A escrava junto do braseiro levantou-se imediatamente. A outra avançou e barrou o passo do homem com o corpo avantajado. Colocou o indicador contra a boca, mas era tarde demais. A mulher agitou-se na cama e abriu os olhos sonolentos.

– É você, Henrique? Graças a Deus.

O engenheiro ergueu as sobrancelhas para a negra, que lhe deu caminho, resmungando.

– Agora que acordou ela, pode i. Mas não fale alto. Faz pouco que o nenê sussegô.

– Ele... ele é bem normal, Siá Ordália?

– Tem tudinho nos conforme. A Sinhá Francisca também se dislivrô direitinho, pode ficá discansado.

E voltando-se para a escrava jovem que cuidava do braseiro.

– Vancê pode esperá lá fora. Melhor ainda, dá uma olhada se as criança tão bem. Tá na hora do mamá da Gabriela. O anjinho só tem dois ano e já tem otro aí no berço.

Acostumando os olhos à obscuridade, Henrique avançou até junto da esposa. Tirando a luva de couro da mão direita, tocou-lhe a testa com a ponta dos dedos grossos. A mulher pegou-lhe a mão e apertou-a contra o peito.

– Não tenho febre, não se preocupe.

Henrique puxou-lhe a mão suada até os lábios.

– Muito obrigado pelo presente de aniversário.

Um lindo sorriso iluminou o rosto cansado da mulher.

– Que bom, não é, amor? E foi ele quem quis nascer hoje. Fiquei tão feliz.

– Vamos comemorar juntos todos os anos. Até vai ser uma economia.

Francisca deixou de sorrir.

– Mas o teu aniversário... As dores começaram logo depois que você saiu. Não deu para fazer nada na cozinha.

Henrique apontou para o berço.

– Quer uma comemoração melhor?

Francisca ergueu o busto com dificuldade.

– Siá Ordália, por favor, traga o nenê para mim. Eu quero... Você sabe o que eu quero.

Sem obedecer à ordem, a parteira limitou-se a acomodar os travesseiros nas costas da patroa.

– Sô Henrique, a Sinhazinha botô na cabeça... Minha Nossa Senhora... Hoje tá tudo dimudado, é o que eu vivo dizendo pra o Damião.

O homem olhava intrigado para as duas mulheres. Ordália continuava a resmungar, alisando a saia com as mãos abertas.

– Eu tive um trabalhão pra consegui uma ama no ponto, uma negra-mina bem limpa e sadia. Mas quem sabe é a Sinhá. Eu sempre digo pra o Damião, ela é muito boa, mas não saiu como a finada mãe dela. É teimosa como a vó, aquela Sinhá Emerenciana, que Deus a tenha bem guardada no paraíso... Olha aí! Todo mundo falando alto e o anjinho acordô com a bulha.

Henrique e Francisca sorriram com cumplicidade. Ordália ergueu do berço um monte de panos e acomodou-o no braço esquerdo. Pegou a chupeta, encostou-a no açúcar que estava sobre um pratinho e colocou-a na boquinha do nenê. O chorinho miado parou imediatamente. Henrique aproximou-se e olhou o rostinho vermelho e enrugado, encimado por um penacho de cabelos pretos. A escrava, com voz irônica, fingiu que ia entregar-lhe o monte de panos.

– Quer pegar um pouquinho?

Henrique passou a mão pela calva e recuou.

– Quando são novinhos, eu não consigo pegar, você sabe muito bem. Por que está me provocando? E outra coisa mais. Pode dispensar a ama de leite, que Francisca vai amamentar este menino. Na França, todas as mães amamentam sem problema, eu já disse a você.

Ordália não se mostrou impressionada.

– É, mas aqui não é na França e a Sinhazinha já tem quase quarenta ano. Se dispois ela enfraquece e tem uma tísica, a culpa não é minha.

Henrique olhou para a esposa, em busca de auxílio. Francisca falou com voz tranquila.

– Dê cá o nenê, Siá Ordália. Deixe que eu acerte esse assunto com o meu marido.

– Sua alma, sua palma. Tá aqui o anjinho. Mas se ele se criá fraco e dismilinguido, vão se queixá pra qualqué um, mas não pra mim.

E, colocando cuidadosamente o nenê nos braços da mãe, saiu do quarto com a cabeça erguida, pisando duro.

O engenheiro suspirou e sentou-se na beira da cama. Num gesto distraído, puxou o relógio da algibeira. Quase cinco horas. Espero que tudo esteja indo bem na via férrea. Aquele capataz alemão é competente, mas os negros se atrapalham com o sotaque dele. Ainda bem que Damião ficou lá.

– Está preocupado, amor? Se precisar, pode sair. Nós estamos bem, o pequeninho e eu. Toda essa alaúza da Siá Ordália só porque eu decidi que vou dar de mamar.

Henrique fitou a mulher com ternura.

– Será que ela não tem razão? Será que não vai te enfraquecer?

– Nós já discutimos isso, amor. A escravatura não vai durar para sempre no Brasil. Se as mulheres negras podem amamentar seus filhos e os nossos, eu também poderei. Sonho com isso há dezesseis anos, desde que Henrique nasceu.

– Está bem, querida. Você acha que tem bastante leite?

Francisca baixou os olhos e apalpou o busto com a mão espalmada.

– Está doendo. Mas dá para esperar até a noite. Siá Ordália já encheu o bichinho de açúcar e água fervida.

Henrique roçou a ponta do indicador na testa minúscula da criança.

– É bom escolher logo o nome dele. Aquele homenzarrão que me vendeu o cavalo do Henrique, coisa mais ridícula, todo mundo chama de "seu Nenezinho".

– Nós combinamos que, se fosse homem, a escolha era sua.

Henrique coçou a barba do queixo.

– Quando vinha para cá, pensei muito no meu velho professor de engenharia, *Monsieur* Lagrange. Graças ao que aprendi com ele, estou me saindo bem com este trecho da ferrovia. A gente estuda uma quantidade de matérias desnecessárias, mas o professor que é bom nunca se esquece.

– Pois vamos botar o nome do teu professor. Afinal, o menino nasceu pertinho da estrada de ferro.

– Acho que o primeiro nome dele era *Albert*. É isso mesmo. Mas posso confirmar nos meus arquivos.

Francisca pensou por alguns instantes.

– Alberto é um nome bonito. Só não sei se tem santo com esse nome. Dá uma olhada no Larousse, querido.

– Agora?!

– Por que não?

Henrique ergueu-se e caminhou até a estante de livros, espremida entre as duas janelas. Mesmo na obscuridade, encontrou rapidamente a enciclopédia. Correu os dedos com prazer sobre os grossos volumes encadernados de marroquim vermelho. Extraiu o primeiro da fila e abriu-o sobre a escrivaninha. Muito escuro para ler. Avançou até o oratório com o livrão debaixo do braço e contemplou por alguns segundos a imagem barroca de Nossa Senhora, iluminada pela vela votiva. Aos pés da santa, estranhou a presença de um charuto, de uma tesoura de podar e de um colar de contas vermelhas e brancas.

– O que é isso, Francisca? Siá Ordália está fazendo mandingas com Nossa Senhora?

– Não é mandinga, amor. É o jeito dela pedir proteção para mim e o nenê.

O engenheiro ia dizer alguma coisa, mas controlou-se. Abriu o livro junto à chama da vela e enrugou a testa, concentrado nas letras miúdas.

– Está por aqui, deixa ver... Albert Premier de Ballenstädt, dito "O Urso", nascido em 1100 e falecido em 1170. Primeiro margrave de Brandemburgo. Você sabe o que é margrave, Francisca?

– ...

– Nem eu. Mas santo não deve ser. Vamos em frente.

Molhou um dedo com saliva, virou a página e continuou.

– Albert de Habsbourg, 1255–1308, Duque da Áustria, Rei da Boêmia e da Hungria. Deve ser parente do Imperador Dom Pedro II, pelo lado materno. Mas, sobre o Brasil, essas enciclopédias não falam nunca. Tem Albert para todos os gostos, neste Larousse. Deixa ver, acho que está aqui: Santo Alberto, o Grande. Interessante, muito interessante. Pronto, podemos batizar sem medo.

E fechou o livro com estrondo, quase apagando a chama da vela. O bebê começou a chorar, desta vez com mais força. Francisca aconchegou-o contra o peito.

– Você podia ter lido um pouquinho mais sobre o santo.

– Para quê? Santo é sempre bom. E esse Santo Alberto, o Larousse diz que foi professor de São Thomás de Aquino. Assim homenageamos dois professores ao mesmo tempo.

Francisca desabotoou a camisola e expôs o seio esquerdo, mantendo-o firme sob a mão direita.

– Alberto, meu pequenino, agora ajuda um pouco a mamãe. Se você mamar, eu prometo que nunca vai ser fraco... Meu peito está enorme, Henrique. Mas ele está pegando, acho que ele está pegando. Ai! Como dói! Ele está mamando, Henrique! Finalmente eu consegui, graças a Deus.

No mesmo momento, ouviu-se uma batida na porta. Henrique colocou o livrão sobre a escrivaninha e foi abrir. Seus cinco filhos estavam ali no corredor, liderados por Virgínia. Atrás dela, Henrique com Gabriela no colo e Maria Rosalina segurando a mão de Luís. Sem esperar permissão, avançaram juntos como uma revoada de passarinhos. Todos rodearam a cama, falando ao mesmo tempo. Francisca escondeu o seio e interrompeu os protestos do marido.

– Tudo bem, amor. Estava mesmo na hora de eles conhecerem o irmãozinho.

Nove horas da noite. O engenheiro terminou de contar as badaladas do relógio de parede, bebeu mais um gole de café e repousou a xícara no pires. Olhou desconsolado para o vidro do lampião de querosene, que começava a ficar sujo de fuligem. Escondeu o rosto com o jornal e tentou ler a mesma notícia pela terceira vez. Mas sua mente estava longe das disputas políticas, dos mexericos da Corte. Com a testa vincada por uma ruga de preocupação, dobrou finalmente o jornal, levantou-se e foi até a janela. O vento cessara, mas a cerração leitosa não deixava ver as estrelas. Com as crianças recolhidas a seus quartos, o silêncio tomara conta da casa. Somente se ouvia, pouco abafado pelas paredes de madeira, o mugir de uma vaca.

Henrique hesitou um momento e depois caminhou até a porta do quarto de casal. Abriu-a cuidadosamente e entrou sem fazer ruído. Junto do clarão avermelhado do braseiro, a escrava levantou-se e ficou aguardando. Henrique fez-lhe sinal para sentar novamente, atento ao ressonar da esposa. Caminhou até a escrivaninha, parcialmente iluminada pela vela do oratório. Abriu a gaveta central e retirou algumas folhas de papel em branco. Pegou também o tinteiro e escolheu três penas de ganso, tateando sobre as extremidades de metal com o dedo indicador.

Novamente instalado na mesa da sala de jantar, o engenheiro esfregou a parte interna do vidro do lampião com um pedaço de pano. Recolocou o vidro no lugar e acertou a mecha. Limpou cuidadosamente as mãos na parte limpa do pano, alisou uma folha de papel, molhou a pena na tinta e começou a escrever.

Sítio de Cabangu, 20 de julho de 1873.

Muito estimado sogro e amigo

Espero que esta o encontre gozando de muita saúde e paz de espírito.

Peço-lhe desculpas pela demora em responder a sua carta de 18 de junho próximo passado. Poderia tentar justificar-me pelas dificuldades técnicas que tenho sido obrigado a superar na difícil empreitada que assumi com a construção deste trecho da Estrada de Ferro Dom Pedro II. Mas, Graças a Deus, estamos agora na fase final de assentamento dos trilhos, com todas as obras de arte prontas e as contas em dia, apesar dos muitos atrasos de pagamento por parte do Governo.

Não foi, porém, estimado sogro, o trabalho, sempre árduo e penoso, que me fez postergar a resposta de sua amável carta, mas sim a necessidade de pensar sobre sua proposta, para dar-lhe uma resposta definitiva. Antes porém de tratarmos de negócios, deixe que eu lhe dê uma ótima notícia. Na manhã de hoje, dia em que estou completando quarenta e um anos de idade, nossa querida Francisca deu à luz o seu sexto neto. Imagine a minha alegria com tão inusitado presente de aniversário! Um menino forte e saudável que será batizado com o nome de Alberto. Como das outras vezes, Ordália cuidou do parto com competência, mas está reclamando muito porque Francisca decidiu amamentar o bebê. Isso me alegra, por ser o desejo dela, mas me preocupa em relação a sua saúde. É claro que na Europa a maioria das mulheres amamenta seus filhos, mas é preciso ter muito cuidado com este primeiro mês, onde não são raras as febres e outros incômodos. Enfim, nossa Francisca está tão feliz que decidi deixar tudo nas mãos de Deus.

Desde o nosso casamento, há quase vinte anos, temos vivido longe da civilização. Primeiro a fazenda do Gongo Soco, onde perdemos tanto tempo tentando arrancar ouro daquelas minas esgotadas. Depois a exploração de madeira em Jaguará, nossa primeira sociedade, onde, pelo menos, tivemos o prazer de iniciar a navegação a vapor no Rio das Velhas, mas que poucos resultados nos deu depois do incêndio nas Minas do Morro Velho. Agora o desafio desta ferrovia, a família vivendo em condições precárias aqui no Cabangu, nesta casinha onde nem cabem os nossos móveis. Francisca nunca se queixou de nada, mas sei que está na hora de dar-lhe mais conforto e segurança.

Assim sendo, estimado sogro e amigo, embora totalmente inexperiente na cultura do café, decidi aceitar sua proposta e mudar-me com a família para sua fazenda de Valença. A proximidade do Rio de Janeiro será benfazeja para os estudos de Henrique e, desde já, peço sua ajuda para conseguir-lhe matrícula em um bom colégio. Confesso que temo pelo futuro de seus cafezais, entregues às mãos de um engenheiro civil. Mas conto com sua orientação técnica e paternal para não decepcioná-lo.

Se Deus quiser, até o fim do ano, terei o prazer de embarcar para Valença com a família, viajando por esta estrada de ferro que estou ajudando a construir. Se for do seu desejo, levarei comigo os trinta e poucos escravos que possuo. Caso contrário, os venderei em Ouro Preto, ficando apenas com Damião, Ordália e as mucamas de Francisca. Fico no aguardo de suas instruções.

Desejando-lhe muita saúde e prosperidade e mais uma vez grato por sua amizade e confiança, subscrevo-me com um forte abraço.

Henrique

O engenheiro releu a carta, dobrou as folhas e colocou-as dentro do envelope. Retomando a pena, subscritou-o com mão firme:

Excelentíssimo Senhor Comendador Francisco de Paula Santos, Posta Restante nº 815, Correio Central, Rio de Janeiro.

Virou o envelope e escreveu no lugar reservado ao remetente:

Engenheiro Henrique Dumont – Aos cuidados da Estrada de Ferro Dom Pedro II, Apeadeiro João Aires, Palmyra, Minas Gerais.

Limpou a pena no mesmo pano do vidro do lampião e deixou-se ficar por alguns minutos com as mãos sobre os joelhos, os olhos fitos na chama amarelada.

Fazenda Arindeúva, Ribeirão Preto, Província de São Paulo, 24 de junho de 1885

Sentado na boleia, ao lado do homem de ombros largos, o menino via retalhos da paisagem entre nuvens de poeira. A *charrette* de rodas altas parecia não ter mais peso. Visto de cima, entre os varais, o cavalo alazão ficara mais baixo e comprido. Com a exatidão de uma máquina, seus cascos batiam no chão e voltavam a erguer-se para bater novamente. As longas crinas louras permaneciam como penteadas para trás. O chicote estalava regularmente, por cima das rédeas tensas, sem nunca tocar no animal. E os cafezais, carregados de frutos vermelhos, confundiam-se em muros compactos dos dois lados da estrada e a perder de vista.

O menino colocou a mão direita em concha sobre o nariz e respirou fundo, ao abrigo da poeira. Voltou a firmar a mão no assento forrado de couro e olhou de esguelha para o rosto do pai. Entre a barba grisalha, notou as narinas dilatadas e o olhar brilhante de prazer. Rapidamente, o homem piscou um olho para o filho. Com o cabo do chicote, mostrou-lhe a capela branca na extremidade da estrada. Faltavam uns trezentos metros para alcançarem o objetivo. O menino sorriu e olhou para trás. Perdidos na poeira, os dois cavaleiros estavam cada vez mais distantes. Voltando a estalar o chicote, o pai gritou-lhe com entusiasmo:

– Este cavalo poderia correr em Paris, em Londres, em qualquer hipódromo do mundo! Onde se viu mangalarga ganhar de puro-sangue inglês?

Diante da capela ainda cheirando a tinta, o povo endomingado observava a corrida com atenção. Até o padre, já paramentado, espiava pela janela da sacristia. Pelas estradas laterais, continuavam a chegar os fiéis, famílias inteiras a pé ou dentro de carroças de quatro rodas. Muitas mulheres protegiam as cabeças com sombrinhas coloridas. O sol rompera há muito a cerração da manhã. Mas o socavão do arroio e as partes baixas dos cafezais ainda estavam vestidos de branco.

Esperando na frente da capela, com o rosário apertado na mão esquerda, Francisca suspirou. Parecia mais esguia com aquele longo vestido de seda azul. Sobre os cabelos grisalhos repartidos ao meio, colocara uma mantilha espanhola de renda negra. A seu lado, toda vestida de branco, os cabelos cobertos com um lenço vermelho, a corpulenta Ordália segurava duas meninas pequenas pelas mãos. Seus olhos de esclerótica muito branca destacavam-se no rosto escuro. Mexendo os lábios grossos, acabou não se contendo mais. E falou com voz rouca, quase no ouvido da patroa.

– Tá bem que os moço goste de se exibi pro povo desse jeito. Só me admiro do Sô Henrique. E ainda pra mal dos pecado, levô junto o Alberto, o pobre do anjinho.

Quase sem mover os lábios, os olhos castanhos fixos na *charrette* que se aproximava sem diminuir a velocidade, Francisca falou num cochicho.

– O Alberto? Até trem ele anda dirigindo, ele pensa que eu não sei. Garanto que foi ele quem inventou essa corrida... Mas isso não tira a culpa de Henrique. Dessa vez ele vai me ouvir, se vai. Um fiasco desses na frente dos empregados da fazenda.

Sustentada pelo apoio da patroa, Ordália soltou mais a língua.

– A Sinhá só promete e não ralha nunca com ele, eu sempre digo pro Damião. Olha lá Henrique e Luís no meio da poeirada. Botaro ropa nova não sei pra quê.

Francisca olhou rapidamente para os lados.

– Agora chega, Siá Ordália, tem muita gente nos ouvindo.

A negra sacudiu os ombros.

– Pode ficá discansada. Esses italiano não entende língua de gente.

Temendo serem atropeladas pela *charrette*, várias pessoas corriam para a entrada da capela. Mas o cocheiro estava atento. De pé na boleia, atirou o corpo para trás, sustentando as rédeas com as duas mãos. O cavalo diminuiu a corrida, erguendo os membros anteriores e firmando-se nas patas traseiras. As rodas com aros de ferro rangeram sobre o saibro. Mas logo o puro-sangue equilibrou-se, ergueu a cabeça e rompeu num trote curto e elegante. Logo atrás chegavam os dois cavaleiros, dominando a custo as montarias espumantes de suor.

Malgrado seu, Francisca sentiu orgulho do marido. As duas meninas, fugindo ao controle de Ordália, saíram a correr em direção ao pai. A velha babá era pesada demais para alcançá-las. Com voz rouca, gritou exasperada:

– Sinhá Sofia! Sinhá Francisca! Voltem já pra cá!

E entre dentes, respirando com dificuldade:

– Que duas diabinhas... Mas, como diz o ditado, filho de tigre sai pintado.

Sob os aplausos dos colonos italianos, abafados pelo badalar do sino novo, Henrique passou as rédeas a Alberto e saltou para o chão. Tirou o chapéu-coco e passou um lenço de seda pela calva avermelhada. Antes que recolocasse o chapéu, foi atropelado pelas duas filhas que o abraçavam ao mesmo tempo. Logo as meninas o largaram, subindo agilmente para a boleia da *charrette*. Alberto deixou as irmãzinhas acomodarem-se a seu lado e estalou levemente o chicote por sobre a cabeça do alazão. Os colonos abriram passagem com respeito. O menino conduziu a viatura até os fundos da capela, onde chegavam os trilhos da linha férrea particular. Ali, junto à locomotiva Baldwin engatada ao vagão de passageiros, Alberto apeou-se e foi acariciar a cabeça do cavalo. Com as meninas saltitando a seu lado, aproximou o rosto do pescoço do alazão, respirando o cheiro acre do animal e falando-lhe algumas palavras em inglês, como aprendera com o pai.

Mal sentada a poeira, com os donos da fazenda e seus familiares à frente, o povo apressou-se a entrar na capela. Os homens foram tirando os chapéus de palha e as mulheres acomodando os véus sobre os longos cabelos. Agitação junto à pia de água benta, todas as mãos calejadas tocando na água antes do sinal da cruz. As mulheres e crianças avançaram timidamente, sentando-se nos bancos recém-envernizados. Os homens amontoaram-se pelos corredores estreitos e no fundo da nave, muitos deles não conseguindo entrar na capela. Cheiro de tinta, de incenso, de suor, de água-de-colônia.

A família Dumont ocupou as duas primeiras filas junto ao altar. Francisca contou o grupo com os olhos. Dos oito filhos, faltava um.

– Onde está Virgínia? Pensei que vinha com você. Ela também adora essas corridas.

O marido encolheu os ombros largos.

– Ela estava com enxaqueca. Pediu-me para esperar em casa.

Maria Rosalina, sentada ao lado do marido, engenheiro Eduardo Villares, avançou o busto e cochichou no ouvido da mãe.

– Eu sei quem ela está esperando. Meu cunhado Guilherme prometeu não faltar à festa de São João.

A pequena Francisca, sentada ao lado da mãe, deu um grito e pendurou-se nas tranças de Sofia. Atrás delas, o irmão mais velho, Henrique, segurou-as pelos ombros, afastando uma da outra. O pai silenciou a família com voz autoritária.

– Todos quietos que a missa vai começar.

O padre, alto e magro, chegava ao altar, seguido por dois coroinhas de rostos risonhos. O público colocou-se de pé, enquanto os três faziam a genuflexão. Um dos sacristães ficou espargindo incenso. O outro mantinha-se atento ao lado do oficiante. O sacerdote encarou os fiéis e traçou com a mão direita um amplo sinal da cruz.

– *In nomine Patris, et Filii, et Spiritus Sancti.*

O povo respondeu em coro.

– Amém.

O padre abriu os longos braços.

– *Gratia Domini nostri Iesu Christi, et caritas Dei, et communicatio Sancti Spiritus sit cum omnibus vobis.*

Ao lado de Alberto, Luís puxou-lhe a manga do paletó empoeirado. O menino ergueu os olhos para o rosto do adolescente, que alisava um bigode imaginário.

– O que você quer? Fale baixo.

Luís inclinou-se e segredou-lhe ao ouvido.

– Aquela italianinha de branco não tira os olhos de você.

O rapazinho olhou rapidamente para a direita, corou e voltou a concentrar-se na missa. Luís insistiu.

– Fala com ela na saída. Se você quiser, eu distraio a mãe. Vai ter dança esta noite, na festa de São João.

Alberto sacudiu a cabeça para os dois lados. Do cabelo preto, bem penteado para trás, caiu-lhe uma mecha sobre a testa larga. Com os olhos na nuca do pai, falou bem baixinho.

– Cala a boca, Luís. Eu estou pronto para comungar.

Luís encolheu os ombros.

– Um irmão casado e o outro pirralho. Ainda bem que eu vou estudar em São Paulo. Nesta fazenda, até o cheiro de café me dá enjoo.

Gabriela, a irmã dois anos mais velha que Alberto, colocou um dedo sobre os lábios e cochichou.

– Cuidado, vocês aí. A calva de papai está ficando vermelha.

Os dois irmãos ajoelharam-se imediatamente e concentraram-se no altar. O sacerdote preparava-se para a leitura do evangelho.

– *Munda cor meum ac labia mea, omnipotens Deus, ut sanctum Evangelium tuum digne valeam nuntiare. Dominus vobiscum!*

– *Et cum spiritu tuo!*

O oficiante fez o sinal da cruz sobre o livro e depois na fronte, na boca e no peito. Erguendo-se em toda a sua estatura, leu o evangelho em italiano e em português.

– *Predica di San Giovanni Battista. Principio della buona novella di Gesù Cristo, Figlio di Dio. Secondo vi è scritto nel profeta Isaia. Ecco che invio il mio angelo dinanzi a te: a preparare la tua via. Una voce grida nel deserto: tracciate la via del Signore, raddrizzate i suoi sentieri.*

– Pregação de São João Batista. Princípio da boa-nova de Jesus Cristo, Filho de Deus. Conforme está escrito no profeta Isaías. Eis que envio meu anjo diante de ti: ele preparará o teu caminho. Uma voz clama no deserto: Traçai o caminho do Senhor, aplanai as suas veredas.

Henrique distraiu-se pensando nas grandes veredas dos seus cafezais. No bom preço do produto no mercado internacional. Nos investimentos que estava fazendo em maquinaria e na estrada de ferro particular que já percorria mais de cinquenta milhas dentro da sua propriedade. Olhou com carinho para a esposa. Que boa ideia ela teve em mandarmos construir esta capela.

Francisca mantinha-se concentrada nas palavras do padre.

– *Giovanni portava un vestito di peli di cammello e una cintura di pelle attorno i fianchi; il suo cibo erano locuste e miele selvatico.*

– João estava vestido com uma pele de camelo e trazia um cinto de couro em volta dos rins. Alimentava-se somente de gafanhotos e mel silvestre.

O olhar de Henrique subiu pelos detalhes do altar entalhado em madeira nobre, pelas colunas neogóticas que se uniam harmoniosamente na abóboda central. Os vitrais importados da Itália filtravam a luz em tons azulados. Henrique sorriu. Os colonos estavam merecendo este presente. Dobramos a produção de café em menos de dois anos. Mais um desmatamento de mil alqueires e chegarei à minha meta de cinco milhões de cafeeiros. E faz apenas seis anos que comprei estas terras completamente sem cultivo. Todos me chamaram de maluco quando deixei o Rio de Janeiro e a sociedade com o meu sogro, para embrenhar-me nas matas de Ribeirão Preto. Mais maluco ainda quando dei alforria aos meus escravos e importei estes colonos da Itália.

– *Dopo di me, viene un'altro più potente di me, dinanzi di lui non sono degno di prostrarmi per sciogliergli la coreggia dei sandali. Io vi battezzo con acqua; egli vi battezzerà in Spirito Santo e fuoco.*

– Depois de mim, vem outro mais poderoso do que eu, ante o qual não sou digno de me prostrar para desatar-lhe a correia do calçado. Eu vos batizei com água; ele, porém, vos batizará com o Espírito Santo.

– *Verbum Domini.*

– *Laus tibi, Christie.*

Concluído o evangelho, o sacerdote preparou-se para a homilia. Em excelente toscano, imediatamente traduzido por si próprio para o português, discorreu sobre o batismo de Jesus Cristo nas águas do Jordão, acompanhando as palavras sonoras com gestos amplos à maneira italiana. Henrique, ainda perdido em seus pensamentos, sentiu a mão da esposa que apertava a sua.

– O que houve?

– Presta atenção, amor, ele está falando sobre você.

– ... que construiu esta capela no meio dos cafezais. E

hoje, com a graça de Deus, neste dia consagrado a São João Batista, estamos aqui todos juntos, o engenheiro Henrique Dumont e sua devotada esposa Dona Francisca, seus filhos, filhas e demais familiares, seus trabalhadores brasileiros e italianos, dois povos unidos pela fé cristã, para inaugurar esta obra de arte, esta pomba branca pousada no verde das plantações.

Embalado pelas próprias palavras, o sacerdote esquecia-se de traduzir ou misturava frases em português e italiano. Mas sua pregação tocava fundo no coração dos imigrantes.

– ... dos pontos mais distantes da velha Itália. A coragem de atravessar o mar-oceano para começar uma nova vida nestas terras do Brasil. A certeza de que o trabalho livre é o único digno de um ser humano. Que a escravatura sempre foi uma mancha hedionda aos olhos de Deus. Que o povo brasileiro, inspirado pela Princesa Isabel e pelo verdadeiro cristianismo, não aceita mais essa chaga e reza pela abolição da escravatura, pela liberdade de todos os seus irmãos.

Enquanto o padre vertia para o italiano essas palavras, Alberto aproveitou para espiar a fila de bancos à sua direita. Ao lado da mãe, gorda matrona com o rosto molhado de lágrimas, uma menina de grandes olhos negros o olhava fixamente. Assustado, o menino voltou a concentrar-se no altar. O padre concluía o sermão, saudando a Família Real Brasileira.

– Que Deus Nosso Senhor dê longa vida a Sua Majestade, o Imperador Dom Pedro II, defensor da fé cristã, das artes, das letras, das ciências e do trabalho. Que ilumine sempre o seu caminho e derrame sobre esta imensa Pátria, como São João Batista derramou sobre Jesus Cristo as águas sagradas do Jordão, todas as bênçãos da paz e da fartura. E isso o pedimos juntos em nome do Pai, do Filho e do Espírito Santo. Amém.

Seis horas da tarde. O sol se põe em tons de rosa e violeta aos fundos do casarão da fazenda. Construção modesta para as dimensões gigantescas da propriedade. O andar térreo, cercado dos quatro lados por uma ampla varanda, parecia de longe o alicerce onde se assentava o andar superior, como uma casa menor. Sobre ele, o telhado inclinava-se graciosamente, lembrando as construções orientais. Paredes brancas. Portas e janelas azuis, encimadas por arcos em estilo barroco. Assoalho de tábuas largas, sempre bem enceradas. Móveis clássicos, com muitos entalhes e adornos de cristal. Um piano de cauda na sala de visitas. Música e risos de gente jovem. No alto do céu, acima das palmeiras imperiais que cercavam a morada como sentinelas, começavam a brilhar as primeiras estrelas.

Com a chegada da noite, foram surgindo luzes indecisas e amareladas no casarão e nas casinhas dos colonos. Apenas os imensos galpões permaneciam no escuro. Dentro deles, repousavam as modernas máquinas a vapor que beneficiavam e selecionavam os grãos de café. Pouco a pouco, o grande terreiro retangular, usualmente empregado para secar a colheita, começou a ser iluminado por guirlandas de lanternas coloridas. Dentro de cada globo de papel brilhava a chama de uma vela. Muitas mulheres e alguns homens, rindo e conversando, colocavam toalhas brancas nas mesas compridas, improvisadas sobre cavaletes. Da cozinha aos fundos do casarão, uma procissão de gente, liderada por Ordália, foi chegando com bandejas cheias de frios e doces, copos e garrafas. Crianças corriam entre as mesas, no eterno brinquedo de "pegador". Bem no centro do terreiro estava cravado o mastro de São João, a bandeira imóvel lá no alto, pela ausência de vento. Não longe dele, uma pilha altíssima de lenha seca aguardava o momento solene de transformar-se em fogueira. Mas isso só aconteceria às oito horas da noite, após a permissão dos donos da fazenda. E a honra de acender a grande fogueira era sempre do velho Damião.

Recostado ao balcão da varanda, o charuto apagado entre os dedos grossos, Henrique olhava sem ver os preparativos da festa. Vestia um sobretudo negro com botões dourados, terno cinza-chumbo, camisa branca engomada e gravata de seda vermelha, atada em forma de borboleta. O pouco cabelo que lhe restava nas têmporas e a barba aparada a dois dedos do rosto estavam já quase brancos. Mas as sobrancelhas negras e o olhar enérgico, aliados ao corpo quadrado e forte, afastavam qualquer impressão de velhice.

A porta do salão abriu-se às suas costas, deixando passar junto com Francisca os acordes de uma polca tocada ao piano. A mulher voltou a fechar a porta e caminhou até junto do marido. Seu vestido de gorgorão verde-escuro, longo e acinturado, ao contrário da moda que permitia amplos decotes, era fechado até o pescoço. Como joias, trazia uma corrente de ouro com um pequeno crucifixo incrustado de esmeraldas e os brincos de brilhantes, que faiscavam a cada movimento da cabeça.

– Procurei você por toda a casa, querido. Quer alguma coisa? Um cafezinho, um licor?

– ...

Francisca ergueu um pouco a voz.

– Está me ouvindo, amor? Quer beber alguma coisa? Já está ficando muito frio aqui fora.

Imerso em seus pensamentos, Henrique sobressaltou-se.

– Eu?! Não, obrigado, está tudo bem.

Francisca apoiou-se ao balcão de madeira e ficou alguns momentos calada ao lado do marido. Depois retirou-lhe com cuidado o charuto esquecido entre os dedos e colocou-o num cinzeiro de cristal. Pegou a mão direita de Henrique e acariciou-lhe as veias salientes com as pontas dos dedos.

– Que pena, não é, amor? Você receber essa notícia logo hoje. Se eu soubesse antes, teria escondido o jornal.

Henrique respirou fundo, aspirando ao mesmo tempo o perfume da esposa. Olhou-a com ternura e tentou sorrir.

– É bobagem minha. Ele já tinha mais de oitenta anos... Mas para mim parecia imortal.

– Eu entendo, querido. Até o Imperador passou mal ao saber da notícia.

– Eles eram grandes amigos. Sabe o que Victor Hugo disse quando se encontrou com D. Pedro II pela última vez em Paris? Foi no seu apartamento, na *Place des Voges*. Ele chamou a neta e apresentou-a ao Imperador, dizendo: "Querida Jeanne, aqui está um fenômeno tão grande como o Brasil. Um rei inteligente e culto". Foi o Conselheiro Antônio Prado quem me contou. Uma linda história, você não acha?

Francisca apertou-lhe a mão com ternura.

– Victor Hugo nunca deixou de ser republicano. Mesmo sendo filho de um general de Napoleão.

Henrique olhou fundo nos olhos da esposa.

– Por que você acha que eu sou republicano e abolicionista? Victor Hugo foi o grande mestre da minha geração. Eu era estudante em Paris quando Luís Napoleão deu o golpe de estado e proclamou-se Imperador Napoleão III. Imediatamente, Victor Hugo partiu para o exílio e enviou da Inglaterra aquele panfleto genial que ridicularizou o usurpador: *Napoléon, le Petit*. Ficou uns vinte anos exilado nas ilhas inglesas, escrevendo seus melhores livros, e só voltou à França junto com a República... Perdemos o homem do século, Francisca. A legenda do século XIX. E eu só fiquei sabendo quase um mês depois. É o preço de viver tão longe da civilização.

– Você tem saudades de Paris? Nós poderíamos organizar uma viagem ainda este ano. Nós...

Henrique interrompeu-a, liberando a mão direita e colocando o indicador sobre os lábios.

– Não é hora de sair do Brasil. Sofia e Francisca ainda são muito pequenas. E Virgínia não vai demorar a ser pedida em casamento.

Francisca aconchegou-se mais ao marido.

– Deus queira que sim. Ela já está com dezenove anos e aqui são raras as oportunidades de encontrar um bom marido. Tenho ótima impressão desse jovem Villares.

– Eu também. Se for parecido com o irmão, Virgínia não terá do que se queixar.

Francisca espalmou a mão direita sobre o peito.

– No começo, achei que Eduardo não era o marido ideal para Maria Rosalina. Mas agora, dou a mão à palmatória. Ele é reservado, de poucas palavras, mas muito generoso e delicado com ela. Pena essa mudança para Portugal. Mas, se é para o bem deles, eu não vou interferir. Quanto a Guilherme, parece-me muito educado e inteligente. Preciso saber mais sobre suas convicções religiosas. Bem que ele poderia ter chegado hoje a tempo para a missa, você não acha?

– ...

– Henrique! Você está me escutando?

Com muito esforço, o fazendeiro emergiu de suas meditações.

– Sim, sim, querida.

– Qual será a situação financeira dele?

– Dele quem, amor?

– Ora de quem? De Guilherme Villares. Temos que pensar no futuro de Virgínia.

Henrique encarou a esposa com um olhar divertido.

– Para um jovem engenheiro, muito melhor do que a minha quando casei com você.

No salão de jogos, cuja porta se abria junto às escadas do andar superior, as crianças e adolescentes mantinham-se em agitação. Comandadas por Gabriela, já vestida como cabrocha, os cabelos negros trançados com fitas coloridas, Francisca e Sofia, com os vestidinhos de chita enfeitados de rendas, faziam os últimos preparativos para a festa. E brigavam todo o tempo pelos mesmos brincos, pelo mesmo colar. Parecendo dois repolhos com os vestidos bufantes da mesma cor verde-claro, duas meninas gorduchas, filhas do engenheiro das máquinas, mexiam com cuidado no baú de brinquedos.

Luís pintara em si próprio um bigode de carvão e desenhava outro em seu amigo Pedro, filho de um fazendeiro vizinho. Ambos estavam vestidos como caipiras, as calças de tecido barato até o meio das canelas, os paletós quadriculados grandes ou pequenos demais. Vestido da mesma maneira e segurando como uma bandeja o chapéu de palha meio desfiado, Alberto espiava pela janela os preparativos da festa. Obediente às ordens da mãe, deixara seus balões aos cuidados de Damião e subira para vestir-se. Pela tradição da casa, a família só iria para o terreiro quando a fogueira estivesse acesa e os primeiros fogos de artifício iluminassem o céu.

Alberto recordou, um por um, os balões guardados na ferraria. Eram mais de vinte, de vários tamanhos, desde um pequeno como uma lanterna japonesa, até o grande, o bem grande, que tanto trabalho lhe dera para fazer e manter escondido dos olhos de todos. Será que ele vai subir? Uma ruga de preocupação vincou-lhe a testa larga, entre as sobrancelhas espessas.

– Em que está pensando com essa cara de bobo? Quer um bigode?

Alberto olhou para o rosto pintado de Luís e concordou.

– É melhor pintar a cara toda. Estou me sentindo um idiota com esta fantasia de caipira.

Com movimentos ágeis, aproximando e recuando o pedaço de carvão, voltando-se e fazendo caretas para Pedro, Luís desenhou no rosto de Alberto um bigodão e duas compridas costeletas.

– Pronto. Você ficou igualzinho ao Barão do Rio Branco. O que você acha, Pedro?

Mas, antes que o amigo desse sua opinião, Luís puxou-o pela manga do casaco e segredou-lhe ao ouvido:

– Agora vamos nos divertir à custa de Alberto. Você já brincou de "passarinho voa"?

E, novamente sem esperar resposta, caminhou em largas passadas até o centro da sala, guardou o carvão no bolso e bateu palmas.

– Atenção, todos vocês! Vamos brincar de "passarinho voa"!

Começando a ficar cansados com a espera, todos concordaram com entusiasmo, excetuado Alberto que foi trazido pelo irmão, quase à força, de seu posto junto à janela. Em poucos momentos, formou-se uma roda no centro da sala, todos sentados no chão. Os dois candelabros de sete velas iluminavam em tons cambiantes os rostinhos encarvoados ou pintados com carmim. Luís, de pé no centro da roda, ergueu a voz meio falhada de adolescente.

– Todos sabem como é o brinquedo?

Sofia ergueu o braço magrinho.

– Eu sei!

Francisca riu-se e botou-lhe a língua.

– Sabe nada! Você sempre paga prenda em todos os brinquedos.

– Bobalhona! Olha que eu lhe arranco essas tranças...

Luís bateu palmas novamente.

– Vamos lá! Eu digo o nome do bicho e pergunto se ele voa. Quem acha que ele voa levanta o braço. Quem acha que não, fica sem se mexer. Quem errar paga prenda!

– Que prenda vai ser?

– Banco de lavadeira!

– Isso mesmo! Isso mesmo! Banco de lavadeira!

Refeito o silêncio, Luís ergueu a voz.

– Passarinho voa?

Todos os braços se ergueram ao mesmo tempo.

– Tartaruga voa?

Ninguém se mexeu.

– Gavião voa?

Braços erguidos em toda a roda.

– Pomba voa?

Braços ao alto novamente.

– Rato voa?

Muitos risos, mas nenhum braço levantado. Luís olhou para Pedro, mostrou-lhe Alberto com um movimento do queixo e piscou um olho.

– Homem voa?

Imediatamente, Alberto levantou um braço. As outras crianças não se mexeram. Luís apontou um dedo acusador para o irmão.

– Paga prenda! Homem não voa.

Alberto continuou com o braço erguido. Gritaria de todos os lados.

– Paga prenda! Banco de lavadeira! Homem não voa!

O menino mantinha-se firme.

– Voa sim. Homem voa em balão. Todo mundo sabe.

Luís dominou o tumulto e botou as mãos na cintura.

– Se eu atar um rato num balão de São João, ele também vai voar. E você não ergueu o braço quando eu perguntei se rato voava.

– Paga prenda! Banco de lavadeira!

– Pega ele! Vamos botar no chão!

Atraída pelos gritos, Virgínia subiu as escadas, segurando com as duas mãos a barra do vestido branco. Logo atrás dela, muito elegante num terno verde-escuro, Guilherme entrou na sala de jogos. Seu cabelo negro, bem puxado para trás à força de brilhantina, atraiu reflexos da luz das velas. Virgínia arregalou os olhos castanhos e teve que erguer a voz para ser ouvida.

– O que está acontecendo? Que gritaria é essa?

Luís enfrentou-a de cabeça erguida. Mas quem falou primeiro foi Gabriela.

– É Alberto teimando outra vez que homem voa. E não quer pagar prenda.

Virgínia passou um braço protetor pelos ombros de Alberto.

– Não é culpa dele. O homem voa nos livros de Júlio Verne e você sabe que ele acredita nisso. Muita gente acredita.

Luís apontou em direção da escada.

– Você não está no brinquedo, Virgínia. Você agora é gente grande. Tem até namorado.

A moça corou até a raiz dos cabelos. Guilherme avançou um passo e ergueu o queixo de Alberto com a mão direita.

– Eu também gosto muito de Júlio Verne. Mas não é só nos livros dele que o homem voa em balão. Desde o século passado, o Padre Gusmão e depois os irmãos Montgolfier fizeram ascensões em Lisboa e Paris, diante de reis e de grandes multidões. Nos últimos anos, muitos outros aeronautas subiram a grandes alturas e viajaram centenas de quilômetros em balões esféricos cheios de hidrogênio.

Luís não se deu por vencido.

– Isso não é voar. O balão vai para onde o vento sopra e depois cai. Voar é outra coisa. É escolher o caminho de ida e volta. Como qualquer passarinho.

Guilherme sorriu.

– Há quinze anos, quando os prussianos cercaram Paris, mais de sessenta balões saíram da cidade levando mensageiros e fugitivos. Na minha opinião...

Mas não conseguiu concluir a frase. Um clarão súbito iluminou as janelas e ouviu-se o estrondo de um rojão.

– Olha a fogueira! Olha a fogueira!

E todos, inclusive Guilherme e Virgínia, desceram as escadas em grande correria.

Dez horas da noite. Muitas lanternas apagadas entre as guirlandas que cercavam o terreiro. A grande fogueira transformara-se num braseiro avermelhado. Cheiro de pólvora, de suor, de amendoim torrado. Os foguetes estavam no fim. As crianças, empanturradas de pés de moleque e outros doces caseiros, brincavam de roda ou corriam umas atrás das outras, sem nunca se cansar. No tablado erguido numa extremidade do terreiro, dançava-se de tudo um pouco: tarantelas, mazurcas, danças africanas. Caboclos e italianos esmeravam-se nas violas e bandolins. O frio era intenso. Mas o vinho tinto incendiava os rostos dos colonos. Alguns pares jovens deixavam o tablado e buscavam os cantos mais escuros para namorar.

Alberto, com auxílio do velho Damião e de muitas crianças, já soltara todos seus balões pequenos. As esferas resplandecentes haviam subido uma a uma, sob os aplausos de novos e antigos devotos de São João. O menino não descuidava de nenhum detalhe, principalmente na hora de acender a bucha, feita de ataduras de pano recheadas com velas de sebo trituradas. Ele mesmo derramava o álcool e acendia o fogo, esperando com paciência que o balão se enchesse de ar quente. Quando finalmente o soltava, sorria embevecido, acompanhando a trajetória lenta da pequena nave sob as estrelas que piscavam no céu.

Chegado o momento que tanto esperara, Alberto foi buscar na ferraria o grande balão verde e amarelo. Amontoada dentro do carrinho de mão, sua obra de arte não chamou a atenção de ninguém. Mas, quando os imensos gomos de papel de seda foram tomando forma e inflando-se com ar quente, até os músicos pararam de tocar.

No seu posto sob o telhado da varanda, Henrique interrompeu um bocejo e apontou o balão para a esposa.

– Que loucura é aquela lá? Esse balão é maior que uma casa. Se cair aceso sobre as plantações...

E, esquecendo a dignidade de dono da fazenda, saiu

quase correndo em direção ao grupo que rodeava Alberto. Francisca seguiu-o com dificuldade, acompanhada por Maria Rosalina e Eduardo. Já de longe, o engenheiro gritou com voz autoritária:

– Vamos apagar esse fogaréu! Agora mesmo! Esse balão é grande demais.

Alberto esperou que o pai chegasse junto a ele e falou com voz tranquila.

– Ele vai levantar sem problemas, papai. Pode ficar descansado.

Henrique olhou para Francisca e sacudiu a cabeça.

– Levantar, eu acredito que vai, mas quando cair, pode queimar as plantações, até alguma casa por aí.

– Mas papai...

O engenheiro desviou os olhos do rosto decepcionado do filho e concentrou-se no velho Damião.

– Fico admirado de você estar ajudando Alberto a fazer essa loucura.

O ex-escravo não se intimidou. Com os cabelos brancos e o rosto iluminados de verde e amarelo, alto e esguio sob o enorme balão, parecia um pai de santo das rezas de Angola. Sua voz soou mais rouca do que de costume no grande silêncio que o cercava.

– O balão é grande como o Brasil. Vai subi bem alto e levá nossos pedido de proteção pra São João levá pra Deus lá perto da casa dele. É reza forte, sim senhor. É reza forte.

Impressionado, Henrique olhou para Francisca. A esposa falou-lhe junto ao ouvido.

– Acho que não podemos proibir que o balão suba. É uma tradição muito antiga. Seria como proibir um cristão de rezar.

Henrique voltou-se para Alberto. O menino o olhava dentro dos olhos, a esperança estampada no rostinho pintado de carvão. Uma onda de ternura amoleceu a autoridade do engenheiro. Mas a voz ainda soou com rispidez.

– Você calculou tudo direito? Que altura tem esse balão?

Sem titubear, Alberto respondeu.

– Tem nove metros de altura. Calculei a bucha para no máximo duas horas de voo. Como não tem vento, ele vai subir direto, sem bater na casa, nem nas palmeiras. Só vai cair quando estiver apagado. Calculei tudo direitinho, papai.

O engenheiro teve vontade de abraçar o menino, mas dominou-se. Olhando para o velho Damião, falou quase em voz baixa.

– Podem soltar o balão. E seja o que Deus quiser.

Pequenino sob a enorme esfera estufada de ar quente, Alberto inspecionou a bucha pela última vez e acenou com a cabeça para Damião e os demais companheiros. Liberado das mãos que o retinham junto ao solo, o balão subiu alguns metros vagarosamente e estacionou acima das palmeiras imperiais. A seguir, a enorme esfera resplandecente retomou sua ascensão, impressionante como o voo de uma casa iluminada.

Emudecidos pela beleza do espetáculo, todos os rostos ficaram erguidos para o céu. De repente, como numa peça ensaiada há muito tempo, os músicos recomeçaram a tocar e uma grande salva de palmas brotou espontaneamente, aplaudindo o mensageiro celeste daquele povo generoso e bom.

França, outono de 1891

O jovem bem trajado parou diante da porta e hesitou por alguns segundos. Antes que se decidisse a bater, passou a bengala para a mão esquerda, tirou o chapéu-coco e deu passagem a uma senhora no corredor estreito e mal iluminado. A mulher pesadona sorriu agradecida e começou a subir o lance seguinte das escadas, gemendo a cada estalo dos degraus.

O rapaz recolocou o chapéu na cabeça e respirou fundo. Cheiro de mofo e peixe frito. Finalmente decidido, fechou a mão direita e bateu levemente na porta alta e roída de cupins. Como em resposta, os sinos da catedral começaram a tocar, fazendo com que recuasse um passo. As badaladas eram tão fortes que pareciam sacudir as paredes do velho edifício. Quando voltou o silêncio, ergueu novamente a mão enluvada e bateu três pancadas fortes.

Silêncio. Novas batidas. Um miado do outro lado da porta. Ruído brusco de metal. A fresta cautelosa e o som de uma voz carregada de pigarro.

– *Qui êtes vous? Qu'est-ce que vous voulez?*

O jovem caprichou no sotaque francês, articulando bem as palavras que decorara no caminho.

– Procuro o senhor Dallomé, François Dallomé. É o senhor?

A porta manteve-se apenas entreaberta. Outro miado. Tosse e ruído de limpar o nariz. A voz soou com rispidez.

– Sou eu mesmo. O que você quer?

– Li seu nome num catálogo de aeronautas. Queria fazer um passeio de balão. Um passeio pago, naturalmente.

A porta abriu-se por completo. Um gato preto saiu correndo rente ao soalho e sumiu-se escada acima. O cheiro de peixe frito espalhou-se pelo corredor. Na moldura da porta, um homem barbudo e corpulento, com um cachecol enrolado no pescoço grosso, olhou o rapaz de cima para baixo.

– Filho de papai rico, não é? Estrangeiro, não é? Como é o seu nome?

– Dumont... Alberto Santos Dumont. Eu sou brasileiro.

– Hum... Hum... Já subiu alguma vez em balão?

– Não, senhor.

O homenzarrão tirou do bolso um lenço encardido e assoou mais uma vez o nariz.

– Hum... Hum... Isso não é brincadeira de criança. Que idade você tem?

– Dezoito anos. Tenho meus papéis para provar.

– *Je m'en fous de vos papiers...* Subir em balão pode ser perigoso. Acha que vai ter coragem?

Alberto apenas inclinou a cabeça. O aeronauta chupou os dentes e soprou-lhe no rosto um forte bafio de vinho.

– São mil e duzentos francos por um passeio de duas horas. *Pas un centime de moins.*

O rapaz empalideceu. O aeronauta apreciou o efeito de suas palavras e prosseguiu.

– Além disso, você assinará um contrato responsabilizando-se por todos os danos que venham ocorrer à sua vida e à minha e, naturalmente, por todos os danos que possa sofrer o meu balão... e seus acessórios. É claro que você pagará também as despesas de trem para nos transportarmos, eu, você e o balão, do local onde... pousarmos... até Paris.

Alberto olhou firme nos olhos do aeronauta.

– E esses danos são...

– Imprevisíveis. Imprevisíveis. Mesmo saindo com bom tempo, tudo pode acontecer. Uma vez danifiquei a chaminé de uma fábrica e gastei uma fortuna. Incêndios também podem ocorrer... mas nem sempre. Questão de sorte, *mon ami.*

Alberto ficou pensativo por alguns instantes.

– Preciso pensar um pouco. Esse passeio pode ficar caro demais para mim.

O aeronauta riu-se e foi fechando a porta.

– Só volte se conseguir o dinheiro... e a coragem, naturamente.

O gato preto saltou das escadas e passou pela fresta da porta, no último momento. Alberto ficou parado no corredor, estupefato com o resultado da entrevista, sentindo-se ridículo e infeliz.

Ao sair para a *Rue Saint-Jacques*, ensolarada e vibrando com a passagem de fiacres e carroções pesados, o rapaz já estava com a decisão tomada. Só um louco subiria em balão com esse sujeito desleixado. Os mil e duzentos francos eu tenho, até um pouco mais. O problema é que posso gostar do passeio, apesar de todos os seus riscos, e depois não terei dinheiro para fazer outro. O melhor é esquecer esse sonho por mais algum tempo. Já basta o papai com todos os seus problemas de saúde depois daquele acidente.

E a imagem do cavalo alazão voltou-lhe à mente. A *charrette* erguendo poeira no meio dos cafezais. As patas do animal batendo no chão com a regularidade de uma máquina. O que será que aconteceu? Eu estava na escola e só fiquei sabendo depois. A *charrette* virou. O cavalo alazão quebrou as duas pernas e foi morto com um tiro na cabeça. Papai ficou desmaiado por muitas horas e quando acordou estava com o rosto repuxado, o lado esquerdo do corpo semiparalisado.

Alberto sentiu um arrepio percorrer-lhe a espinha. Acompanhando distraído os caminhantes apressados, atravessou o canal do Sena pelo *Petit Pont*, lançando apenas um olhar para as águas barrentas. Diante da catedral de Notre-Dame, tentou concentrar-se nos detalhes da famosa fachada retangular, erguendo os olhos até o alto das torres. De repente, sentiu-se empurrado com violência e quase caiu de joelhos. Duas mãos fortes o ergueram facilmente, colocando-o de pé. Ruído de rodas de ferro sobre as pedras do calçamento. Aturdido, Alberto viu passarem rente a si dois enormes cavalos negros puxando um ônibus lotado de passageiros. O passante que o salvara de ser atropelado já ia longe na direção do *Hôtel Dieu*.

O rapaz sacudiu a cabeça, desconsolado. É melhor eu entrar na igreja e me acalmar. Estou me sentindo um verdadeiro caipira nesta cidade. E voltou-lhe à mente a própria imagem numa noite distante. O chapéu de palha desfiado, o paletó grande demais, o rosto pintado com grandes suíças e bigodes de carvão. Por analogia, lembrou-se também do seu triunfo naquela noite. Do balão verde-amarelo subindo aos céus como uma casa iluminada. Está bem, está bem. Não estou num dia de sorte, é só isso. E pensou no gato preto que passara duas vezes diante de si.

Alberto caminhou pelo *parvis* da catedral e parou em frente ao portal de Santa Ana. À sua direita, junto à mureta do rio, os castanheiros de folhas douradas resplandeciam ao sol. A temperatura era amena. Uma leve brisa varria as folhas no chão. O rapaz sentiu-se atraído por um banco de pedra. Indeciso, puxou o relógio do bolso do colete. Meio-dia e trinta e cinco minutos. Melhor entrar na igreja e rezar. Papai precisa da ajuda de Deus.

Mas não entrou no templo. Caminhou até o banco, do outro lado da estátua de Carlos Magno, sentou-se e tirou o chapéu. O rosto repuxado e sofrido do pai voltou-lhe à mente. Sentiu até o cheiro do hospital de São Paulo onde ficara horas e horas por dia sentado ao lado da mãe. O tempo passava lentamente e aquele homem forte e decidido se apequenava cada vez mais. Depois de alguns meses de sofrimento, foi tomada a única atitude cabível. A família viria para a França em busca de tratamentos mais modernos. Porém, antes de embarcar no *Elbe* em direção à Europa, Henrique Dumont resolvera vender a fazenda de café e o fizera em poucos dias, numa transação milionária. Somente agora, tão longe de Ribeirão Preto, Alberto sentia o quanto amava aquelas terras. O quanto sentia falta do casarão antigo. Do ruído das máquinas a vapor beneficiando o café. Do cheiro de óleo e carvão da locomotiva Baldwin que costumava dirigir por entre as infindáveis alamedas dos cafezais.

De repente, Alberto levantou-se e tomou uma decisão. Meu pai melhorou com a estação de águas em Lamalou-les-Bains. Já não sente tantas dores e consegue caminhar só com auxílio da bengala. Eu estou deprimido, mas é por minha própria causa. Queria subir num balão e não consegui. Mas não é esse o meu único sonho. E tirou do bolso interno do redingote um folheto de papel grosso impresso em grandes letras meio descoradas.

FÁBRICA DE AUTOMÓVEIS PEUGEOT

O VEÍCULO SEM CAVALOS JÁ É FABRICADO EM FRANÇA. OS SENHORES ARMAND E EUGÈNE PEUGEOT O CONVIDAM A VISITAR SUA OFICINA EM VALENTIGNEY PARA UMA DEMONSTRAÇÃO SEM COMPROMISSO DO QUADRICICLO PEUGEOT TIPO 3, A MARAVILHA DO SÉCULO XIX.

SE VOCÊ É UM *SPORTSMAN*, NÃO DEIXE DE CONHECER A VIATURA AUTOMÓVEL QUE ACOMPANHOU TODO O PERCURSO DA CORRIDA DE BICICLETAS PARIS–BREST–PARIS, SEM NUNCA FICAR PARA TRÁS.

Seguia-se um desenho em bico de pena de um veículo que mais parecia uma carruagem de quatro rodas, após desatrelados os cavalos. Na outra face do folheto, um mapa indicava o trajeto a percorrer de trem desde Paris até Montbéliard, próximo à fronteira suíça. A dez quilômetros ao sul de Montbéliard ficava o vilarejo de Valentigney, descrito como um "burgo progressista às margens do rio Doubs".

No dia seguinte, às quatro horas da tarde, empoeirado e exausto, Alberto caminhava pelas ruelas de Valentigney. Em jejum desde o café da manhã que tomara muito cedo, na *gare de Lyon*, o rapaz sentia fome e frio. Mas teimava em ignorar as tavernas onde poderia comer e aquecer-se. Não admitia perder mais tempo. Para conhecer o automóvel Peugeot ainda naquele dia, viajara muitas horas num trem superlotado, alugara um fiacre, pedira carona na carroça de um leiteiro e agora caminhava a pé pelas margens do rio. A temperatura continuava a cair e sua roupa de meia-estação parecia uma peneira contra o vento que encrespava as águas e erguia redemoinhos de poeira.

No vilarejo que ficara para trás, ninguém sabia onde ficava a fábrica de automóveis. A própria palavra *automobile* era desconhecida dos habitantes de Valentigney. Mas todos conheciam os irmãos Peugeot, fabricantes de bicicletas. Um camponês grisalho, que recolhia ao estábulo cinco vacas leiteiras, elogiou bastante os dois mecânicos e finalmente apontou para uma casa de pedra bastante próxima.

– *Monsieur Armand* tem sua oficina bem perto daqui, *jeune homme*. Está vendo aquela casa grande? É lá que ele mora. Quando chegar na casa, dobre à esquerda e já verá o hangar. É melhor apressar-se. Vai chover a qualquer momento.

E apontou para o céu onde corriam nuvens escuras.

Alberto olhou com prazer para as vacas que pastavam à beira da estrada, agradeceu e apressou-se a continuar seu caminho. Já deveria estar chovendo próximo dali, porque o vento vinha carregado do perfume de terra molhada. Diante da casa de pedra, dois cães avançaram latindo e bloquearam-lhe o caminho. O rapaz fez um grande desvio e finalmente enxergou o galpão onde deveria ser a oficina. Sempre seguido pelos cachorros, conseguiu chegar diante da porta aberta no momento em que a chuva começava a cair.

Para sua felicidade, ao contrário do balonista de Paris, *Monsieur* Armand Peugeot era um cavalheiro. E um fino negociante também. Sem fazer perguntas, embora intrigado com a extrema juventude do brasileiro, mostrou-lhe o telegrama que recebera ainda naquela manhã, elogiou os correios franceses e o cuidado que Alberto tivera em preveni-lo de sua chegada.

– Meu irmão Eugène pede desculpas, mas teve que viajar ainda esta manhã. O *Bey* de Túnis está interessado em um quadriciclo, mas acha nosso Peugeot Tipo 3 muito simples para sua fortuna. Desenhamos para ele uma carroceria digna de um rei. Mas, falando francamente, eu gosto mesmo é da nossa viatura como ela é.

E, pedindo auxílio a um dos mecânicos que montavam bicicletas, retirou a capa de pano encerado de sobre o automóvel.

– Lindo, *n'est-ce pas*?

Alberto desviou os olhos da calva do senhor Peugeot e concentrou-se no quadriciclo. A impressão era de uma pequena carruagem com tolda, montada sobre quatro rodas de bicicleta. Na boleia, havia espaço suficiente para duas pessoas. Sob o assento revestido de couro negro envernizado estava instalado o motor. O rapaz ignorou os metais polidos e apontou diretamente para o meio das rodas traseiras.

– É realmente um motor a gasolina?

Armand Peugeot inclinou a cabeça.

– Perfeitamente. É um motor Daimler a quatro tempos, fabricado na Alemanha. O que temos de melhor.

– Qual é a potência?

– Três cavalos e meio. Acompanhando a corrida de bicicletas Paris–Brest–Paris, fizemos com um modelo igual a este 2.100 quilômetros em 139 horas, o que significa uma média recorde de quinze quilômetros por hora.

O fabricante olhou de esguelha para o cliente, buscando sentir a impressão de suas palavras. Alberto procurava dominar a emoção. Escolhendo cuidadosamente as palavras em francês, seguiu fazendo perguntas e mais perguntas. Finalmente, sentindo que *Monsieur* Peugeot começava a fatigar-se, pediu-lhe uma demonstração da máquina. Sem preocupar-se com as calças de bom tecido, o francês colocou um joelho no chão poeirento e girou a manivela por duas vezes. O motor pegou com estrondo, fazendo a carroceria tremer como um animal friorento. Uma fumaça escura desprendeu-se do cano de descarga. O cheiro enjoativo fez Alberto afastar-se para o lado. Armand Peugeot riu-se com gosto.

– É o óleo de rícino que usamos para lubrificar o motor. Mas só incomoda os outros. Quem vai na boleia não sente o cheiro.

Alberto também teve que rir. O fabricante caminhou até a porta e olhou para o céu.

– Acho que a chuva foi-se embora. Vamos dar um passeio?

Meia hora depois, às margens do Doubs, o jovem Dumont teve sua primeira aula de direção. A tarefa não era fácil. Para mexer as rodas da frente, usava-se uma espécie de manche, um timão semelhante ao que governa os pequenos barcos a vela. Os freios eram precários e só detinham o automóvel com grande dificuldade. Mas a sensação de dirigir um veículo a motor sem auxílio de trilhos era completamente nova para Alberto. Os pneus de borracha maciça abriam sulcos estreitos na lama esbranquiçada. Extremamente feliz, sem preocupar-se em criar dificuldades, freou o carro e estacionou-o aos solavancos sob uma árvore. Com os pulos, o motor apagou por sua própria conta.

Alberto virou-se para o fabricante.

– Qual é o preço?

Armand Peugeot decidiu-se com a mesma rapidez.

– Dois mil e... duzentos francos.

O rapaz franziu as sobrancelhas. Aqui na carteira, tenho um pouco mais de quatrocentos francos. Mais os mil e trezentos guardados no cofre do hotel, posso dispor de mil e setecentos. Preciso de mais quinhentos... Com Luís não adianta tentar. Ele gasta tudo nos cabarés. A esperança é Virgínia. Guilherme não recusa os pedidos dela. Mas só quinhentos francos não vai adiantar. Preciso pagar o combustível, os consertos do motor e guardar um mínimo para os gastos pessoais.

Preocupado com a demora do cliente, Peugeot colocou o monóculo no olho direito, tirou do bolso um caderninho de anotações e consultou-o atentamente.

– *Voyons, Monsieur Dumont*, talvez eu possa fazer-lhe um desconto... para pagamento à vista, naturalmente. *Mettons*... cinco por cento. Dois mil e cem francos e estamos entendidos. Um preço miserável por esta joia rara.

Uma chuva miúda começou a cair sobre a tolda de lona. Alberto tomou coragem e falou de um só fôlego.

– Dois mil francos posso pagar. Mais não posso.

O francês olhou para o poente, onde a claridade do sol não tardaria a desaparecer. Pensou na precariedade das luzes do automóvel e suspirou. Como se discutisse consigo mesmo, sacudiu várias vezes a cabeça para a frente e para os lados. Finalmente, fingiu capitular.

– Negócio fechado, senhor Dumont. Onde quer que lhe faça a entrega do carro? Se for na Argentina, o preço não será o mesmo.

E riu com gosto da própria brincadeira. Alberto não perdeu tempo em corrigi-lo.

– Será que... que eu não poderia dirigir o automóvel até Paris?

O fabricante sorriu com satisfação.

– É o desejo de um verdadeiro *sportsman*. Pode ficar certo que será uma viagem inesquecível.

E desceu rapidamente para fazer funcionar o motor e voltar logo para a garagem antes da noite. Apesar das muitas promessas, era o primeiro automóvel que conseguira vender naquele ano.

Duas semanas depois, correndo pelas alamedas do *Bois de Boulogne* a quinze quilômetros por hora, o jovem brasileiro sentia-se dono do mundo. Dentro do automóvel, perdera para sempre o medo, a sensação de caipira dos seus primeiros dias em Paris. Agora, tudo lhe parecia fácil e leve. Como se acabasse de beber uma taça de *champagne*. E lembrou-se com prazer das visitas que fizera às adegas do famoso vinho espumante, durante a viagem para Paris.

Ultrapassado o *carrefour* da Porta Dauphine, com as mãos menos ocupadas entre o timão e a buzina em forma de corneta, o *chauffeur* conseguiu relaxar os músculos e dar mais atenção aos pensamentos. A viagem desde a fronteira suíça fora verdadeiramente inesquecível. Até pedras lhe foram jogadas pelo caminho. Alguns camponeses acreditavam que uma carruagem que andava sem cavalos, dava estouros e soltava uma fumaça fedorenta só podia ser coisa do diabo. Outros ficavam furiosos com o susto das crianças e o esparramo dos animais. Mas a maioria tinha apenas curiosidade e não negava auxílio para empurrar o carro ou fornecer água para o radiador. Graças ao mecânico Basile, enviado por Peugeot para ajudar Alberto e receber o dinheiro que faltava, o rapaz aprendera muito sobre o funcionamento do automóvel. Era capaz agora de fazer sozinho os pequenos consertos e limpar o carburador sempre que necessário.

O Arco do Triunfo, no centro da *Place de l'Étoile*, foi

crescendo rapidamente no fundo da avenida. Uma dúzia dessas ruas largas e arborizadas despejava veículos de todos os tipos no espaço circular que contorna o monumento. Mas o único que chamava a atenção de todos era o pequeno automóvel. Manobrando com dificuldade entre carroções carregados de pipas e ônibus puxados por cavalos mais altos que a sua capota, o jovem motorista ouvia gracejos e ofensas com o mesmo sorriso tranquilo. Carruagens rápidas buscavam ultrapassá-lo a qualquer custo, como num desafio. O cheiro de estrume dominava os outros cheiros da cidade. O ruído de vozes, gritos de vendedores, relinchos, estalos de chicote e de centenas de rodas girando sobre o calçamento soavam em seus ouvidos como a ressaca do mar.

Alberto descia agora a avenida *des Champs Elysées*. As fisionomias espantadas dos parisienses refletiam-se nos seus grandes óculos de moldura de couro. Ultrapassando um bonde puxado por três parelhas de burros, o rapaz contornou lentamente a Praça da Concórdia. No centro dela, onde um dia estivera a guilhotina, erguia-se a Agulha de Cleópatra, o famoso obelisco que Napoleão trouxera do Egito, como presa de guerra. Para a direita, o Jardim das Tulherias dava entrada ao Museu do Louvre, antigo palácio real.

Alberto dobrou à esquerda e não demorou a rodar pela recém-aberta Avenida da Ópera, ainda com muitos prédios em construção e vestígios de casas demolidas de ambos os lados. O rapaz dirigia com atenção, mas sem perder de vista os olhares das mulheres. No extremo da avenida, o próprio *Palais Garnier* não lhe impunha mais o respeito dos primeiros dias. Enquanto estacionava o veículo em frente ao *Café de la Paix*, um grupo de curiosos aglomerou-se em torno do automóvel. E o jovem *chauffeur*, parecendo ignorar a sensação que causava, saltou fora do carro, tirou os óculos num gesto amplo e dirigiu-se para o interior do terraço envidraçado.

Cheiro de café, chocolate e fumaça de charutos. Zumbido de vozes falando em diversos idiomas. Alberto tirou o guarda-pó e pendurou-o num cabide junto com os óculos de motorista e o quepe de viseira curta. Alisou o casaco de tecido escuro, com raias verticais, ajeitou a gravata vermelha e acelerou o passo em direção da única mesa desocupada.

Depois de longa espera, um garçom vestido de fraque dignou-se a atendê-lo.

– Um café com creme, por favor.

Parecendo decepcionado, o garçom retirou o volumoso cardápio quase das mãos do cliente e dirigiu-se majestoso para outra mesa. Quase ao mesmo tempo, Virgínia e Guilherme entraram no terraço junto com uma lufada de vento. Alberto levantou-se e acenou-lhes com alegria. Sua irmã preferida estava encantadora com o penteado novo. Uma franja picotada em forma de estrela cobria-lhe a testa até as sobrancelhas. O cabelo frisado caía em cachos negros sob o chapéu verde-musgo. O vestido da mesma cor, largo nos ombros e muito acinturado, descia em amplas pregas até quase arrastar no chão. Virgínia era de pequena estatura e extremamente graciosa. Atrás dela, caminhando entre as mesas com o chapéu na mão, Guilherme vestia seu velho sobretudo marrom, quase da mesma cor da barba e dos cabelos.

Alberto beijou a irmã e abraçou o cunhado.

– Parabéns pela pontualidade.

– E não foi fácil. Sua irmã descobriu a moda de Paris e perdeu a noção do tempo. Para não dizer do dinheiro, também.

Lembrando-se dos quinhentos francos que devia, Alberto corou, embaraçado. Mas logo distraiu-se com Virgínia que tagarelava sobre a visita que tinham feito ao Museu Grévin, descrevendo com muita graça as personagens de cera que mais a impressionaram. Guilherme, tentando inutilmente chamar a atenção do garçom, acabou desistindo e acomodou-se na poltrona. Apontando para a parede envidraçada, mostrou a Alberto as pessoas aglomeradas em torno do automóvel.

– Se aqui em Paris, com tantas novidades, o seu carrinho está fazendo esse sucesso, imagino o que vai ser em São Paulo.

Alberto olhou para o cunhado e depois para irmã, sentindo-se tomado de grande emoção.

– Mas eu pensei que... papai não tinha deixado. Vocês... sabem de alguma coisa?

Virgínia abriu a boca para falar, mas conteve-se. O garçom carrancudo chegava com a bandeja. Com gestos maquinais, colocou sobre a mesa dois bules, um pires e uma xícara de porcelana azul e branca. Ajeitou também diante de Alberto um pratinho com tabletes de açúcar e outro com *petit-fours*. Cravou a nota de despesa numa espécie de prego com base de metal, resmungando.

– *Voilà, monsieur.*

E afastou-se da mesma forma olímpica como chegara. Guilherme tentou detê-lo, inutilmente. Virgínia pegou a mão do marido, para acalmá-lo. Alberto insistiu na pergunta.

– Sobre a ida do meu Peugeot para o Brasil, vocês sabem de alguma coisa?

Virgínia sorriu.

– Era uma surpresa. Mas já que Guilherme deixou escapar...

– Desculpe, eu não sabia. Ando com a cabeça no meu canteiro de obras, em Portugal. Eu...

Virgínia olhou com carinho para o marido.

– Já está no fim, amor. Papai melhorou e vamos todos juntos para o Porto, na semana que vem. Ele até já comprou as passagens no navio *Portugal*, que parte para o Brasil no começo de novembro – E voltando-se para Alberto: – Foi quando fiquei sabendo que papai concordou em levar o seu automóvel. Ele até já pagou o transporte de trem até o Porto e de lá no mesmo navio que vai levar vocês para o Rio de Janeiro. Você sabe que ele não deixa nada para a última hora.

O rapaz pegou a asa do bule e, sentindo que a mão tremia, desistiu de servir o café.

– Vocês querem tomar alguma coisa? Fico constrangido em me servir sozinho.

Guilherme encolheu os ombros.

– Eu gostaria muito de um cálice de vinho do Porto. Mas, com essa multidão aqui dentro, duvido que o garçom volte antes da noite.

Alberto olhou para Virgínia.

– Você quer tomar este café para mim? Acho que vou pedir uma coisa mais forte. Sobre o automóvel... a mamãe também concordou?

– Parece que eles discutiram durante horas. Mas papai acabou vencendo. Posso tomar o seu café, com prazer. Mas o garçom está chegando.

Conseguindo finalmente encomendar as bebidas, Guilherme encheu as bochechas de ar e deixou-o escapar com ruído.

– Dona Francisca anda muito nervosa. Imagine que nos obrigou a desistir de subir na Torre Eiffel. Uma das coisas que eu mais desejava nesta visita a Paris... Em dois anos depois da inauguração, mais de dois milhões de pessoas já subiram na torre. Não houve o menor acidente. Mas ela não quer e pronto.

Virgínia suspirou.

– Mamãe tem sofrido muito nos últimos meses. Temos que dar um desconto, querido. Ué... o que será que está acontecendo?

O garçom dirigia-se para a mesa, acompanhado de um policial fardado de azul. Alberto e Guilherme levantaram-se ao mesmo tempo. O gendarme bateu continência para Virgínia e falou com o sotaque típico do sul da França.

– *Pardon de vous déranger, messieurs-dame*, mas preciso saber quem é o proprietário daquela viatura sem cavalos que está atrapalhando o trânsito.

Alberto esperou que a boca do policial se fechasse sobre os dois incisivos de ouro.

– O automóvel é meu. Mas deixei-o bem estacionado junto à calçada.

– Isso é certo. Mas ele está causando um tumulto na rua e tem de ser retirado imediatamente.

O rapaz olhou para o garçom que parecia impressionado.

– *L'adition, s'il vous plaît.*

Guilherme interveio com energia.

– Pode deixar que eu pago.

Virgínia levantou-se para beijar o irmão.

– Não esqueça que papai está esperando você no Grande Hotel às quatro horas. Quer que o acompanhe ao Palácio da Indústria. Depois de outra enorme discussão, mamãe concordou que ele fosse no automóvel com você... Vá embora logo, querido.

E sorriu com todo seu charme para o policial.

Cinco horas da tarde. Poucas pessoas transitando dentro do grande pavilhão de aço e vidro. Henrique caminhava com dificuldade, mas sem apoiar-se no filho. O casacão com ombreiras disfarçava os ombros caídos. Mas a barba branca não escondia a deformidade do rosto. A respiração era sibilante e a saliva formava espuma no canto esquerdo da boca, exigindo o uso constante do lenço. O olho direito brilhava ainda com a intensidade de antes, mas o esquerdo estava quase coberto pela pálpebra edemaciada. A voz também estava quebrada, para um homem que ainda não completara sessenta anos.

– O que você está fazendo aí, Alberto? É a terceira vez que para na frente desse motor.

O jovem ergueu os olhos para o pai e voltou a olhar

para a pequena máquina, como fascinado. Henrique aproximou-se mais, apoiado na bengala.

– O que ele tem de especial?

– O tamanho... a suavidade do mecanismo. É um motor a gasolina, como o do meu Peugeot. Mas tem apenas um cavalo de força. Visto assim isolado, funcionando sobre esta bancada, não sei, parece um ser vivo, o senhor não acha?

O engenheiro olhou atentamente para a pequena máquina, feita de ferro polido, aço e bronze. Mas sua admiração maior foi com a expressão apaixonada do rosto de Alberto.

– Você quer levar este também para o Brasil?

– Não, não. Eu pensei apenas... Bobagem minha.

Henrique olhou atentamente para o filho, admirado com a sua repentina maturidade. Nos últimos meses, absorvido pela doença, quase não conversara com ele. Apenas se dera conta de sua presença em Paris quando Alberto lhe pedira licença para comprar o automóvel. Concordara que o filho levasse aquele brinquedo para o Brasil quase pelo prazer mórbido de contrariar Francisca. A esposa, que lhe escondia os charutos e nunca esquecia a hora das poções e das mínimas recomendações médicas, tornara-se um anjo da guarda difícil de suportar. Mas aquele menino e sua paixão pela mecânica abriram a primeira brecha na sua indiferença.

– Talvez eu não ache uma bobagem. O que gostaria de fazer com este motor?

– Eu... vejo este motor... funcionando embaixo de um balão. Vejo o balão sendo dirigido como um barco pelo céu. Bobagem minha, não é verdade?

– Talvez. Mas um dia alguém vai conseguir isso. Este fim de século está provando que a ciência não tem limites.

Impressionado com aquela resposta, Alberto balbuciou:

– Eu... eu queria pedir-lhe... uma coisa muito importante. Eu gostaria de estudar aqui... como o senhor estudou.

Henrique pensou um pouco.

– Vamos voltar ao Brasil. Lá eu lhe darei a resposta.

E, arrastando a perna esquerda ao lado da bengala, falou com a boca espumante de saliva:

– Acho que chega por hoje. Estou cansado demais.

Paris, verão de 1893

O elevador subia lentamente pelo interior da Torre Eiffel. Acompanhando a curvatura do pilar oeste, a gaiola dupla, capaz de transportar duzentos passageiros em cada cabine, parecia quase vazia. Entre o grupo de turistas, na maioria ingleses, alemães e franceses da província, mulheres com vestidos de mangas bufantes e chapéus floridos davam gritinhos de admiração. Isolados em um canto do elevador, dois homens chamavam atenção pelo contraste físico. Um velho e o outro moço. Um alto e o outro baixo. O velho, vestindo um fraque surrado, parecia ainda mais alto com a cartola na cabeça. Tinha o rosto chupado e triste, com os bigodes brancos caídos nos cantos da boca. O jovem usava um bigode escuro bem aparado e tinha o rosto bronzeado de sol. Era também esguio, mas vestia-se com apuro. Chapéu panamá meio desabado, terno claro, gravata vermelha e um cravo da mesma cor na lapela. Os olhos castanhos, grandes e um tanto salientes, estavam atentos ao funcionamento do elevador.

– Como ele sobe, professor Garcia? Qual é a propulsão?

O velho tossiu e respondeu em francês com um leve sotaque espanholado.

– Propulsão hidráulica. É a água do Sena que nos está empurrando para cima.

E apontou com a bengala para as águas do rio, que brilhavam entre as chapas de aço.

Na margem oposta do Sena, foi tomando forma um palácio arredondado, com duas torres esguias encimadas por campanários. De cada lado do palácio, duas galerias em arco abrigavam os jardins e as fontes, dando ao conjunto arquitetônico a impressão de uma enorme ferradura.

– É o palácio do Trocadero. Obra do arquiteto Jules Bourdais. Um jumento digno de usar essa ferradura.

O jovem sorriu.

– O palácio não me parece tão feio assim. Tem alguma razão especial para não gostar desse...

– ... Bourdais? Tenho diversas, mas uma só me basta. Trata-se do maior inimigo de Gustavo Eiffel.

– Por que inimigo?

– Porque Bourdais considera-se um gênio e não admite ser derrotado. Ele também apresentou um projeto de torre para a Exposição de 1889. Deveria ter 300 metros de altura, como esta. Mas Bourdais queria construí-la de granito, com cinco andares cercados de galerias e enfeites em estilo rococó. Parecida com essa bosta de vaca aí na frente.

– E por que perdeu a concorrência?

– Porque não levou em conta a questão mais importante que é a resistência dos materiais. Desde a Torre de Babel, a pedra não é o material indicado para atingir grandes alturas. Eiffel já sabia disso e comprovou-o quando foi aos Estados Unidos para construir a Estátua da Liberdade.

– É obra dele também?

– Nos Estados Unidos, Eiffel visitou e estudou o obelisco de Washington. Os americanos o tinham projetado para ter 180 metros de altura. Por razões de segurança, foram obrigados a concluí-lo com 169 metros. Além disso, o obelisco de pedra levou trinta anos para ser construído. E a Torre Eiffel, toda de aço pré-moldado, apenas dois.

Abertas as portas do elevador, os turistas precipitaram-se para o amplo patamar, misturando-se com outros que chegavam dos andares superiores. Pequenas lojas vendiam todos os tipos de *souvenirs*, principalmente miniaturas da torre. Diversos fotógrafos, sobraçando seus equipamentos, abordavam os visitantes, oferecendo o melhor preço para os instantâneos. Dois restaurantes, um francês e outro russo, ocupavam grande parte do primeiro andar. Mas a hora ainda era dos aperitivos no Bar Americano. Nos terraços dos restaurantes, a torre projetava sombras rendadas sobre as toalhas das mesas. Pombos brancos e cinzentos pousavam no piso metálico em busca de migalhas. Uma brisa agradável neutralizava os fortes raios do sol.

Garcia, seguido por seu aluno, dirigiu-se em largos passos para a face fronteira à ponte de Yéna, que atravessa o Sena entre a torre e os jardins do palácio.

– Veja, senhor Santos, como esta estrutura metálica foi concebida com sabedoria. A torre, em verdade, possui três alicerces. A base sustenta o primeiro andar. O segundo foi construído sobre este primeiro, e o terceiro sobre o segundo. Lá embaixo, as fundações deste lado foram cavadas sob o nível do rio, obtendo-se assim a mesma firmeza que do lado oposto. Cada um dos quatro pilares de aço que sustentam a plataforma deste primeiro andar está atarrachado no cimento com parafusos de sete metros e oitenta centímetros de comprimento. Mas isso ninguém percebe. De longe, dá impressão que a torre pode ser levantada do chão como uma miniatura, como um brinquedo de criança.

Alberto concordou, pressionando o bigode com o lábio inferior e sacudindo várias vezes a cabeça.

– É essa a impressão que senti desde o primeiro momento. De grande leveza.

– E isso é uma verdade matemática. Cada pilar da torre tem quatro arestas, o que nos dá um total de dezesseis. Cada aresta recebe na sua base uma pressão de 875 toneladas, dependendo dos efeitos do vento. Mas, como cada aresta tem seu próprio alicerce de cimento de 5 por 10 metros, o solo suporta um esforço máximo de 3 a 4 quilos por centímetro quadrado.

– Só isso?

– Genial, não é? Apenas a pressão por centímetro

quadrado que uma pessoa exerce sobre o solo, quando sentada numa cadeira.

Um pouco confuso, Alberto concentrou-se na paisagem. Barcaças de carga desciam e subiam o rio, abrindo sulcos nas águas tranquilas. Algumas dessas *péniches* vinham tão pesadas que pareciam prestes a afundar. Dois pequenos veleiros deslizavam suavemente, quase lado a lado. O sol a pino brilhava sobre as cúpulas de ardósia do palácio e dos prédios próximos à colina de Chaillot.

– A que altura estamos aqui, professor Garcia?

– A cinquenta e sete metros do solo. Pode parecer pouco, mas quando se pensa que o Arco do Triunfo tem 49 metros e cinquenta centímetros... e a Estátua da Liberdade, com apenas 46 metros, já se tornou um símbolo de Nova Iorque, pode-se aquilatar a ousadia de Eiffel em ultrapassá-los apenas com o primeiro andar desta torre.

– ...

– Lembre-me para mostrar-lhe o croqui da Estátua da Liberdade que tenho no meu escritório. Ela foi construída com uma torre de aço por dentro que sustenta o revestimento de cobre através de barras flexíveis. Foi concebida para resistir a qualquer tipo de tufão. Graças ao prestígio que ganhou com ela, Eiffel convenceu o Governo da França que seria capaz de erguer esta torre metálica de 300 metros... e mantê-la de pé. Mas para mim, que conheço Gustavo desde os tempos de estudante de engenharia, suas pontes e viadutos de chapas de aço, como o de Garabit, foram o aprendizado maior para chegar à perfeição desta obra. Mas ninguém é profeta na sua terra... Vamos subir ao segundo andar?

– Se o senhor ainda não está com fome... Não se esqueça de que é meu convidado para o almoço.

Garcia coçou o pomo-de-adão que subia e descia acima da gravata amarrotada.

– Raramente tenho fome. Embora quem olhe para mim possa pensar o contrário.

Riram-se os dois. Alberto respirou fundo o ar puro e sentiu-se feliz. Que sorte eu tive em contratar o professor Garcia. Ele é exatamente como papai o descreveu. Tem uma memória fantástica e entende de tudo o que me interessa, principalmente engenharia mecânica. E eu vou espremê-lo como uma laranja. Quero saber tudo o que ele sabe. É só uma questão de tempo.

Para atingirem a segunda plataforma, os dois visitantes dirigiram-se para o elevador situado sob o pilar norte. Bem menor que o primeiro, era mais rápido e silencioso.

– É um elevador Otis, de fabricação americana. O sistema também é hidráulico, mas a força do cabo é aqui multiplicada por um jogo de polias. Tudo foi planejado para a máxima segurança. Qualquer acidente com um turista pode acelerar a demolição desta torre.

Alberto arregalou os olhos.

– Demolição?! Mas que loucura é essa? A Torre Eiffel é o maior triunfo da engenharia moderna.

O velho mestre resmungou entre dentes.

– Gustavo Eiffel tem muitos inimigos. Se não fosse o poder da Maçonaria no governo da França, esta torre nem teria sido construída.

E erguendo a voz para ser ouvido por todos no elevador:

– Você não imagina o que foi a luta contra os adversários desta obra. Por razões de ordem estética e imbecilidades afins, gente famosa como Verlaine, Gounot, Guy de Maupassant, Alexandre Dumas Filho, Sully Prudhomme, Charles Garnier e outros sábios ignorantes assinaram um manifesto contra a construção da Torre Eiffel. Muitos deles, como Prudhomme, já mudaram de opinião e reconheceram o erro. Mas outros continuam teimando e agora querem demolir a torre.

Uma senhora levou a mão à boca, não se sabe se preocupada com o destino da torre ou assustada com o tom de voz do velho "maluco". Garcia piscou-lhe um olho e concentrou-se nos assentos metálicos que se moviam acompanhando a inclinação dos pilares. Voltando a dirigir-se a Alberto, recuperou seu tom de voz baixo e professoral.

– Sem este mecanismo de regulagem automática, já estaríamos todos com o nariz no chão. Mas tudo aqui foi previsto para a segurança dos visitantes. Até hoje, desde o início da construção, em 1887, só houve um acidente grave. Um jovem operário italiano que morreu de uma queda. Na época, Eiffel indenizou a família e redobrou os cuidados. Aumentou os salários também, pressionado por uma greve.

A plataforma do segundo andar, embora bem menor que a do primeiro, ainda era espaçosa para abrigar centenas de pessoas. Uma cafeteria, um *bureau de tabac*, as clássicas lojas de lembranças da torre e outras pequenas *boutiques* eram cercadas pelas muretas que protegiam os quatro lados.

Logo ao sair do elevador, Alberto pegou o braço do mestre.

– E Júlio Verne?

– ...

– Ele também assinou o manifesto contra a torre?

Garcia sorriu.

– É claro que não. Seria uma incoerência, não é? Você é admirador dele?

– Li todos os seus livros. Foi o meu fascínio de infância.

– Pois, na minha opinião, pode continuar a lê-los e fascinar-se depois de adulto. Muitas invenções que ele previu já se tornaram realidade. A energia elétrica está tomando lugar do vapor e do gás. O telefone deixou de ser apenas uma curiosidade e logo será tão essencial como o telégrafo. Você sabe que até o ano de 1900 Paris terá trens subterrâneos movidos a eletricidade? Para mim, o submarino do Capitão Nemo não levará muitos anos a ser construído.

– E... a navegação aérea? O que o senhor pensa? Acha que poderemos navegar no céu com um balão? Um balão dirigível, eu quero dizer.

– Por que não? Há alguns anos, Giffard conseguiu fazer diversas manobras com um balão em forma de charuto. Só não prosseguiu nas suas experiências porque o motor usado, a vapor, era pesado demais. Depois dele, os irmãos Tissandier, aí por 1885, andaram tentando, mas com um motor elétrico. Também desistiram por causa do peso do motor. Mas alguém fatalmente conseguirá esse feito. Basta que o motor seja leve e não arrisque incendiar o balão.

Sempre conversando, os dois homens circundaram a plataforma e pararam junto à mureta que confronta o Campo de Marte. Todo o espaço entre a torre e a Escola Militar ainda estava ocupado pelos pavilhões da Exposição de 1889. Bandeiras tricolores em azul, branco e vermelho drapejavam nas cúpulas dos monumentos. Um bando de aves brancas passou voando alguns metros abaixo da plataforma.

Alberto ergueu a cabeça e suspirou.

– É a primeira vez que olho para baixo e vejo uma ave voando.

– Não é para estranhar. Estamos aqui a 115 metros de altura. Acima de nós, em Paris, só a colina de Montmartre, que tem 130 metros. Está vendo lá? O ponto mais alto é aquela igreja branca, meio bizantina, que nunca acabam de construir... É melhor subirmos logo ao último andar. Vamos ver se você tem vocação para as alturas... Já subiu alguma vez em balão?

– Fiz algumas tentativas aqui em Paris, mas fui desencorajado e até maltratado pelos aeronautas profissionais. Todos me pediram somas extravagantes pela mais insignificante ascensão. Exageram nos riscos e, embora peçam altos preços, não parecem interessados que se aceitem as propostas. Parecem decididos a guardar a aerostação só para eles, como um segredo de Estado.

Garcia sacudiu a cabeça junto com a cartola.

– Esses larápios ganham rios de dinheiro fazendo exibições com balões esféricos nas feiras do interior. Por isso não querem arriscar que outros aprendam a voar. Mas não fazem nada para aperfeiçoar o sistema de voo. E os balões de hoje estão quase iguais aos de Charles no fim do século passado. Voam para onde o vento soprar.

O terceiro elevador levou-os a uma plataforma intermediária, onde os passageiros tinham que trocar de cabine para a última etapa da subida. Desta vez, subiam verticalmente, sem deslizar pelo interior dos pilares. Alberto sentiu os ouvidos bloqueados pela pressão.

– Assoe o nariz e engula em seco duas ou três vezes que o desconforto passará.

A plataforma do terceiro andar era toda circundada por uma vidraça de proteção. Os poucos turistas encostavam o rosto no vidro, admirando o imenso mapa em relevo que se estendia a muitos quilômetros de distância.

– Até sessenta e sete quilômetros, num dia claro como hoje.

O sol tirava reflexos das águas do Sena que dividia a cidade como um cinto de prata. Os quarteirões de ambas as margens, direita e esquerda, perdiam-se na distância em formas geométricas com predomínio dos triângulos. O recorte verde-escuro do *Bois de Boulogne* atraiu o olhar de Alberto. Ali costumava andar a cavalo e dirigir seu motociclo de três rodas, que substituíra o Peugeot vendido no Brasil. Depois de alguma discussão com Garcia, localizou o velódromo do *Parc des Princes*. Ali, na famosa pista para bicicletas, o jovem organizara a primeira corrida de motociclos em Paris. Alugara o velódromo por sua conta e, apesar de todos os prognósticos contrários, a corrida fora um sucesso.

Alberto olhou com afeto para o professor.

– Graças à aula que me deu sobre carburadores, consegui convencer os descrentes de que o solo inclinado da pista não atrapalharia o funcionamento de nossas máquinas.

– Isso era bastante óbvio.

– Mas teve de ser provado na prática. A maioria dos meus colegas de motociclismo temia que os triciclos tombassem nas curvas. Mas nada disso aconteceu. Os maiores inimigos das boas ideias são as "pessoas de bom-senso".

– Nem sempre, meu jovem. Mas infelizmente você tem razão. Eiffel enfrentou muita gente assim para trazer a torre até a estas alturas. Você conhece o *puzzle*, o jogo de armar tão apreciado pelos ingleses?

– Sim, sim. Nós o chamamos no Brasil de quebra-cabeça.

– Pois Eiffel projetou esta torre como um gigantesco quebra-cabeça. Todas as peças foram desenhadas em estúdio por quarenta profissionais que ignoravam o projeto de conjunto.

– ...

– Depois, na usina de Lavallois-Perret, nos arredores de Paris, essas dezoito mil peças de aço foram recortadas e furadas com precisão milimétrica. A seguir, foram colocados e soldados os rebites para formar conjuntos de cinco metros de comprimento. Só então esses conjuntos de chapas foram transportados ao canteiro de obras.

Garcia colocou o indicador sobre uma chapa de aço vertical.

– Dois milhões e quinhentos mil rebites como este juntam as peças do quebra-cabeça de Eiffel. A montagem deste conjunto exigiu um modesto canteiro de obras e apenas, como já disse, dois anos de trabalho. Tudo porque Gustavo e sua equipe trabalharam com os mais precisos cálculos matemáticos.

Notando que seu aluno não prestava mais atenção, Garcia encolheu os ombros e calou-se. O jovem brasileiro olhava como hipnotizado para uma nuvem que se aproximava lentamente, empurrada pelo vento. Quando a nuvem passou através da torre, desapareceu por alguns instantes a visão da cidade. Mas logo o vento carregou a nuvem e o sol voltou a brilhar.

Alberto tirou o chapéu e enxugou a testa com um lenço de bolso. Com voz meio embargada, tentou reatar a aula que estava recebendo ao ar livre.

– O que é o vento, professor Garcia?

Surpreendido pela pergunta, o velho demorou alguns segundos para responder.

– O vento... nada mais é do que uma porção de ar que se move através de outro ar que o rodeia. É necessário haver qualquer coisa que o ponha em movimento. Essa coisa é a densidade do ar.

– ...

– Não entende? Pois é simples. O ar sempre se desloca das áreas mais densas para as mais rarefeitas, mais ou menos como a água no sistema de vasos comunicantes. Dessa maneira, sempre que há diferença de pressão atmosférica entre dois pontos, origina-se uma corrente de ar do local de pressão maior para o de pressão menor.

– Assim como um sopro?

– Exatamente. Por isso os gregos representavam o deus Eolo com grandes bochechas soprando sobre nuvens como esta que acaba de passar... Uma ligeira brisa sopra com a velocidade de 6 a 8 quilômetros por hora, o que pode ser acompanhado facilmente por um ciclista sem pressa. Mas, quando a pressão atmosférica atinge diferenças abissais, o vento pode soprar em velocidades maiores do que um trem expresso.

– E... um vento desses não poderia...

– ... derrubar esta torre? Claro que sim, se ela fosse maciça demais. Mas Eiffel a fez permeável como uma peneira e com esta forma aerodinâmica que ele chama "pré-moldada como por ação do vento". Compreende, agora?

Devido a essa nova concepção, mesmo no ápice da torre, aqui pouco acima de nós, os ventos mais fortes nunca a moveram mais que uns poucos centímetros... E, para provar que sua teoria estava certa, Gustavo montou seu escritório de trabalho aqui em cima e nele dormiu muitas noites, nos primeiros tempos.

– ...

– Vamos agora? Confesso que estou sentindo um pouco os efeitos da pressão... ou talvez da emoção. Embora nascido em Paris, sou espanhol de sangue e temperamento. Quando penso que há gente que quer demolir a Torre Eiffel em nome da estética da cidade ou apenas por inveja do seu construtor, tenho ganas de pegar esta bengala e sair quebrando cabeças por aí.

– E que cabeças ilustres... Verlaine, Maupassant...

Garcia empinou o peito.

– A ciência verdadeira é mais poética do que a maioria dos poemas. Maupassant disse que esta torre não passava de um esqueleto gigantesco e sem graça, de uma ridícula chaminé de usina... e não subiu até aqui apenas por teimosia. Thomas Edison subiu e extasiou-se com a perfeição desta obra... Há momentos que os engenheiros superam os poetas. Para defender-se de tantos ataques, Eiffel me disse um dia: "O que eles não compreendem é que existe no colossal uma atração, um charme próprio". Para mim, essas palavras soam como versos. Tão lindos como os melhores de Verlaine ou de qualquer outro grande poeta.

Tomado da mesma emoção, Alberto seguiu o velho professor que caminhava firme sobre o soalho de aço. Como se o essencial já estivesse dito, mantiveram-se em silêncio durante a descida até o primeiro andar.

Uma hora depois, os dois homens saboreavam um excelente almoço no terraço do restaurante francês. Terminada a primeira garrafa de vinho de Bordeaux, a conversa passou dos vinhedos da França e da Espanha para os cafezais do Brasil. Garcia bebericou o primeiro cálice da segunda garrafa e sorriu, deliciado. Se não fosse a vergonha de parecer guloso, pediria também outra porção de *canard à l'orange*. Sua calva entremeada de cabelos branco-amarelados já começava a ganhar a mesma cor do vinho. Com os olhos meio sonolentos, olhou para Alberto e sorriu.

– Em matéria de café, senhor Santos, o aluno aqui sou eu. Não tenho a mínima ideia sobre o seu cultivo. Nem mesmo como é a fruta eu consigo imaginar.

Alberto retribuiu o sorriso e deixou que o mestre enchesse seu cálice de vinho. Sentindo-se confortável e tranquilo, teve prazer em recordar a terra distante.

– Os frutos do café, quando maduros, são vermelhos e meio parecidos com cerejas. Na fazenda do meu pai, chegamos a ter cinco milhões de cafeeiros.

– ...

– Sim, sim, uma área imensa. Maior, eu creio, que toda a cidade de Paris.

Garcia calculou rapidamente.

– Paris tem dois milhões de habitantes. Se cada... cafeeiro... ocupa mais ou menos o lugar de uma pessoa, a fazenda deve ser mesmo maior que toda esta cidade. Imagino o trabalho na época da colheita.

– Foi aí que meu pai empregou seus conhecimentos de engenharia e mecanizou todo o processo, desde o transporte em ferrovia própria até o beneficiamento.

– Ferrovia própria?

– Com uns cem quilômetros de extensão entre os cafezais.

– ...

– Após colhido à mão pelos camponeses, o café é transportado de trem até a sede da fazenda, onde os grãos devem secar ao sol, em terreiros de cimento. A seguir os grãos são colocados em tanques de água sempre agitada e renovada. A terra aderente deposita-se no fundo dos tanques e os grãos flutuam junto com os detritos vegetais e são carregados ao longo de uma calha inclinada, cujo fundo é crivado de pequenos orifícios. Através deles passa o café com um pouco de água, ao passo que os pedaços de madeira e folhas continuam flutuando. Eis, assim, os frutos limpos.

Garcia bebeu outro gole de vinho e piscou os olhos sonolentos.

– Simples e engenhoso.

– Exatamente. Cada fruto contém duas sementes envolvidas por películas. Seguindo o processo, devem passar pelo despolpador que, esmagando a polpa externa, produz o isolamento das sementes.

Ignorando o mestre que lutava para não cochilar, Alberto prosseguiu na descrição das máquinas, ouvindo o ruído do ventilador que varria as impurezas, acompanhando com olhos infantis o movimento incessante das esteiras que levavam o café até o separador e sentindo o calor das caldeiras que engoliam grandes pilhas de lenha seca.

– Esse separador divide as sementes segundo graus convencionais de tamanho e faz com que caiam na parte inferior onde estão as balanças.

Garcia fez um esforço para não bocejar.

– Assim como Júlio Verne descreve a separação das pérolas...

– É isso mesmo. Ótima comparação. As pérolas de café não são tocadas por mão humana a não ser na colheita. Caem já classificadas dentro de sacos que são costurados, marcados e expedidos para o exterior.

Garcia bocejou e sorriu, constrangido.

– Confesso que tomaria agora um café com muito prazer.

– Não quer antes uma sobremesa?

– Não, obrigado. Estou com a barriga mais estufada que o balão de Montgolfier.

Alberto conseguiu chamar o garçom e passou-lhe a encomenda. Garcia reanimou-se um pouco.

– Seu pai foi um excelente aluno de mecânica. Fico feliz que tenha aproveitado tão bem esses conhecimentos. Eu não sabia que a lavoura brasileira era tão evoluída.

– É verdade. Muitos europeus imaginam nossas plantações de café como pitorescas colônias primitivas, perdidas pelo sertão. É verdade que existem algumas regiões recuadas do interior em que o transporte é feito no lombo dos animais e onde os camponeses só dispõem da pá e da enxada. Atravessei algumas delas durante minhas caçadas. Mas não são assim as plantações de café de São Paulo. Todas as máquinas de que acabo de falar, bem como as que forneciam a força motriz, foram os brinquedos da minha meninice.

Garcia suspirou.

– Entendo agora sua paixão pela mecânica. Só não sei por quê... bem... não quero ser curioso.

Alberto bebeu um gole de vinho e estimulou-o a continuar.

– Diga o que está pensando. Se eu puder, responderei.

O garçom chegou com as xícaras de café e com os licores. Um menino vestido de marinheiro corria atrás dos pombos que pousavam no terraço. Os turistas continuavam a sair dos elevadores e os fotógrafos a correr atrás deles, sopesando suas caixas pesadas. Garcia tomou o café tranquilamente e só depois voltou ao assunto interrompido.

– Seu pai foi um excelente aluno da *École Central des Arts et Métiers.* Acredito que se diplomou engenheiro como um dos mais moços da sua promoção.

– Tinha vinte e um anos quando se formou.

– Pois exatamente. O que eu não entendo é por que o senhor não segue os passos do seu pai. Por que não segue sua vocação de engenheiro, matriculando-se na universidade? É claro que estou materialmente prejudicando a mim mesmo ao lhe dar esse conselho. Sou pago para dar-lhe aulas particulares e tenho grande prazer nisso. Vejo com satisfação os seus progressos, mas temo pelos resultados finais de sua formação científica. Por que não consulta seu pai a esse respeito?

Alberto baixou os olhos.

– Meu pai faleceu no ano passado. Poucos dias depois da minha volta a Paris para estudar.

Garcia tossiu o pigarro, constrangido.

– Sinto muito, meu filho. Sinto de verdade. Não devia ter entrado nesse assunto íntimo.

Alberto ergueu a mão direita em sinal de paz.

– Não é nenhum segredo e só posso agradecer seu interesse no meu futuro. Poucos meses antes de... morrer, meu pai levou-me a um cartório na cidade de São Paulo e assinou a minha maioridade. Depois fomos até seu escritório, onde entregou-me adiantado o que me tocava de herança e me disse umas palavras que nunca esquecerei... Ele me disse: "Já lhe dei hoje a liberdade, aqui está mais este capital. Tenho ainda alguns anos de vida, quero ver como você se conduz. Vá para Paris, como é seu desejo. É o lugar mais perigoso para um rapaz. Vamos ver se se faz um homem. Prefiro que não se faça doutor".

– ...

Dominando a emoção, Alberto prosseguiu:

– E disse-me ainda: "Em Paris, com auxílio dos nossos primos, você procurará um especialista em física, química, mecânica, eletricidade. Estude essas matérias e não se esqueça que o futuro do mundo está na mecânica. Você não precisa pensar em ganhar a vida. Eu lhe deixei o necessário para viver".

Alberto calou-se, firmando uma mão contra a outra para impedi-las de tremer. O velho professor tirou o relógio do bolso do colete, abriu-lhe a tampa e considerou o mostrador por alguns momentos.

– É melhor voltarmos para a minha casa. Quero ainda hoje mostrar-lhe o croqui da Estátua da Liberdade. E amanhã, se desejar, visitaremos o Observatório Astronômico.

Paris e seus arredores, 23 de março de 1898

As onze horas da manhã os preparativos estavam terminados. Uma brisa acariciava a barquinha, que se balançava suavemente sob o balão. A um canto dela, o jovem elegantemente vestido aguardava com impaciência o momento da subida. Do outro lado, o aeronauta bigodudo, também muito moço, deu a ordem de partida.

– *Lâchez tout!* Larguem tudo!

No mesmo instante, o vento deixou de soprar. Era como se o ar em torno do balão estivesse imobilizado. O jovem sorriu, encantado. O balão subia rapidamente, mas parecia imóvel, e a terra é que descia cada vez mais sob a barquinha. Aldeias e bosques, prados e castelos desfilavam como quadros movediços. Apitos de trens desferiam notas agudas e longínquas. As pessoas pareciam formigas caminhando sobre linhas brancas, as estradas. Mas as vozes humanas não chegavam naquelas alturas. Só eram bem nítidos os latidos dos cães.

O balonista olhou para seu jovem passageiro e tranquilizou-se ao ver que sorria.

– É bonito, não é?

– Muito bonito. O balão parece imóvel e tudo corre abaixo de nós.

– Exatamente, *Monsieur* Santôs Dumont. Como é o vento que nos leva, passamos a fazer parte dele. Assim, não se mexe nem um fio do nosso cabelo.

– Não pensei que fosse assim. É uma sensação maravilhosa.

– Não sente nenhuma vertigem?

– Nada.

– Então olhe outra vez para baixo. Estamos agora a uns mil e quinhentos metros de altura. O que o senhor nota de estranho?

Alberto contemplou a paisagem em movimento, onde o sol brilhava sobre as últimas manchas de neve.

– De estranho... o formato da Terra, eu acho. Parece-me côncava como... uma tigela.

O aeronauta concordou, com um gesto de cabeça.

– É isso mesmo. Trata-se de uma ilusão de ótica. Um fenômeno de refração que faz o círculo do horizonte elevar-se continuamente a nossos olhos... Atenção, agora! Firme-se bem que vamos passar sob uma nuvem!

– ...

O brasileiro ergueu os olhos. O balão entrava sob uma camada de nuvens e começava a descer, à medida que desaparecia o sol. A princípio desceu lentamente. Depois, iniciou uma verdadeira queda. Machuron pegou um dos sacos de areia e começou a esvaziá-lo pela borda da barquinha.

– Jogue lastro também! A sombra das nuvens esfria o balão e o faz murchar. Para subirmos de novo, só perdendo peso.

Alberto imitou os gestos do aeronauta, abrindo rapidamente outro saco de areia e esvaziando seu conteúdo no espaço. O balão voltou a subir, readquirindo equilíbrio acima da camada de nuvens. Ainda segurando o saco vazio nas mãos crispadas, o rapaz olhou deslumbrado para o panorama abaixo da barquinha. Sobre um fundo de alvura imaculada, o sol projetava a sombra do balão. Os perfis dos dois homens, fantasticamente aumentados, desenhavam-se no centro de um triplo arco-íris.

Machuron limpou a areia das mãos e consultou o barômetro.

– Devemos estar a uns três mil metros de altura. Mas, como não vemos mais a Terra, toda noção de movimento deixou de existir.

– ...

– É isso mesmo, senhor Santôs. Poderíamos agora avançar com a velocidade de um furacão, sem nos apercebermos. Para saber o rumo tomado, só descendo e determinando a nossa posição.

Alberto encolheu-se dentro do sobretudo cor de cinza.

– Descer? Por nada neste mundo. Nunca me senti tão feliz em minha vida.

O som de um alegre carrilhão chegou-lhes aos ouvidos. Os sinos tocavam o *Angelus* do meio-dia. Machuron apontou para um cesto de vime aos pés do visitante e sorriu.

– Pois, já que se deu ao trabalho de trazer para bordo tantas iguarias, vamos completar a nossa felicidade com um bom almoço.

Ajudado por Alberto, o aeronauta acomodou uma mesa de armar no centro da barquinha. Para ali foram transferidos cuidadosamente os pacotes de papel encerado que lotavam o cesto de vime. Havia de tudo para uma refeição substancial: ovos duros, vitela e frango frios, queijo, frutas, doces, *champagne* no gelo, café e licor. Sentaram-se cada um no seu banquinho e comeram com grande apetite. Abaixo do balão, o colchão de nuvens se estendia ao longe, como um verdadeiro campo de neve.

Alberto contemplava cada detalhe a seu redor com olhar de poeta. Que salão de refeições ofereceria mais maravilhosa decoração? O calor do sol, pondo as nuvens em ebulição, fazia-as lançar em redor da pequena mesa jatos irisados de vapor gelado, comparáveis a grandes feixes de fogos de artifício. A neve, como por obra de um milagre, espargia-se em todos os sentidos, em lindas e minúsculas palhetas brancas. Por instantes, os flocos formavam-se espontâneos, sob os olhos deslumbrados do jovem brasileiro, até mesmo no cálice que erguia para brindar o francês.

– *À vôtre santé, Monsieur Machuron*!

– *À la vôtre, Monsieur Santos-Dumont*!

Mal acabaram de esvaziar o licor dos cálices, quando uma cortina desceu sobre o cenário de sol, nuvens e céu azul. Machuron ergueu-se imediatamente e consultou o barômetro.

– Subiu cinco milímetros. Deve ter neve acumulada no alto do balão. Prepare-se para uma descida rápida.

– E a mesa? E as...

– Deixe tudo como está! Pegue um saco de lastro, firme-se bem na borda da *nacelle* e aguarde as minhas instruções.

Sem sentir nenhum medo, mas excitado com a brusca mudança da situação, Alberto tratou de obedecer às ordens que recebera. A neblina os envolvia agora numa obscuridade quase completa. Distinguiam-se ainda o interior da barquinha, os instrumentos e as partes mais próximas do cordame. Mas a rede que os prendia ao balão não era mais visível. O balão, ele próprio, desaparecera.

Alberto sentiu a sensação de estar suspenso no vácuo, sem nenhuma sustentação, sem nenhum peso, como se tivessem perdido o último grama de gravidade. Lentamente, seus lábios se abriram num sorriso de triunfo. O mesmo sorriso que vira no rosto do pai quando o cavalo alazão avançava em louca corrida entre os cafezais.

Após alguns minutos de queda, que amorteceram soltando lastro, atravessaram a última camada de nuvens. Estavam agora a apenas trezentos metros do solo. Uma aldeia fugia debaixo do balão. Também fugiam uma estrada de ferro e um bosque com árvores parcialmente desfolhadas. O balão avançava para o horizonte com a rapidez do vento.

O aeronauta desocupou rapidamente a mesa dos restos da refeição e abriu sobre ela um mapa da região parisiense. Com sua experiência de antigo soldado do Corpo de Balões do Exército Francês, Alexis Machuron não tardou a localizar onde se encontravam.

– Estamos a uns cem quilômetros de Paris. Acho melhor descermos o cabo-pendente e prosseguirmos em baixa altitude.

Alberto não sabia o que era o cabo-pendente, mas manteve-se calado. Contratara o francês apenas para um passeio e não como professor de aerostação. Assim, por escrúpulo, apenas obedecia às suas instruções, sem fazer perguntas. Machuron manteve-se ocupado por alguns momentos, desenrolando um rolo de corda e soltando-a pela borda da barquinha. Concluída a tarefa, olhou para o passageiro e notou a curiosidade estampada em seu rosto.

– *Voilà, Monsieur* Santôs, esse é o nosso cabo-pendente, ou *guide-rope*, como o chamam os ingleses. Tem alguma pergunta? Terei o maior prazer em responder.

O jovem inclinou a cabeça em agradecimento.

– Qual é o comprimento?

– Deste aqui? Cem metros.

– E para que serve, exatamente?

– É muito útil na aterrissagem do balão e para manobrá-lo em baixa altitude. Preste atenção! O cabo já está arrastando no solo. Com isso, deslastramos parte do peso do balão, mantendo altura sem jogar areia fora. Dirigir um balão esférico torna-se então quase possível. Se queremos baixar sem soltar gás, basta elevar um pouco o cabo-pendente, o que aumenta o peso do balão. Assim como estou fazendo agora.

O balão desceu alguns metros e o aeronauta prosseguiu a instrução.

– Agora vou soltar uns três metros do cabo e voltaremos a subir um pouco, sem gastar areia. Entendeu?

– Sim, perfeitamente. Mas... e quando surge um obstáculo muito alto?

– Aí temos que jogar lastro para subir rapidamente.

– E quando a areia acaba?

– Numa emergência, joga-se tudo o que for dispensável, mesa, bancos, material fotográfico, até os instrumentos de voo. Mas, em muitos anos de prática, isso só me aconteceu uma vez. Usei o recurso para atingir um lugar de pouso mais ou menos adequado. Aí soltei o gás e o balão foi obrigado a descer.

Alberto voltou a olhar para baixo. Mais de metade do cabo-pendente arrastava-se por um campo deserto. Logo à frente, aproximava-se um bosque. Apesar do vento forte, o balão moderara sua velocidade e mantinha-se em equilíbrio. Voando a mais ou menos cinquenta metros de altura, passaria com facilidade sobre as árvores. Mas não foi o que aconteceu. Mal atingiram o bosque, um balanço forte atirou os dois homens para trás, contra as bordas da barquinha. Imobilizado de súbito, o balão estremecia açoitado pelas lufadas de vento.

Enquanto o jovem Machuron esgotava seu repertório de palavrões de caserna, Alberto levantou-se do fundo da barquinha e firmou-se na borda com a mão direita, usando a esquerda para não perder o chapéu. O mapa voou de cima da mesa e foi catado no ar pelo aeronauta.

– Vento filho de uma vaca! Parece que está aumentando ainda mais.

– Mas... o que foi que aconteceu?

– Não há nada perfeito neste mundo. O cabo-pendente prendeu-se em algum galho aí embaixo. Isso pode acontecer. Mas só por muito azar.

E, enfiando o mapa no bolso do casaco, agarrou-se com as duas mãos à corda distendida.

– Está firme como uma rocha, o desgraçado! Nessas horas eu penso na loucura dos que querem construir balões dirigíveis! Olhe a raiva como sopra esse vento! Que balão em forma de charuto não se dobraria em dois e não rebentaria? Que motor teria força para vencer esta ventania?

Envergonhado por saber que essas palavras respondiam a uma pergunta que fizera ao francês no dia anterior, Alberto manteve-se calado. Mas avançou cuidadosamente e tratou de ajudar Machuron a liberar o cabo-pendente. Durante um quarto de hora, foram sacudidos como um cesto de legumes. Puxavam a corda presa à galharia de um carvalho e jogavam lastro para forçar mais a subida. Finalmente, o balão deu um pulo terrível e foi como uma bala furar as nuvens.

Alberto tirou as luvas e esfregou as mãos doloridas.

– E... agora?

– Agora, é abrir a válvula e deixar fugir o gás.

– Vamos aterrissar, então?

Machuron apenas inclinou a cabeça por duas vezes, enquanto manipulava a válvula. O balão retomou rapidamente a descida e o cabo-pendente voltou a tocar o chão. O francês olhou para baixo e soprou ar pela boca, aliviado.

– *C'est très bien, maintenant.* Vamos procurar logo um lugar abrigado para a descida. Quanto nos sobra de lastro?

– Só este saco pela metade, eu acho.

– Deve bastar. Está vendo aquelas árvores lá na frente? Só pode ser o extremo da floresta de Fontainebleau. Logo adiante está o povoado de Ozoir-la-Ferrière, onde há uma estação da estrada de ferro. Está vendo para a esquerda a fumaça de um trem?

– Sim, sim, perfeitamente.

– Agora, preste bem atenção, que vou precisar da sua ajuda. Quando chegarmos mais perto da floresta, jogue fora o que nos sobra de areia para ultrapassarmos as primeiras árvores. Eu lhe direi o momento certo. Vamos tentar descer naquela clareira, ao abrigo do vento. Fique com o saco de lastro na mão, que eu vou cuidar da âncora. Entendeu bem?

Alberto confirmou que havia entendido e ficou olhando com curiosidade para a âncora, igual à dos pequenos barcos de passeio. Machuron desenrolou o cabo preso à argola do gancho de ferro e prendeu-lhe a ponta na borda da barquinha. Segurou a âncora e fez rodilhas na corda, como se fosse um laço. Depois apontou para a frente. As primeiras árvores aproximavam-se rapidamente. Se o balão não subisse logo uns dez metros, o choque seria inevitável. Mas o francês conhecia seu ofício. Esperou até o momento mais favorável e gritou:

– Solte todo o lastro! Agora!

A areia dissolveu-se sob a barquinha e o balão deu um último pulo, ultrapassando o maciço de árvores. Machuron jogou a âncora e abriu completamente a válvula para libertar o gás. A dupla manobra fez o balão descer em terra sem o menor abalo. Os dois homens saltaram da barquinha e foram logo cercados por trabalhadores que chegavam dos campos. Todos ficaram olhando o balão que murchava rapidamente. Alongado no chão, ele se esvaziava em movimentos convulsivos, como um grande pássaro batendo as asas antes de morrer.

Alberto deixou-se ficar contemplando os estertores do balão. Machuron voltou à barquinha, tomou de uma máquina Kodak em forma de caixote e tirou alguns instantâneos fotográficos da cena. Mais camponeses chegavam de todos os lados, alguns ainda vestindo sobre as roupas modestas seus aventais de trabalho. No meio deles, com seu chapéu-coco, terno escuro, camisa engomada, gravata-borboleta e o elegante sobretudo cor de cinza, o jovem brasileiro parecia mesmo caído do céu.

Machuron correu os olhos pelo grupo e escolheu o mais velho dos trabalhadores, que fazia pose para as fotos ao lado de Alberto.

– *Monsieur, s'il vous plaît*, de quem é esta propriedade?

O velho avançou um passo e tirou respeitosamente o boné da cabeça.

– As terras são do nosso patrão, *Monsieur de Rothschild*. Mas ele não está na propriedade. Viajou esta manhã para Paris.

Machuron sorriu, encantado.

– *Monsieur Alphonse de Rothschild, n'est pas*? Então, aqui próximo deve estar o castelo de La Ferrière?

O camponês, que recolocara o boné, tirou-o novamente.

– Exatamente, senhor. Podemos servi-lo em alguma coisa?

– Sim, sim, obrigado. Precisamos levar nosso balão e seus acessórios de volta a Paris. Pelos meus cálculos, há uma estação da estrada de ferro bem perto daqui, em Ozoir-la-Ferrière, não é certo?

– Sim, senhor. É o povoado onde quase todos aqui moramos.

– Será que um de vocês poderia ir até lá e buscar para nós uma carruagem de aluguel?

E procurou nos bolsos algumas moedas.

– Sem dúvida, senhor. Meu neto pode ir imediatamente. *Vite, vite, Armand*! Pode pegar minha bicicleta para ir mais rápido!

De má vontade, voltando-se várias vezes para olhar o balão já quase vazio, o menino dirigiu-se para a orla da floresta. Ali chegando, pegou uma bicicleta encostada a uma árvore, montou-a com alguma dificuldade e saiu pedalando meio em ziguezague. Quando o viu desaparecer, o velho abriu a mão calosa, contou as moedas e sorriu.

Meia hora mais tarde, chegava o breque com o cocheiro, o menino Armand e a bicicleta. O sol começava a inclinar-se para o poente. O balão já estava cuidadosamente dobrado, mas foi preciso o auxílio dos camponeses para colocá-lo dentro da carruagem. Acomodada também a barquinha com os demais acessórios, Alberto e Machuron sentaram-se no banco de molas cansadas e partiram para a estação.

– Quanto pesa o balão com a barquinha e tudo mais?

– Uns duzentos quilos, mais ou menos. É o único inconveniente desses passeios. Nem sempre se consegue descer tão perto de uma estrada de ferro.

Alberto ficou uns momentos pensativo.

– O senhor me disse hoje cedo, em Vaugirard, que a capacidade deste balão é de setecentos e cinquenta metros cúbicos de gás, não é verdade?

– Exatamente.

– É esse o tamanho médio dos balões esféricos?

– Eles variam normalmente de quinhentos a dois mil metros cúbicos. Com exceção, é claro, do balão que costuramos para *Monsieur* Andrée tentar a conquista do Polo Norte. Eram tantos os equipamentos e mantimentos para quatro meses, que o balão teve de ser feito para suportar três mil quilos.

Alberto sentiu um arrepio percorrer-lhe a espinha.

– Ah! Aquele balão gigantesco... Eu sei. Tinha capacidade para quatro mil e oitocentos metros cúbicos de gás.

– ...

– Não precisa ficar admirado, senhor Machuron. O mundo inteiro acompanhou os preparativos dessa viagem. E eu tive a felicidade de comprar no Rio de Janeiro um exemplar do livro que o senhor escreveu sobre essa expedição, juntamente com seu tio, *Monsieur* Lachambre.

– No Rio de Janeiro?!

– Temos lá ótimas livrarias. E o francês é a segunda língua dos nossos intelectuais.

Alexis Machuron inclinou a cabeça, em sinal de respeito.

– Não estava duvidando da cultura dos brasileiros. Apenas fiquei admirado que nosso livro tenha ido tão longe, em tão pouco tempo. Pena que o mesmo não tenha ocorrido com o senhor Andrée e seus dois companheiros.

Depois das duas mensagens que enviaram por pombo-correio, nunca mais se soube notícias deles.

Os dois homens ficaram em silêncio. Ouviam-se agora com mais nitidez os ringidos da velha carruagem e o bater dos cascos dos cavalos sobre a estrada dura. Algumas árvores já se vestiam com as primeiras folhas da primavera. Como se falasse consigo mesmo, o francês retomou o assunto, os olhos fixos na nuca do cocheiro.

– Todos nós sabíamos que aquela viagem era uma loucura. Mas Salomon Andrée nos conquistou com seu entusiasmo. Até o Czar Alexandre III acreditou no sucesso daquela empreitada. E mandou uma mensagem para todos seus súditos, pedindo para prestarem auxílio caso necessário e nunca atacarem o balão e seus tripulantes.

Alberto sorriu.

– Isso até me lembra o livro *Cinco semanas em balão*, de Júlio Verne. Quando os expedicionários desceram numa aldeia dos fundões da África e os nativos pensaram que eram deuses que usavam a lua como meio de transporte.

– É verdade, é verdade. Salomon Andrée também se referia muito aos livros de Júlio Verne. Mas, para ele, a vida real foi bem diferente da ficção.

– Ele... não se dava conta do enorme risco que ia correr?

– *Si, si. Il était très conscient du danger.* Mas aquele sueco era um otimista incorrigível. Pouco antes da partida, ele nos disse: “Eu tenho uma chance sobre mil de atingir o Polo Norte, mas vale a pena tentar”.

Alberto falou com voz emocionada.

– E seus companheiros? Também pensavam assim?

– Um deles, o norueguês Nils Ekholm, desistiu da viagem no último momento. Ele insistiu com Andrée de que era necessário saber mais sobre os ventos da bacia polar, antes de lançar-se naquela aventura. E, realmente, parece que os ventos que sopram do sul, capazes de empurrar um balão enorme como o *Águia* para o norte, são raros e inconstantes naquela área.

– O *Águia*... Que lindo nome para um balão.

Alexis suspirou, sempre com os olhos fixos para a frente.

– Graças ao apoio financeiro de Alfred Nobel, o arrependido inventor da dinamite, Andrée contava com amplos recursos para a expedição. Assim meu tio e eu empregamos no "Águia" o que havia de melhor e mais moderno na construção de balões. O invólucro, principalmente, foi feito com diversas camadas da melhor seda chinesa. A rede e os suportes da *nacelle,* de cânhamo italiano. Colocamos na cúpula uma capa de seda solta, da qual era possível sacudir a neve acumulada.

– Engenhoso... Mas será que funcionou?

Antes que Machuron respondesse, ouviu-se o apito de um trem. A pequena estação da estrada de ferro estava próxima. O cocheiro estalou o chicote e os cavalos trotaram mais rápido. Mas era tarde demais. O trem fumacento já se afastava lentamente na direção de Paris.

– Não importa. Pegaremos o próximo. De qualquer maneira, temos que despachar primeiro a nossa carga.

Quando chegou finalmente o próximo trem, os dois homens entraram num compartimento vazio da primeira classe e acomodaram-se nas poltronas confortáveis. O comboio já se movia, deixando para trás a pequena gare quase deserta, o castelo de La Ferrière e os campos parcialmente lavrados. Fumando seus charutos em silêncio, Alberto e Alexis só reataram a conversa depois que as passagens foram picotadas e o balanço do vagão tornou-se regular.

– No livro de vocês, senhor Machuron, impressionou-me principalmente a descrição da partida do *Águia* da ilha de Dane, na Dinamarca. Que lugar terrível deve ser aquele.

O balonista olhou atentamente para o jovem brasileiro, estranhando a volta abrupta ao mesmo assunto.

– *C'est vrai, Monsieur* Santôs. Um lugar desolado... na costa norte de Spitzberger. Ficamos ali... seis semanas... esperando por um vento favorável.

Mesmo sentindo que o francês hesitava em voltar à narrativa, Alberto insistiu, vencido pela curiosidade.

– A que distância está a ilha de Dane do Polo Norte?

– Pouco menos de quatro mil quilômetros. Com vento favorável, eles pensavam cobrir essa distância em seis dias... Agora, quase um ano depois, tudo aquilo me parece um sonho maluco. E me dói no peito ter ajudado a construir o balão e... ter-lhe soltado os cabos naquele dia 11 de julho.

Alberto resolveu calar-se. Mas Alexis, com o charuto esquecido entre os dedos, prosseguiu em tom monocórdio.

– Quando o balão começou a subir, o vento sul parecia moderado. Mas logo uma rajada arremessou o *Águia* contra a parede do hangar. Ficamos com o coração na boca por alguns segundos. O balão conseguiu desvencilhar-se e subiu até uns cem metros. Outro golpe de vento o colheu em cheio e o empurrou para baixo. Salomon Andrée e seus tripulantes jogaram lastro e já estavam tão perto do chão que a areia caía como chuva nas nossas cabeças.

– ...

– Outra rajada de vento empurrou o balão para o mar. A barquinha chegou a roçar a superfície das ondas e eu... eu confesso que rezei para que o balão não subisse mais.

– ...

– Eles estavam bem próximos da praia e os três eram bons nadadores. Um banho gelado teria sido o único preço daquela aventura.

– ...

– Mas não foi assim. Logo o vento ergueu o balão e o arrastou para o norte, pouco acima das ondas agitadas. Os tripulantes ainda tiveram a coragem de nos acenar em despedida.

– Quem sabe... caíram em algum lugar isolado, mas

ainda estão vivos. Tinham tantos equipamentos, tantos víveres.

Alexis chupou duas vezes no charuto apagado e sacudiu a cabeça lentamente.

– Quando eles roçaram as ondas, jogaram pela borda o cabo-pendente, que tinha seiscentos metros de comprimento. O cabo devia estar solto e caiu no mar. Sem ele, seguiram ao capricho do vento, sem a menor possibilidade de dirigir o balão. Foi um grande erro. Tudo aquilo foi um grande erro... Vamos falar de outra coisa? *Je m'excuse*, mas esse assunto é muito deprimente para mim.

O trem diminuiu a marcha, deu um solavanco com ruído de ferro contra ferro, e parou numa estação iluminada. Pela grande janela envidraçada, os dois homens contemplaram os passageiros e carregadores que caminhavam apressados. Logo depois, ouviu-se o bater de um sino, um apito estridente, e o trem colocou-se em movimento. Por sobre as casas baixas, do lado esquerdo dos trilhos, o sol desaparecia no poente.

Alberto olhou com simpatia para o francês que ainda parecia perdido nos gelos do ártico.

– Senhor Machuron, apesar do que me contou sobre a tragédia do sueco e de seus companheiros, confesso-lhe que ainda estou sob o encanto do belo passeio que fizemos hoje.

Alexis acariciou o bigodão com as pontas dos dedos manchados de nicotina.

– Isso me enche de satisfação, senhor Santos.

– Sem ser pretensioso, asseguro-lhe que não senti nenhum medo e acompanhei perfeitamente todas as suas manobras. Para ser breve, basta dizer-lhe que estou ansioso para repetir essa experiência.

O construtor sorriu.

– Que idade tem o senhor, se não sou indiscreto?

– Vinte e quatro anos.

– Temos quase a mesma idade. Eu comecei mais cedo,

devido ao serviço militar. Mas é uma ótima idade para começar qualquer ofício.

– Eu também poderia ter começado muito antes, como já lhe contei. Tinha somente dezoito anos quando procurei um balonista profissional e...

Alexis interveio com irritação na voz.

– Profissional? Aquele Dallomé que o senhor visitou na *Rue Saint-Jacques* pode ser chamado de tudo, menos de profissional. Numa ocasião, ele caiu sobre a chaminé de uma casa, o balão explodiu e provocou um incêndio horrível. O sujeito só não morreu por muita sorte. Mas teve que pagar todos os estragos.

Alberto deu uma baforada final no charuto e apagou-o no cinzeiro de metal, ao lado da poltrona.

– Talvez por isso, ele queira mil e duzentos francos pelo mesmo passeio que o senhor cobra duzentos e cinquenta...

– O mesmo passeio não! *Pour l'amour de Dieu*! Nós estamos aqui inteiros e não queimamos nada.

Alberto teve que rir.

– Tudo bem, *Monsieur* Machuron, tudo isso agora é passado. E só o que me interessa é planejar o futuro.

Atento à possibilidade de um bom negócio, Alexis perguntou cautelosamente.

– Quais são os seus planos? Se não sou indiscreto, naturalmente.

Alberto fixou no francês um par de olhos brilhantes.

– Quero voar no meu próprio balão. O menor balão que o senhor e seu tio possam construir... E não só por economia, o quero pequeno. Acredito que o balão poderá ser em breve um transporte individual como qualquer outro.

Alexis acendeu o toco do charuto, encolheu as bochechas e soprou a fumaça para o teto da cabine.

– Acabamos de receber do Japão uma seda muito leve que me parece ideal para um balão pequeno. Podemos discutir os detalhes com meu tio.

– Amanhã mesmo, se for possível.

Com um amplo sorriso, Alexis inclinou a cabeça cerimoniosamente e piscou um olho para o jovem que devorava suas palavras.

– Amanhã mesmo, se esse é o seu desejo... Bem-vindo à nossa confraria, senhor Santos Dumont.

Paris, 4 de julho de 1898

Alberto espichou o braço esquerdo e colocou a mão sobre os seios da mulher adormecida. Na escuridão do quarto, distinguia apenas, pela janela aberta, o piscar das estrelas. Que horas serão, meu Deus? Helena já deveria ter partido. Mas que bom que ainda está aqui.

Desceu levemente a mão pelo ventre macio, até colocá-la sobre os pelos do sexo. Imediatamente, sentiu voltar-lhe a ereção. Sem retirar a mão, inclinou-se e respirou fundo o perfume do pescoço e dos cabelos da jovem.

– *Hélène, tu dors?*

A respiração regular interrompeu-se e logo o rapaz sentiu que as coxas quentes se apertavam contra sua mão.

– *Viens, viens, Albert. Saute-moi!* Entra em mim!

Durante alguns minutos se amaram com fúria, sem nenhum método, encharcando de suor os corpos e os lençóis de linho. Separados, finalmente, ficaram de mãos dadas, arquejantes, até que Alberto conseguiu falar.

– Acho que... que pode ser... muito tarde, *mon amour.*

– *Peu m'importe*, Albert. Hoje eu não vou sair de perto de você.

Alberto moveu-se um pouco e tateou o botão da lâmpada de cabeceira. Adivinhando sua intenção, Helena cobriu-se com o lençol e ergueu um braço para proteger os olhos da luz amarelada.

– *Non, non, non... Regarde de l'autre côté.* Não quero que você me veja assim.

O rapaz cobriu-se também até a cintura e pegou o relógio de bolso sobre a mesa de cabeceira.

– São quase três horas. Ainda dá tempo de você voltar para casa, sem despertar suspeitas.

Helena ergueu-se sobre um cotovelo, deixando Alberto olhar seus seios muito brancos, com bicos pequenos e rosados, quase virginais.

– Eu quero despertar suspeitas, *tu comprends*? Eu quero que todo mundo saiba em Paris que você é meu amante.

Alberto acariciou-lhe os cabelos louros, lisos e suaves como os de uma boneca.

– Seu marido vai voltar da África na próxima semana. E vem como ferido de guerra. Não será correto ofendê-lo nessa situação.

Helena abafou um palavrão.

– A mim ele não engana. *Raoul* é muito mais ciumento do que valente. Para mim, ele fez tudo para ser ferido sem muita gravidade só para voltar a Paris antes do general Marchand.

– ...

– ...

– ...

– Não precisa me olhar desse jeito, Alberto. Eu disse a primeira bobagem que me veio à cabeça. A verdade... é que eu não queria que ele voltasse agora. Só isso. Agora não.

O rapaz sentiu uma ponta de irritação, mas controlou-se.

– Está bem, Helena. Se você quiser, pode ficar aqui comigo. Mas às cinco horas, seis horas no máximo, eu tenho que ir para Neuilly. Quero assistir ao enchimento do balão e participar de todos os preparativos.

– Tão cedo?

– Você sabe como essas coisas são demoradas. E principalmente com o meu balão, temos que ter muito cuidado. Lachambre e Machuron nunca tinham construído um tão pequeno.

A jovem acomodou-se na cama, espalhando com cuidado seus cabelos sobre o travesseiro.

– Por que você quis um balão assim? Para voar sempre sozinho?

Alberto teve que rir-se.

– Quando você quiser voar comigo, podemos alugar um balão maior.

– Eu, voar?! Deus me livre. Até essas cadeiras malucas da sua sala de jantar me dão vertigem.

O brasileiro levou a mão à boca para bocejar.

– Confesso que essa sala de refeições pode parecer uma maluquice minha. Mas, quando mandei colocar pernas de dois metros na mesa e nas cadeiras, não foi para bancar o excêntrico, como dizem. Fazer refeições naquela altura faz com que eu acomode meu organismo a um nível mais alto em relação aos objetos normais. E não estranhe tanto quando voo em balão.

Helena deu uma gargalhada repentina.

– Gostei de ver a cara de infeliz do seu criado... Como é o nome dele, mesmo?

– Charles.

Helena riu-se novamente.

– O pobre Charles erguendo os dois braços com a bandeja lá em cima, cai não cai, com as travessas fumegando, merecia uma caricatura do Georges Goursat. Realmente, Alberto, a vida ao lado de você é muito mais emocionante... e divertida.

Arregalando os olhos verdes, a jovem sentou-se na cama de um pulo, sem se importar em mostrar o corpo nu.

– *Albert, mon chéri*, tenho uma ótima ideia! Vamos beber o *champagne* do batismo do balão?

O brasileiro sacudiu a cabeça, desconsolado.

– Balão não se batiza com *champagne*, Helena. Basta dizer umas palavras e soltá-lo para o céu.

A mulher pulou da cama, escondendo os seios sob a cabeleira dourada.

– Vamos beber do mesmo jeito! Ao sucesso do seu primeiro voo no menor balão do mundo!

Seis horas da manhã. Acomodado numa carruagem de aluguel, Alberto consegue finalmente pensar em paz. Pelas ruas quase desertas de Paris, ainda com os bicos de gás acesos, foi recordando os acontecimentos dos últimos meses. Desde que encontrara numa livraria da Rua do Ouvidor, no Rio de Janeiro, o livro *Andrée – Au Pôle Nord en ballon* sua vida tomara outro rumo.

É verdade, pensou ele, olhando distraído para a cidade que despertava. Na travessia do Rio de Janeiro ao Havre, passei quase todo o tempo lendo o livro de Lachambre e Machuron. Acabei decorando-o como um manual escolar. Finalmente, eu conseguia ver claro. Aquele enorme balão do sueco só havia custado, incluindo construção e equipamentos, quarenta mil francos. E voltou-lhe à mente a capa do livro, que mostrava uma fotografia dos flancos e do ápice do *Águia*, escalados como uma montanha pelos operários encarregados de envernizá-lo.

Ora, se um balão tão grande e tão equipado custara quarenta mil francos, com 10 ou 20 por cento dessa quantia eu certamente poderia mandar construir um balão pequeno e não dependeria mais da boa ou má vontade dos aeronautas profissionais. Recordando imediatamente o cheiro de vinho azedo de François Dallomé, Alberto franziu o nariz. Sete anos perdidos desde aquela entrevista desastrada. Sete anos de azar. E reviu o gato preto correndo junto ao soalho carcomido e sumindo-se escada acima.

O rapaz olhou para os castanheiros que desfilavam de ambos os lados do fiacre e respirou com prazer o ar puro da manhã. A lembrança do primeiro aeronauta que conhecera e dos demais que lhe queriam estorquir quantias escandalosas por um pequeno passeio pareciam-lhe agora obstáculos menores. Fora cauteloso demais ou era esse mesmo o seu destino? Desde criança, ansiara por subir num balão. Esperara tantos anos e agora, em pouco mais de três meses, desde seu primeiro voo com Alexis, já voara muitas vezes sozinho. E naquela manhã ensolarada, com ajuda de Deus e Nossa Senhora Aparecida, seu balão *Brasil*, o menor do mundo, subiria aos céus de Paris.

Que felicidade eu tive em escolher esse nome. Um país imenso representado por uma pequena e translúcida bolha de sabão. Ainda estou vendo os rostos surpreendidos dos dois construtores, quando fui visitá-los na Manufatura de Aeróstatos de Vaugirard, no dia seguinte ao meu primeiro voo.

Henri Lachambre tinha o rosto como talhado em pedra. Sorria raramente e não ria jamais. Magro e atlético, só representava seus cinquenta e três anos pelas rugas em torno dos olhos e alguns fios brancos no bigode e no cavanhaque. Vestia-se sempre esportivamente, abotoando o casaco até o pescoço para não usar gravata. Na cabeça, dentro ou fora de casa, usava um quepe de viseira curta puxado sobre a testa. Veterano da Guerra Franco-Prussiana, guardava nas maneiras muito de militar. Seu tom de voz, áspero e definitivo, costumava exasperar os interlocutores.

– Um balão de cem metros cúbicos de gás?! Desculpe a franqueza, mas nunca ouvi asneira igual. *Impossible! Absolument impossible*!

Alberto sentiu o sangue subir-lhe ao rosto.

– Por que impossível?

– Porque um balão, para ter estabilidade, senhor Santôs, necessita de peso. Qualquer ventinho jogaria o seu brinquedo onde quisesse. Isso se o senhor não caísse antes da *nacelle* e se espatifasse no chão.

O brasileiro arregalou os olhos castanhos e empurrou o bigode para cima com um movimento brusco dos lábios.

– Cair da barquinha? E por que eu cairia da barquinha?

Lachambre voltou-se para o sobrinho e abriu os braços, desconsolado. Alexis dirigiu-se a Alberto com delicadeza.

– Um balão de cem metros cúbicos de gás, sete vezes e meia menor do que aquele em que voamos ontem, seria muito sensível aos movimentos do aeronauta dentro da barquinha. Se quiser, posso mostrar-lhe isso com um desenho no *tableau-noir*.

Alberto concordou com um movimento de cabeça. Os três homens atravessaram o ateliê, atulhado de bonecos de borracha em tamanho natural. Os bonecos eram a maior fonte de recursos dos dois construtores. Inflados com oxigênio, eram vendidos às centenas para os festejos de carnaval e outras comemorações folclóricas.

Diante do quadro-negro apoiado sobre um cavalete, Lachambre adiantou-se ao sobrinho e pegou um pedaço de giz. Com extrema facilidade, desenhou um círculo perfeito para representar um balão de tamanho normal. Abaixo dele, com apenas seis traços rápidos, desenhou as cordas da rede e a barquinha. A seguir, puxou uma linha pontilhada cortando o balão de alto a baixo até exatamente o centro da barquinha.

– *Voilà!* Esta linha pontilhada representa o centro de gravidade. Agora vou traçar mais duas linhas e o senhor compreenderá como se calcula a estabilidade do aeronauta dentro da barquinha.

Sempre com o rosto duro e os movimentos rápidos, Lachambre traçou mais duas linhas pontilhadas que se cruzavam exatamente no centro do balão e vinham terminar nas laterais da barquinha.

– Aí está, senhor. Quanto maior for o balão, mais estável será a barquinha. Assim, durante o voo, quando o aeronauta movimenta-se para a direita ou para a esquerda, o centro de gravidade de todo o sistema não sofre deslocamento apreciável. Compreendeu?

– Perfeitamente.

– Pois bem, no exemplo aqui representado, considerei o menor balão capaz de manter-se estável, que é o de quinhentos metros cúbicos. Agora, vamos desenhar um balão cinco vezes menor, como o senhor deseja, e traçar as linhas pontilhadas.

Com a mesma habilidade, o francês desenhou um círculo pequeno ao lado do grande, rabiscou as cordas, a barquinha, e puxou as três linhas pontilhadas.

– Veja agora com seus próprios olhos, senhor. Como o balão é pequeno demais, o centro de gravidade não pode ser deslocado sem que ocorra grande oscilação na barquinha. Quando o senhor caminhasse dentro dela, transmitiria ao balão um movimento giratório que enrolaria as cordas da rede e poderia jogá-lo ao espaço.

– ...

– *C'est comme ça...* Para voar num balão tão pequeno, o aeronauta teria que ficar imóvel, exatamente no centro da barquinha, durante todo o tempo de voo. O que é impossível, como já lhe disse.

Alberto ficou alguns momentos contemplando os dois desenhos. Depois tirou a luva da mão direita e passou levemente os dedos sobre o cabelo bem penteado, com uma impecável repartição no meio. A seguir, sacudiu duas ou três vezes a cabeça para a frente e estendeu a mão para o construtor.

– O senhor me permite?

O francês entregou-lhe o giz.

– À sua vontade, senhor.

Com a mesma facilidade de Henri Lachambre, o jovem desenhou um terceiro balão com o mesmo tamanho do pequenino. Somente que espichou mais para baixo as linhas que representavam a rede e a barquinha.

– Para aumentar a estabilidade do balão pequeno, basta aumentar o comprimento das cordas de suspensão.

Sob o olhar atônito dos dois construtores, traçou as três linhas do centro de equilíbrio, largou o giz no aparador e limpou a mão direita com um lenço impecavelmente branco.

– Aí está. Colocando a barquinha bem mais abaixo do que nos balões maiores, poderei deslocar-me dentro dela sem nenhuma oscilação. O que acham disso?

Lachambre fez uma careta de contrariedade. Alexis olhava admirado para Alberto e logo para o seu desenho. Depois, virou-se para o tio.

– Pode dar certo, *mon oncle*, realmente pode dar certo... E, se der certo, vai ser uma verdadeira revolução na construção de balões esféricos.

O tio empinou mais uma vez o peito.

– *Il ne faut pas exagérer*. Resta ainda o problema da subida do *petit ballon*. Quanto menor ele for, menos peso poderá levantar do solo. Por isso, vou fazer-lhe uma proposta definitiva, senhor Santos Dumont. Podemos costurar-lhe um balão de 250 metros cúbicos. Aceita assim?

– Cem metros serão suficientes para mim. Vamos calcular juntos. Eu tenho um metro e sessenta de altura e peso cinquenta quilos. Para mim só, bastará uma barquinha pequena, de uns cinco quilos de peso, em vez dos trinta quilos de uma barquinha normal. O cabo-pendente também pode ser feito com uma corda mais fina. Para cem metros, pesará no máximo oito quilos. A âncora também pode ser mínima, uns três quilos de peso, no máximo.

– Tudo liliputiano, afinal.

– Exatamente. Um pequeno David perto do Golias de Salomon Andrée.

Lachambre e Machuron sentiram o golpe e se entreolharam. O homem de rosto duro foi o primeiro a falar.

– Resta ainda o problema do invólucro. Alexis acredita que a seda nova que chegou do Japão seria ideal para um balão pequeno. Mas nós nunca a usamos antes. Para mim, parece leve demais. Apenas trinta gramas por metro quadrado.

Alberto encolheu os ombros.

– Isso é fácil de descobrir com o teste do dinamômetro.

Se a seda japonesa for resistente, bastarão três quilos para todo o balão.

– Mais o verniz de proteção que pesará no mínimo mais uns quinze quilos.

– Tudo bem, tudo bem. Se o balão tiver um pouco mais de cem metros cúbicos, não criarei nenhum problema. Mas nunca acima de cento e vinte metros.

O teste feito com o dinamômetro mostrou que a seda japonesa resistia 700 quilos por metro linear, ou seja, era proporcionalmente trinta vezes mais resistente do que a seda chinesa. O último obstáculo estava transposto. Lachambre e Machuron puseram mãos à obra.

Nuvens finas de vapor subiam das águas do Sena. O dia 4 de julho prometia ser muito quente e ensolarado. Alberto pensou na coincidência de seu voo naquela data e sorriu. O dia da independência dos Estados Unidos. O dia da primeira república do continente americano. Meu pai iria gostar disso. E sentiu que seus olhos se marejavam de lágrimas.

– *Nous y sommes, monsieur. C'est ici le Jardin d'Acclimation.*

Surpreendido em suas meditações, Alberto olhou para o perfil barbudo do cocheiro e para o grande portão do outro lado da rua. O cocheiro insistiu, apontando com o chicote.

– É aqui o Jardim da Aclimação. O senhor vai descer ou quer que eu entre?

– Vamos entrar. Eu lhe mostrarei o pavilhão onde vou descer.

Vários jardineiros vestidos de azul regavam canteiros de flores multicoloridas. Cheiro bom de terra molhada. Até os cavalos do fiacre pareciam contagiados pelo ambiente rural, quase dentro de Paris. Chegados ao alto hangar com as janelas ainda iluminadas, Alberto pagou o cocheiro e acrescentou um generoso *pourboire.* Em passo firme, dirigiu-se ao salão em que o *Brasil* recebia os últimos preparativos.

Lachambre e Machuron, em mangas de camisa, verificavam com as mãos espalmadas a qualidade da camada de verniz que cobria a seda japonesa. O balão, parcialmente cheio, parecia uma grande metade de laranja apoiada sobre um prato. As luzes do interior do salão estavam todas acesas e tiravam reflexos da superfície envernizada. O cheiro dominante era de desinfetante e parafina.

Alberto parou como hipnotizado. Mas logo uma voz feminina soou bem junto a seu ouvido. E duas mãos suaves taparam-lhe os olhos.

– Adivinhe quem está aqui?

– Virgínia?! Será possível? Como foi que você...

A irmã predileta de Alberto abraçou-o com sofreguidão e deu-lhe dois beijos estalados no rosto. Logo o cunhado adiantou-se e apertou-lhe a mão com entusiasmo.

– Guilherme! Mas que grande prazer. Como vocês ficaram sabendo?

– Pelos jornais de Paris. A cidade do Porto é mais civilizada do que você possa pensar.

– Que felicidade, meu Deus. Deixe eu olhar bem para você, irmãzinha... Está mais bonita do que nunca.

Virgínia agradeceu o elogio com um gesto gracioso. Seu vestido branco muito acinturado e o chapéu florido davam-lhe um aspecto juvenil.

– Mas não adianta me enganar. Já passei dos trinta anos e tenho quatro filhos.

Alberto pegou-lhe as mãos pequeninas e apertou-as nas suas.

– Como estão os meus sobrinhos? Arnaldo, Henrique, Jorge, Margarida... Devem estar lindos.

– Estão mesmo. Trouxe fotografias para você ver. Mas são muito arteiros. Só pudemos vir porque confio na energia de mamãe.

– E... ela?

– Está muito bem. Mandou uma carta para você. Mas eu, estabanada como sempre, saí correndo e deixei tudo no hotel.

Guilherme voltou da inspeção que fizera ao *Brasil*, com as mãos nos bolsos, o ar compenetrado. Ao contrário de Virgínia, ganhara bastante peso nos últimos anos. Seu terno de linho branco dava-lhe um aspecto ainda mais corpulento.

– O balão parece mesmo muito pequeno. Por isso os jornais de Paris deram tanta atenção a ele... e a você. Até o *Jornal do Commércio*, de Lisboa, deu uma pequena nota.

Alberto olhou com carinho para o balão, agora cheio por completo.

– O nosso Automóvel Clube sabe fazer publicidade.

– Automóvel Clube?!

– É verdade. Apesar dos esforços do nosso grupo de aeronautas, continuamos todos filiados ao Automóvel Clube de França. Mas até o fim do ano, se Deus quiser, teremos o nosso sonhado *Aéro-Club*... Mas venham que vou apresentar-lhes aos senhores Lachambre e Machuron.

E em tom confidencial:

– São teimosos como duas mulas, principalmente aquele de cara feia. Mas são muito competentes e honestos.

Oito horas da manhã. No terraço do *bistrot*, sombreado por castanheiros, Virgínia, Guilherme e Alberto tomam café com leite e devoram uma dúzia de *croissants* quentes. Acima das árvores copadas, o céu azul parece enorme e deserto. Alberto baixa os olhos e contempla com carinho o rosto delicado da irmã.

– Daqui a duas horas, se Deus quiser, passarei voando aqui por cima.

E deu uma risada gostosa, atraindo a atenção do garçom e de um casal que ocupava a mesa vizinha. Guilherme também olhou para o cunhado com curiosidade. Virgínia terminou de engolir um pedaço do pão em forma de meia-lua e juntou as mãos como se fosse rezar.

– Conte, Alberto. Por que está rindo deste jeito?

– Lembrei-me de Luís... lá na fazenda de Ribeirão Preto... quando você e Guilherme ainda eram namorados. Lembram daquela famosa noite de São João?

Virgínia olhou fundo nos olhos do marido, limpou as pontas dos dedos no guardanapo, e segurou-lhe uma das mãos cabeludas.

– Como poderia esquecer? Foi a noite em que Guilherme me pediu em casamento e que me deu...

– Virgínia, Virgínia...

– ... o primeiro beijo na boca. Pronto! Agora já disse.

E ficou com o rosto ruborizado, como uma adolescente. Depois passou um lencinho nos olhos úmidos e dirigiu-se ao irmão.

– Agora conte por que estava rindo.

– Porque Luís teimou comigo, no brinquedo "passarinho voa?", que homem não voava.

– Lembro muito bem. A gritaria de vocês era tanta, que eu e Guilherme subimos correndo as escadas até o quarto dos brinquedos.

– E me ajudaram a enfrentar os argumentos de Luís. Mas, pensando bem, eles eram muito bons, muito bons mesmo.

E riu-se novamente. Guilherme fechou um pouco os olhos e abafou um bocejo.

– Não lembro mais direito.

– Luís dizia que voar em balão esférico não é voar de verdade. Ele disse bem assim: "Se eu atar um rato debaixo de um balão de São João, isso não quer dizer que rato voa. O balão vai para onde o vento o leva. Voar de verdade é ir e voltar de qualquer lugar, como voam os passarinhos".

Guilherme sacudiu a cabeça.

– Se é assim, por que você vai se arriscar voando num balão tão pequeno e sem direção?

Alberto ficou sério.

– Porque eu preciso ganhar experiência para o futuro. O meu grande sonho é que os balões sejam um meio de transporte e não uma curiosidade de feira. Para isso, eles têm que ser dirigíveis e oferecer a maior segurança possível. Mas antes de tentar essa conquista, onde muitos falharam, eu preciso saber tudo sobre os balões esféricos. Não posso querer manobrar um transatlântico, sem antes saber tudo sobre o barco a vela. No que se refere ao *Brasil*, o menor balão até hoje construído, tive que alterar muitos conceitos centenários. E sei de gente que apostou alto que ele não vai voar.

Virgínia olhou com carinho para o irmão.

– Pois eu sei que ele vai voar e... se ele não fosse tão pequeno, eu iria junto com você. Juro que iria.

Guilherme riu-se.

– Disso eu não tenho a mínima dúvida.

Virgínia suspirou.

– Conte, Alberto, como é lá em cima. Deve ser muito lindo. Quantas ascensões você já fez?

– Quase trinta, nos últimos três meses. O senhor Lachambre, que sempre faz muitas demonstrações públicas, permitiu-me realizar algumas em seu lugar. Foi assim que subi em diversas cidades aqui da França e uma vez até desci na Bélgica, para minha surpresa.

– Conte, conte tudinho.

Guilherme interveio.

– Virgínia, não seja criança. Alberto deve estar ansioso para voltar ao Jardim da Aclimação.

E tirou o relógio do bolso do colete, consultando-o rapidamente.

– São quase oito e meia.

Alberto ergueu a mão direita espalmada.

– Só vamos tirar o balão para fora do hangar às nove horas. Os outros por lá também devem estar tomando o *petit déjeuner*.

Virgínia esfregou as mãos.

– Pois então conte.

– Falo dessa aventura porque foi objeto de comentários nos jornais. Mas não foi nenhuma proeza. Serviu apenas para mostrar que voar à noite é mais perigoso na aparência do que na realidade.

– Você voou de noite? Que lindo deve ser!

– É verdade. O voo noturno tem um encanto especialíssimo. Principalmente durante um temporal.

– Um temporal?! Onde foi isso? Que necessidade você tinha de voar?

– Foi em Péronne, no norte da França. Eu parti, malgrado os avisos de uns distantes trovões, ao entardecer de um dia tempestuoso. Não quis atender aos protestos da multidão, que sabia não ser eu um aeronauta de ofício.

Virgínia falou com voz rouca.

– Por essas coisas que mamãe reza tanto por você.

Guilherme concordou.

– Se você era inexperiente, não deveria ter-se arriscado a voar num temporal.

Alberto sorriu.

– Eu também não tardei muito a lastimar-me da temeridade. Achava-me só, perdido nas nuvens, entre relâmpagos e ruídos de trovões, e a noite se fechava sobre mim.

– Virgem Maria...

– E fui seguindo nas trevas. Sabia que avançava a grande velocidade, mas não sentia nenhum movimento. Ouvia e recebia a tempestade, e era só. Tinha consciência de um grande perigo que não era tangível. Uma espécie de alegria selvagem dominava os meus nervos.

– ...

– ...

– Como explicar isso? Lá no alto, na solidão negra, entre o fulgor dos relâmpagos que rasgavam a noite e o faiscar dos raios, eu me sentia como parte integrante da própria tempestade.

Virgínia enxugou uma lágrima.

– Papai era assim. Papai era bem assim.

– Passado aquele momento de euforia, busquei racionalmente uma altitude superior e deixei a tempestade passar sob mim. Foi então que descobri o encanto do voo noturno. Sentia-me só nas trevas, com a sensação de flutuar sem peso, fora do mundo, a alma aliviada do fardo da matéria.

– ...

– ...

– Estava feliz assim, quando, de tempos a tempos, surgiam luzes terrestres. Pontinhos que se acendiam ao longe e lentamente se apagavam. Ali, onde antes eu enxergava um débil clarão, via de súbito muitas manchas brilhantes, que desfilavam em linha, umas atrás das outras, como cachos de claridade. Era uma cidade que eu estava sobrevoando.

– ...

– ...

– Quando a lua se levantou, percebi, de relance, uma fímbria cinzenta que se contorcia. Era um rio refletindo a claridade da lua e das estrelas. Foi então que um clarão rasgou a sombra e percebi nitidamente um apito rouco. Era um trem que passava, as fagulhas da locomotiva iluminando a fumaça por cima dela.

Virgínia deixava as lágrimas correrem livremente pelo rosto.

– Alberto, Alberto... Como você descreve bem tudo isso... Parece um poeta.

– Foi o que me disse uma vez o professor Garcia. Para ele, Gustavo Eiffel quando fala da sua torre é mais poeta que Verlaine... Mas a poesia do voo noturno foi ainda maior quando senti que chegava a aurora. E quando ela veio, numa coroa de carmim, ouro e púrpura, foi a contragosto que desci a terra. Pousei sem o menor inconveniente. E um camponês me disse que eu estava na Bélgica... É isso, irmãzinha, essa é a fortuna dos ventos...

Guilherme olhou preocupado para Alberto.

– Não pode ser perigoso atravessar assim uma fronteira? O que dizem as autoridades do outro país?

– No meu caso, não houve nada. Mas sei de aeronautas que foram alvejados com tiros de fuzil ao transporem certas fronteiras europeias. Conheci um que foi acusado de espionagem. Outros, que caíram em lugares perdidos, tiveram que se defender contra a ignorância e a superstição das populações rurais.

Virgínia olhou assustada para o irmão.

– Acho melhor você começar logo a voar com o balão dirigível. Começo a entender melhor os argumentos de Luís.

– Isso é certo. Mas, primeiro, vou ter que provar que um balão pequeno como o *Brasil* pode voar... Vamos agora? Lachambre pode ficar inconveniente quando se trata de horários.

Dez horas da manhã. Próximo a dois balões de tamanho normal, colocados ali para que o público pudesse fazer a comparação, o *Brasil* parece mesmo minúsculo. Sua cor de âmbar, ou marfim polido, também é mais clara do que a dos outros dois. Uma pequena multidão aguarda junto ao local da subida. A cada momento, chegam mais carruagens com famílias inteiras e um ou outro automóvel barulhento. Meninos vestidos de marinheiros correm pela grama recém-aparada. O cheiro de terra mistura-se ao perfume das mulheres e ao odor acre dos cavalos. Uma banda uniformizada de azul e vermelho toca marchas militares. Fotógrafos montam seus equipamentos para os instantâneos. Alberto, vestindo um terno cinzento de tecido leve, camisa de colarinho alto, gravata-borboleta vermelha e chapéu-coco, deixa-se fotografar ao lado da barquinha. A *nacelle* é tão pequena que mais parece um cesto comum de vime trançado. Nenhum vento move as folhas das árvores.

A fumaça de uma alta chaminé, para além do bosque, sobe em linha reta para o céu.

– Só falta eu ficar parado aí em cima, como um balão cativo.

Lachambre acompanhou-lhe a direção do olhar e apontou para umas aves que faziam evoluções a uns trezentos metros de altura.

– Lá em cima tem vento. As aves estão planando nas correntes de ar.

Alberto pensou novamente no professor Garcia. *O vento é uma porção de ar que se move através de outro ar que o rodeia.* E procurou inutilmente o velho mestre entre os muitos homens que usavam cartolas. Será que ele recebeu o meu *pneumatique*? Essas mensagens rápidas do correio não costumam atrasar... Deus do céu... Lá vem Helena. Vamos ver o que Virgínia vai pensar.

Com a barra do vestido azul arrastando pela grama, vestido muito discreto, com rendas até o pescoço, os cabelos presos em coque sob um chapéu sem flores, Helena aproximava-se com a fisionomia tranquila, como quem vai cumprir apenas um dever social. Vários homens tiraram os chapéus para saudá-la. Logo atrás dela, seu velho criado Maurice, vestindo fraque e cartola, caminhava majestoso. Sobre uma bandeja de prata, trazia algumas garrafas de *champagne Don Pérignon* no gelo e taças de cristal ao estilo *Madame Pompadour.*

Alberto tirou o chapéu e beijou a mão da jovem.

– Obrigado por ter vindo, senhora. E por dar-me a honra de ser a madrinha do balão.

Até ali distraída com a banda e o povo em movimento, Virgínia aproximou-se do irmão, olhando firme nos olhos de Helena. A francesa sorriu e sustentou-lhe o olhar durante as apresentações.

– *Votre soeur, Monsieur Santos Dumont*? Um grande prazer, senhora Villares. Seu marido? Encantada, senhor.

Pena meu marido não estar aqui para conhecê-los... Maurice, *s'il vous plaît...* Se o senhor Santos Dumont está de acordo, pode servir-nos o *champagne.*

Cumprido o ritual da pesagem, Lachambre e Machuron mantinham-se um pouco afastados do grupo que cercava Alberto. Irritado com a demora causada pelos brindes, o construtor aproximou-se com a fisionomia carrancuda. Num gesto rápido, tirou seu quepe da cabeça e entregou-o ao brasileiro.

– Deixe comigo o chapéu de passear no *boulevard...* Com o quepe o senhor ficará mais sério, mais profissional.

Alberto entregou a taça vazia a Maurice e aceitou a troca. Com o quepe na cabeça, saltou com agilidade para dentro da barquinha. Chegara o grande momento. Ernest Archdeacon e o Conde Henri de La Valette, os donos dos balões de quinhentos e mil metros cúbicos colocados junto ao *Brasil*, posicionaram-se ao lado da madrinha. Archdeacon, jovem milionário do tipo esportivo, atraía os olhares de todas as mulheres. Com o quepe meio de lado, as mãos nos bolsos das calças, dirigiu-se a Helena com sua voz de tenor, capaz de ser ouvida por todos os presentes. Em estilo empolado, contrastando com sua imagem descontraída, destacou as antigas origens da família de *Madame H...* e elogiou sua atividade filantrópica e social. Lembrou do sonho maior de todos os presentes, a fundação do *Aéro-Club de France*, e deu a palavra à madrinha sob uma salva de palmas.

Helena deu um passo à frente, ergueu os olhos para Alberto já suspenso dentro da barquinha, a uns dois metros do solo, e disse simplesmente, apontando para o balão:

– *Brésil tu t'appelleras*! Brasil tu te chamarás! *Sois heureux, envole-toi dans les airs...* Seja feliz, ergue-te nos ares... *et que Dieu te protège*!... e que Deus te proteja!

Alberto tirou o quepe para saudar a madrinha e o povo que o olhava com admiração. Depois falou bem alto:

– *Lâchez tout*! Soltem tudo!

Livre das amarras, o *Brasil* começou a subir lentamente para o céu azul. Todas as cabeças se ergueram para contemplar o lindo globo translúcido que ganhava altura. Presa à cordoalha, uma longa flâmula verde-amarela lembrava as cores de um país distante, do outro lado do mar.

Durante alguns momentos, a multidão ficou emudecida com a beleza da cena. Depois, como numa peça ensaiada há muito tempo, os músicos recomeçaram a tocar e uma grande salva de palmas brotou espontaneamente das mãos daquele povo generoso e bom.

Paris, setembro de 1898

– Na minha opinião, o senhor ficou completamente louco, *Monsieur* Santôs. Se quer se suicidar, melhor seria sentar-se logo num barril de pólvora e acender o pavio.

Alberto sentiu a resposta certa formar-se na sua mente. E na construção do *Brasil*, seu filho duma égua, eu não tinha razão? Mas apertou os dentes e controlou-se. Henri Lachambre era o único construtor de balões em quem confiava. Melhor ir com cautela e usar bons argumentos para convencê-lo.

– Escute, senhor Lachambre. À primeira vista, pode parecer um absurdo o que me proponho a fazer.

– *Vraiment.* Absurdo é a primeira palavra sensata que o senhor nos diz nesta manhã.

– Pode parecer absurdo colocar um motor a gasolina dentro da barquinha de um balão, mas não é. Absolutamente, não é.

Lachambre olhou para Alexis em busca de auxílio. O sobrinho era mais maleável com os loucos.

– Meu tio tem razão, *cher ami.* Por que arriscar-se dessa maneira? O hidrogênio é altamente inflamável. As fagulhas do motor a gasolina vão certamente prender fogo ao balão. O risco de explosão é enorme. Por que não experimenta um motor elétrico?

Alberto sacudiu a cabeça para os dois lados.

– Eles continuam tão pesados como há quinze anos. E foi pelo excesso de peso do motor elétrico que os irmãos

Tissandier fracassaram com seu dirigível. E que o balão similar *La France*, de Renard e Krebs, ficou esquecido há anos num hangar do Exército francês.

Lachambre interveio novamente.

– Fracassaram, foram esquecidos, mas não morreram numa explosão estúpida.

Alberto contou até dez, como aprendera com o pai, e retomou sua argumentação.

– O que lhes peço apenas é que costurem para mim um balão em forma de charuto, completamente estanque, com vinte e cinco metros de comprimento e três e meio de largura, para uma capacidade de cento e oitenta metros cúbicos de gás. Pelos meus cálculos, usando a mesma seda japonesa do *Brasil*, mesmo com uma espessa camada de verniz, o balão não deverá pesar mais de trinta quilos. Não acreditam nos meus cálculos?

Henri Lachambre apenas dilatou as narinas e puxou o cavanhaque como se fosse arrancá-lo. Foi o jovem Alexis quem falou, em tom conciliador:

– Não se trata disso. No que se refere ao balão cilíndrico, os seus cálculos nos parecem perfeitos. Até sua ideia original de substituir a rede por um sistema que fixa as cordas da barquinha diretamente abaixo do balão me parece ótima. Sem a rede que costuma envolver todo o balão, o senhor ganhará mais alguns quilos para transportar o motor.

Procurando controlar-se, Lachambre olhou fixamente para o visitante.

– Nesse ponto, concordo com Alexis sobre a correção dos seus cálculos.

Alberto tentou sorrir.

– E então?

Foi Machuron quem respondeu.

– Então, se meu tio e eu fôssemos mercenários, não estaríamos aqui discutindo esses detalhes técnicos com o senhor.

– ...

– É isso mesmo, meu amigo. Nós construiríamos o balão de acordo com seus cálculos, que nos parecem corretos, pegaríamos o dinheiro do pagamento e...

Lachambre completou a frase num rosnado.

– ... depois da explosão, iríamos levar flores para você no *Père Lachaise* ou em qualquer outro cemitério de Paris.

Alberto olhou-os com admiração.

– Fico grato aos senhores pelo interesse na minha segurança. Mas podem estar certos que não sou nenhum temerário. Em realidade, eu já testei o motor a gasolina e tenho certeza de que o balão não explodirá.

Enquanto os dois franceses se olhavam espantados, o rapaz tirou um relógio de prata da algibeira, abriu-lhe a tampa e fechou-a num gesto maquinal.

– É quase meio-dia. Se me derem a honra de almoçar comigo, terei o prazer de contar-lhes tudo, nos mínimos detalhes.

Uma hora mais tarde, no restaurante do Hipódromo de Longchamp, Alberto ergueu seu cálice de *sherry*, contemplou com satisfação a cor de topázio contra a luz, e brindou os dois construtores.

– À vossa saúde, senhores.

Pela força do hábito, Lachambre não perdeu a oportunidade de agulhá-lo.

– À sua, *Monsieur* Santos Dumont, à sua, principalmente.

Ignorando a ironia, Alberto degustou o aperitivo, colocou o cálice na mesa e apoiou as duas mãos sobre a toalha branca, como se tomasse apoio para saltar.

– Convidei-os para almoçar em Longchamp, além da qualidade do restaurante, porque foi bem perto daqui, num lugar tranquilo do *Bois de Boulogne*, que fiz a primeira experiência aérea com o motor do meu triciclo.

Alexis olhou-o com curiosidade, penteando os longos bigodes com as pontas dos dedos sujos de nicotina.

– Experiência aérea?!

– Exatamente. Coloquei meu triciclo sob o galho horizontal de uma árvore e suspendi-o por três cordas a um metro e meio do solo.

– Fez isso sozinho?!

– Com auxílio de meu criado Charles, do mecânico Albert Chapin e mais um ajudante que contratamos. Eu queria saber como o motor a gasolina funcionaria suspenso no ar. Por isso, montei na sela do triciclo antes que eles o suspendessem.

Lachambre esvaziou seu cálice de um único trago e comentou apenas:

– Com todo o respeito, um exercício algo circense, não lhe parece?

– Exatamente por isso, o executamos de madrugada e num local isolado do bosque.

Alexis olhou com simpatia para Alberto.

– *Très astucieux, mon ami.* Estando o motor acima do solo, tanto fazia um metro e meio como trezentos metros, para saber como se comportaria no ar.

– Foi o que pensei.

Lachambre ficou calado. Mas seu rosto duro não escondia o pensamento lógico que lhe acudira. Um metro e meio e trezentos metros são bem diferentes na hora da queda. Para livrar-se daquela fisionomia que nunca escondia seus pensamentos, Alberto desviou o olhar para as amplas janelas que se abriam sobre as arquibancadas pintadas de branco. Mais além, admirou o contraste de cores entre o gramado em elipse e a pista de areia cuidadosamente preparada para as corridas da tarde. Depois voltou ao assunto.

– O mecânico Chapin estava comigo para provar sua teoria contrária à minha. Segundo ele, somente o apoio sobre o solo estabiliza o veículo e que, suspenso no ar, o motor iria vibrar muito, sacudindo a estrutura do triciclo de maneira incontrolável.

– E não foi assim?

– Exatamente o contrário. Por mais que eu acelerasse, a vibração foi menor no ar do que no chão. Vocês podem imaginar a minha alegria.

O *maître* aproximou-se solenemente da mesa, acompanhado pelo *sommelier* e por um garçom encarregado de trazer o vinho. Inclinando-se ligeiramente, o *sommelier* pegou a garrafa com extrema delicadeza e mostrou-lhe o rótulo.

– *C'est le Chateuneuf du Pape*, safra de 1885, que o senhor encomendou. Custamos a encontrá-lo em nossa adega, mas tenho certeza que *monsieur* ficará satisfeito.

E, usando com destreza o *tire-bouchon*, retirou a rolha da garrafa, cheirou-a rapidamente e encheu um terço do cálice de Alberto. Com a fisionomia séria, o jovem ergueu o cálice e contemplou a cor de rubi do borgonha contra a claridade da janela. Depois girou a bebida por duas vezes, aspirou-lhe o perfume e levou-a aos lábios. Manteve o vinho na boca por alguns segundos, apreciando-lhe o *bouquet*, e engoliu-o. Os franceses acompanhavam todos seus movimentos em expectativa.

– Está perfeito, senhor. Digno dos papas de Avignon. Pode servir, por favor.

Servidos também os pratos, os três homens concentraram-se na comida. Alexis saboreando seu *steak-au-poîvre* com satisfação, Lachambre descascando distraído um *poulet rôti* e Alberto mal sentindo o gosto sofisticado dos *rognons-de-veau*, tão preocupado estava com a decisão final dos dois construtores.

Com a proximidade do primeiro páreo, o restaurante começava a esvaziar-se. As vozes em torno pareciam mais agudas, mais excitadas com a perspectiva das apostas. Através das janelas abertas para as arquibancadas, Alberto viu o povo aglomerar-se em pequenos grupos, depois espalhar-se e reunir-se novamente junto às cercas da pista. Os primeiros cavalos, com seus jóqueis vestindo jaquetas de diferentes cores, iniciaram o tradicional passeio antes da corrida. O rapaz transportou-se por alguns segundos à longínqua fazenda de café onde passara sua infância. E sentiu o cheiro forte de suor do puro-sangue inglês que puxava a *charrette* do pai, como se o belo alazão estivesse ali a seu lado.

Henri Lachambre arrancou-o do seu devaneio, mas com uma voz que lhe pareceu um pouco menos áspera do que a habitual.

– Admitamos que o motor do seu triciclo, fixado à barquinha sob o balão cilíndrico, não lhe transmita nenhuma vibração exagerada. Teoricamente, com uma hélice adequada, o motor impulsionaria o balão. Adaptando um leme ao sistema, como nos pequenos veleiros, admito que o senhor poderia dar-lhe direção.

Mastigando a sobremesa, Alberto inclinou a cabeça em assentimento. O construtor prosseguiu no mesmo tom monocórdio.

– Pois bem, considerando que tudo isso funcione a contento, restam ainda dois pontos obscuros para mim. O primeiro deles é que, com um pequeno motor de... de quantos cavalos mesmo?

– Com a adaptação que farei, o motor Dion terá 3 cavalos e meio.

– Pois bem, com um pequeno motor desses, acha que conseguirá vencer uma tempestade como aquela de Péronne? Como poderá voar contra um vento forte?

Alberto sorriu.

– Nessa primeira fase, só irei voar com tempo calmo e em pequenos percursos. Quem critica um *yachtsman* que se recusa a sair ao mar com seu pequeno veleiro durante um temporal?

– E se o temporal o colher de repente?

– Posso voar ao sabor do vento e tratar de descer no melhor local possível. Essa segunda manobra será muito mais fácil num dirigível do que num balão esférico. Em último caso, posso até apagar o motor e retirar todo o gás do balão. Embora a economia de hidrogênio para diversas viagens me pareça um dos pontos fortes do meu projeto, nada impede que eu perca todo o gás numa emergência. Só não poderia voltar para casa no mesmo voo. Mas essa é a rotina dos balões atuais.

Tio e sobrinho entreolharam-se. Era evidente que tinham discutido todos os aspectos que consideravam negativos no balão dirigível. E aquele garoto inexperiente os estava demolindo um por um. Restava o mais evidente deles. E foi Lachambre quem o ilustrou num simples gesto, riscando um fósforo para acender seu cachimbo de louça.

– E as fagulhas? Como vai evitar que elas subam e incendeiem o balão?

Aspirando o aroma da fumaça do cachimbo, o construtor continuou.

– Se não fosse pelo perigo de uma explosão, qualquer outro aeronauta já teria adaptado um motor a gasolina a um balão cilíndrico. Sabemos que o Conde von Zeppelin, na Alemanha, também está empenhado em tornar os balões dirigíveis e não lhe faltam recursos para isso. Mas não me consta que tenha experimentado um motor a gasolina, por saber que é o mais perigoso de todos.

E, fincando os olhos em Alberto, apoiou o polegar sobre a extremidade do cachimbo e tirou duas profundas baforadas.

– O que vai fazer com as fagulhas, meu senhor?

Alberto girou o cálice bojudo de *cognac*, mas não o aproximou dos lábios.

– As fagulhas do motor do meu triciclo, quando estava suspenso a um metro e meio do chão, desceram, em vez de subir. E isso porque, antes de ligar o motor, eu pedi a Chapin para colocar o cano de descarga para baixo, em posição vertical.

Alexis olhou para Alberto com os olhos brilhando.

– *Bravo*! Confesso que fico empolgado com essas soluções tão simples. Não é sua culpa se os outros aeronautas não as tenham empregado... ou simplesmente imaginado.

Seu tio continuou cachimbando em silêncio. Pela janela diante de si, Alberto teve a atenção despertada pelos cavalos que passavam em plena corrida. Quando o último deles passou chicoteado pelo jóquei, o rapaz voltou a fixar os olhos no rosto carrancudo de Lachambre. Alexis também parecia inquieto. Finalmente, o construtor afastou o cachimbo da boca e disse simplesmente:

– Dentro de duas semanas poderemos entregar-lhe o balão.

Dia 18 de setembro de 1898. Um repórter da revista *L'Illustration* interroga o aeronauta e faz anotações rápidas em seu caderno. Junto ao balão em forma de charuto, que se destaca pela cor de marfim polido contra o verde-escuro das árvores, muitas pessoas circulam no Jardim da Aclimação. Algumas se reúnem em grupos e fazem pose para as fotografias. Embora se trate de uma arriscada experiência de aerostação, os espectadores parecem estar ali apenas para aproveitar a bela manhã de sol.

Alheios à imprensa e aos curiosos, Lachambre e Machuron examinam atentamente as costuras, principalmente na parte de baixo do dirigível, onde foram fixadas as cordas de suspensão da barquinha. A ausência de rede envolvendo completamente o balão era o que mais os preocupava. Orientados pelos detalhados desenhos do brasileiro, tinham costurado bainhas e introduzido hastes de madeira naquela posição. Nessas hastes longitudinais foram costuradas as cordas da barquinha. Teriam essas costuras a solidez necessária para resistirem ao peso do aeronauta e dos equipamentos habituais, somados agora ao peso do motor? As muitas provas feitas no hangar mostraram que sim. Mas somente na prática poderiam ter certeza do funcionamento harmônico de tantas novidades. E olhavam de esguelha, admirados com a calma de Alberto, que parecia o anfitrião de uma festa ao ar livre. Absolutamente tranquilo, o rapaz tirava o chapéu panamá para as damas, apertava a mão dos amigos e continuava a responder às perguntas do jornalista.

– Perigo de incêndio? Não o temo. Com o cano de descarga fixado para baixo, como já lhe expliquei, as fagulhas não subirão até o balão.

– E quando soltar gás para descer?

Alberto suspirou.

– Eu não vou soltar gás para descer. Aí está uma das diferenças fundamentais do dirigível em relação ao balão comum. Reaproveitando o hidrogênio, ou seja, podendo fazer várias viagens com o mesmo gás, o balão dirigível será muito mais prático e econômico. Com a propulsão do motor, pretendo subir sem jogar lastro e descer sem perder gás. E quero voltar ao ponto de partida, sem necessidade de transportar o balão de locais às vezes distantes de qualquer recurso.

– E como vai dirigir o balão?

– Imagine um barco navegando no céu.

– ...

– Está vendo esta hélice de alumínio? Com a força do motor, as pás vão girar como num navio.

– E o leme, onde está?

– Está colocado aqui atrás do motor. É esta armação triangular de aço, coberta com seda esticada.

O jornalista fez suas anotações, enquanto Alberto saudava Ernest Archdeacon e os irmãos Jacques e Emmanuel Aimé, seus companheiros do aeroclube em formação. O vento aumentara e o momento pareceu-lhe propício para a subida. Mas voltou-se educadamente para o repórter que o olhava com uma ruga profunda entre as sobrancelhas.

– Mais alguma pergunta? Desculpe, mas realmente estou com pressa.

– Apenas uma, obrigado. Pelo que sei de barcos, o leme pode dirigi-los para bombordo ou para boreste, mas não para baixo ou para cima. Como pretende erguer ou baixar o nariz... digo, a proa do seu balão?

– Esse será o maior desafio deste voo experimental. O senhor é leitor de Júlio Verne?

– Li... alguns livros dele. Quando adolescente, como todo mundo.

– Leu *Vinte mil léguas submarinas*?

O jornalista olhou para o aeronauta com um sorriso irônico e aquiesceu com um gesto de cabeça.

– Pois então deve lembrar-se que o Capitão Nemo fazia o *Nautilus* subir e descer dentro da água, como eu pretendo fazer o meu dirigível subir e descer no ar.

O repórter firmou o *canotier* para que não voasse com o vento, olhando desconfiado para o aeronauta e para as pessoas que ouviam a entrevista. Impressionado com a seriedade como todos escutavam aquelas declarações insensatas, decidiu anotá-las a contragosto. Todos aqui devem ser malucos como ele, pensou o rapaz. Só espero que essa coisa caia longe da minha cabeça.

Enquanto isso, Alberto cumprimentava uma linda moça e respirava deliciado o seu perfume floral.

– *Salut, Marcelle*, agora não falta mais nada para eu subir ao céu.

E apresentou-a ao jornalista, que a olhava embevecido.

– *Mademoiselle Grandcey*, uma querida amiga e admiradora da aerostação. Este senhor é jornalista de *L'Illustration*.

Marcela inclinou a cabeça. Usava um gracioso chapéu, inspirado nos quepes dos aeronautas. Com a força do vento, o vestido azul escuro moldava-lhe o corpo curvilíneo, atraindo todos os olhares masculinos. Segurava nas mãos uma sombrinha rendada, da mesma renda branca que lhe escondia o busto. Seu rosto de maçãs salientes e a tonalidade dos olhos cinza-azulados tinham algo de eslavo. A pele clara estava corada de sol.

Archdeacon, com sua corte de admiradores, aproximou-se para saudar Marcela. O repórter aproveitou para repetir a pergunta.

– Como pretende subir e descer no ar com o seu submarino... quero dizer, com o seu dirigível, senhor Santos Dumont?

Ignorando a ironia, Alberto mostrou-lhe dois pesos suspensos por cordas à frente e atrás do balão.

– Com este sistema de pesos deslocáveis, mais ou menos como acontecia no *Nautilus*, poderei modificar o centro de gravidade de todo o sistema.

– Como assim?

– Puxando o peso dianteiro, farei a proa elevar-se. Puxando o peso traseiro, pretendo produzir o efeito oposto.

– Pretende?! Não tem certeza?

Alberto olhou fundo nos olhos do repórter.

– Só tenho certeza de uma coisa, senhor. É de que vou subir daqui a pouco nesse balão e que farei tudo para dirigi-lo no céu.

Nesse momento, Marcela destacou-se das pessoas que a cercavam e aproximou-se de Alberto. O rapaz inclinou a cabeça para o repórter e caminhou com a moça em direção ao local onde Lachambre e Machuron o aguardavam para a pesagem. Estranhando o silêncio de Marcela, em geral muito comunicativa, parou e interrogou-a.

– O que houve? Tem algo errado?

– Não sei, mas estou preocupada. Ernest e os outros acham que você deveria seguir os seus conselhos e não levantar deste lugar com o balão.

Sem tirar os olhos dos lábios rosados de Marcela, Alberto suspirou.

– Archdeacon e os irmãos Aimé foram ontem à noite na minha casa e eu gastei uma garrafa do meu melhor *cognac* para explicar-lhes tudo. Mas parece que eles não entenderam que a subida de um balão com motor não pode ser igual à de um balão esférico.

– E por que não? Perdoe *chéri*, mas eu não entendo a diferença.

Alberto olhou fundo nos olhos enevoados de Marcela.

– Está bem. Não quero que você fique preocupada. Vou explicar-lhe com toda calma e talvez você possa convencer aqueles cabeçudos. Preste bem atenção. Vamos imaginar que o meu balão fosse esférico e sem motor, como o *Brasil*. Numa manhã ventosa como esta, eu mandaria os ajudantes colocar o balão lá do outro lado do campo, o mais longe possível das árvores, para evitar uma colisão no momento da subida. A velocidade do vento me ajudaria na força ascensional.

Num gesto espontâneo, Marcela pegou as mãos de Alberto.

– É isso mesmo que todos me disseram. E me parece que estão certos.

– Estariam certos se o meu balão fosse sem motor. Com o meu dirigível, eu vou ligar o motor com a maior rotação possível e jogá-lo contra o vento.

– Contra o vento?! Mas para quê?

– Para não atravessar o campo com demasiada rapidez. Se eu sair a favor do vento, como eles querem, a força do motor somada à força do vento me fariam atravessar o campo tão depressa que eu iria me espatifar contra as árvores antes de subir.

– Você acha, mesmo?

– Tenho certeza.

– Então por que todos os seus amigos aeronautas têm opinião diferente?

– Não sei.

Terminada a pesagem, apesar de todos os argumentos de Alberto, seus amigos, apoiados por Lachambre e Machuron, acabaram impondo seus pontos de vista. O balão foi colocado o mais longe possível das árvores, para subir a favor do vento. Em poucos minutos, tudo estava pronto para a partida.

Muito descontente, Alberto entrou na barquinha e, ajudado pelo mecânico Chapin, fez o motor funcionar. A seu pedido, não haveria nenhuma cerimônia especial. Quando o motor atingiu cento e vinte rotações por minuto, a rapaz fez o sinal da cruz e ordenou o *Lâchez tout*! Numa velocidade inicial de oito metros por segundo, logo acelerada pelo vento, o dirigível atravessou o campo rapidamente e rebentou-se contra as árvores.

Um grito de consternação saiu de todas as bocas. Muitos correram para o local onde Alberto caíra, meio enrolado nas cordas do balão. O jornalista de *L'Illustration* chegou na frente de todos e ajudou o aeronauta a levantar-se.

– O que aconteceu, *Monsieur* Santôs? Por que o balão não subiu?

Alberto olhou para os estragos e passou a mão direita no cabelo despenteado.

– Porque eu fui burro o suficiente para contrariar a minha própria opinião.

– E agora? O que vai acontecer?

– Agora não vai acontecer nada. Mas daqui a dois dias, pode anotar aí para o seu jornal, eu voltarei aqui com o meu balão costurado e passarei por cima dessas árvores na primeira arremetida. Mas voando contra o vento, como era o meu desejo.

Desviando os olhos do motor emborcado e do balão que perdia todo seu gás por diversos furos, o rapaz aceitou o braço de Marcela e saiu manquejando à procura do chapéu.

Na manhã do dia 20 de setembro, como havia prometido, Alberto chegou ao Jardim da Aclimação no seu novo automóvel, um *Buggy* importado dos Estados Unidos. A seu lado vinha o mecânico Albert Chapin, parecendo grande demais para o espaço que ocupava. Movido por um motor elétrico, o carrinho sem capota movia-se silenciosamente sobre o gramado. Lachambre e Machuron já estavam em atividade. Preso ao solo pela cordoalha atada a duas filas de sacos de areia, o balão cilíndrico começava a ser enchido com hidrogênio.

Apesar da hora matinal, muitas pessoas já se aglomeravam em torno do dirigível. Os jornais de Paris haviam dado destaque ao acidente e à promessa do aeronauta de repetir a tentativa dois dias depois. Chapin franziu o nariz adunco sobre o bigodão que lhe escondia os lábios.

– *Que du monde...* Como tem gente que não trabalha nesta cidade! Um bando de vagabundos.

Alberto estacionou junto às árvores e olhou em torno com o rosto sorridente.

– Por isso é que eu gosto de Paris. Duvido que haja no mundo um povo tão entusiasta com as novas invenções.

– Em primeiro lugar, essa gente não pode ser chamada de povo. E quase todos esses ricaços desocupados, pode ter certeza, só estão aqui para vê-lo espatifar-se no chão.

Acostumado com os resmungos do mecânico, Alberto desceu do carro e bateu a poeira da roupa.

– Muitos deles não demora serão seus vizinhos.

Chapin olhou-o intrigado.

– Na rua do Coliseu?

– Exatamente. O nosso futuro aeroclube vai instalar-se quase ao lado da sua oficina.

– Toda essa gente endomingada? Muito obrigado. É o tempo de eles chegarem e eu volto correndo para a minha cidadezinha no *Tarn*, de onde nunca deveria ter saído, aliás.

Deixando Alberto cercado por amigos e curiosos, o mecânico afastou-se com uma lata de gasolina nas mãos. Para evitar riscos durante o enchimento do balão, o combustível só seria colocado no motor alguns minutos antes da subida. Apesar da temperatura amena e do vento que movia as folhas das árvores, Chapin sentia o suor brotar-lhe do pescoço e das axilas. Ocupado durante as últimas 48 horas com a recuperação do motor e de seus acessórios, somente agora voltara a pensar no voo. Juro que nem pago a peso de ouro eu entraria nesta barquinha. E olhou desolado para o cesto de vime com menos de um metro de altura que já servira ao *Brasil*. Com as pás da hélice em primeiro plano, a barquinha pareceu-lhe uma miniatura dos moinhos de vento que ainda sobreviviam nas colinas de Montmartre.

Depois de conversar com seus auxiliares, Chapin agachou-se para examinar os parafusos que fixavam o motor à barquinha. E lembrou-se da primeira visita que recebera de Alberto há dois meses atrás. Socialista convicto, conterrâneo e grande admirador do deputado Jean Jaurès, o mecânico olhara com desprezo para aquele *dandy* e duvidara que ele entendesse alguma coisa de mecânica. Mais por curiosidade do que pelo pagamento, acompanhara-o ao *Bois de Boulogne* para testar o motor do triciclo. Surpreendido com o sucesso da prova, concordara em trabalhar no projeto. E apegara-se ao brasileiro no dia a dia da oficina, onde Alberto despia o paletó de tecido caro, arregaçava as mangas da camisa de seda e trabalhava com as mãos como o melhor dos mecânicos.

Ainda agachado, Chapin revisou atentamente o motor do dirigível. Aliás, dois motores de triciclo acoplados em um único cárter. Ideia do brasileiro que lhe parecera fantasiosa, apesar dos desenhos detalhados que ele fizera para facilitar o trabalho. Os dois cilindros acionavam a mesma biela e eram alimentados com um só carburador. Com essa modificação, elevaram a capacidade da máquina para 3,5 cavalos, quase sem aumentar-lhe o peso. Bastava agora que tudo aquilo funcionasse em pleno voo. E Chapin olhou desconfiado para o céu, onde o vento arrastava algumas nuvens preguiçosas em direção ao sul.

Poucos minutos antes do início da prova, uma multidão cercava o dirigível. Visto de frente, já suspenso a uns dez metros de altura, o balão parecia uma enorme bala de canhão. Sua extremidade aguçada fora projetada para fender o vento. Façanha que os incrédulos negavam àquela delicada seda japonesa.

De repente, ouviu-se o roncar do motor e as pás de alumínio começaram a girar rapidamente. Graças a um tacômetro fixado à hélice, Alberto e Chapin foram contando as rotações até atingirem o número desejado. O aeronauta entrou na barquinha e admirou-se como Lachambre e Machuron estavam com as fisionomias tensas. Lembrando-se da partida do *Águia*, verificou se a extremidade do cabo-pendente estava bem fixada e falou com voz forte:

– Larguem tudo!

Avançando lentamente contra o vento, o balão foi ganhando altura e transpôs com facilidade o cimo das árvores. Muito emocionado, Alberto sentiu o vento bater-lhe no rosto e no peito, como se estivesse na proa de um navio. Firmou o quepe na cabeça e olhou para baixo. Acenando com os chapéus brancos, o povo o saudava em delírio. E não era para menos. Além da precisão da subida, era a primeira vez que ouviam um motor roncando nos céus de Paris.

Chegara agora o momento há tanto tempo esperado. Mantendo-se a baixa altitude, o aeronauta lançou o cabo-pendente e ajustou-o para que alguns metros de corda arrastassem no chão. Sob a ação combinada do propulsor, que lhe dava movimento, e do leme, que lhe dava direção, fez o balão deslocar-se para a esquerda numa grande curva. Depois inverteu a direção do leme e voou para a direita, sempre deixando no centro dos círculos a multidão que se adensava.

Completada a primeira manobra em perfeita estabilidade, Alberto deslocou o saco de areia suspenso atrás da barquinha, fazendo o balão erguer a proa e subir alguns metros em plano inclinado. A seguir, já quase atingindo uma nuvem, inverteu a posição dos pesos, fazendo a proa baixar-se e o balão perder altura. A cada manobra bem-sucedida, olhava para o gramado e sentia a reação do povo.

Convicto de que poderia dirigir o balão, Alberto recolheu o cabo-pendente e elevou-se a quatrocentos metros de altura. Dali, a paisagem era deslumbrante nos quatro pontos cardeais. Firmando o leme em direção nordeste, tomou como rumo o curso da *Avenue de la Grande Armée*. Poucos minutos depois, usando o Arco do Triunfo como ponto central, sobrevoou num amplo círculo a *Place de l'Étoile*. Olhando para baixo, sorriu ao ver a confusão habitual do trânsito. Parecendo brinquedos em miniatura, carroções, ônibus e *tramways* disputavam espaço com muitas bicicletas e pedestres indisciplinados. Lembrando-se da primeira vez que circundara o Arco do Triunfo com seu automóvel Peugeot, há sete anos, Alberto sentiu-se livre como um pássaro. E desviou a mente do cheiro de estrume pisoteado e da gritaria dos cocheiros que procuravam passar-lhe à frente, chicoteando brutalmente os cavalos.

Respirando o ar puro com delícia, não sentia enjoo nenhum. Até a tangagem, que tanto temera antes do voo contra o vento, transmitia ao balão apenas um movimento macio, como um simples deslizar. Nada a ver com o balanço de sobe e desce dos navios, sempre iniciado e terminado por baques no côncavo e na crista das ondas. Sensação que remexia com as tripas dos pobres passageiros, já submetidos ao cheiro da pintura e do alcatrão, aos bafios da cozinha, ao calor das caldeiras, à fumaça das chaminés e às emanações dos porões.

Além disso, quando o vento forte lhe inflava o paletó e a camisa, podia poupar o motor manobrando para cima ou para baixo, em busca de uma corrente mais calma. E esses movimentos em plano inclinado o empolgavam como a maior de todas as conquistas aéreas. A não ser nos sonhos de Júlio Verne, pensou ele, nenhum homem conseguira sentir no próprio corpo a sensação de deslocar-se numa nova dimensão. Pregados à superfície do planeta, nossos espíritos nunca abandonam a dimensão plana, mesmo quando os corpos se elevam no ar. Isso é tão verdadeiro que o aeronauta, dentro de um balão esférico, não percebe a menor impressão de movimento, mas apenas a sensação de que a Terra desce sob ele. Enquanto eu sinto o vento no meu rosto, no meu peito, e vejo esse lindo estandarte verde-amarelo tremulando nas cordas do balão.

De repente, Alberto deu uma gargalhada. Finalmente, meu Deus, eu deixei de ser um rato pendurado a um balão ao sabor do vento. E, exaltado ao extremo, seguiu em linha reta a avenida dos *Champs Elysées*, em direção à Agulha de Cleópatra.

Menos excitado, olhou para os telhados com suas chaminés eriçadas e pensou pela primeira vez numa queda. Melhor não exagerar com este voo. Já provei o que tinha que provar e é melhor voltar ao Jardim da Aclimação. Assim pensando, manobrou o balão para boreste e sobrevoou as obras do *Grand Palais*, já em fase de conclusão para os festejos do novo século. Deixou para a esquerda a ponte Alexandre III, também em construção, e resistiu ao impulso de sobrevoar a Torre Eiffel. O sol quase a pino tirava reflexos prateados das águas do Sena. Alberto tirou os olhos da sombra do balão sobre o rio e localizou no horizonte a elipse do hipódromo de Longchamp, bem destacada dentro do *Bois de Boulogne*. Pensando que circundar a pista seria um ótimo treinamento, para lá dirigiu o balão.

Sem mexer na válvula de gás, usando somente os pesos e a força do motor, foi perdendo altura até sobrevoar a pista de corridas. Foi então que ouviu um ruído e ergueu a cabeça. O balão dobrava-se como um canivete, com as extremidades para cima. Alberto sentiu um arrepio percorrer-lhe a espinha. Mas entendeu logo o que estava acontecendo. Ficara tempo demais em altitudes que haviam feito o gás dilatar-se. E agora, ao descer para camadas mais densas, o balão perdera repentinamente a pressão e podia partir-se a qualquer momento. Trabalhadas por forças desiguais, as cordas que sustentavam a barquinha também arriscavam romper-se.

A proximidade da morte, para seu espanto, encheu-o de curiosidade. O que irá acontecer? O que vou ver e saber dentro de alguns minutos? Será que verei alguma coisa depois de morto? O balão caía rapidamente. Alberto pensou no pai. Será que iria encontrá-lo? Asneiras, tudo isso são asneiras. Preciso reagir. Era melhor que eu sentisse medo. Quem tem medo é porque ainda tem esperança.

Tudo se passava com extrema rapidez. Olhando para baixo, Alberto viu um papagaio de papel colorido a poucos metros abaixo do balão. E logo surgiram outros, com suas longas caudas ao vento. Sobre um campo que reconheceu como a *pelouse* de Bagatelle, alguns meninos sustinham os fios dos papagaios como linhas de pescar. Uma súbita ideia veio à mente do brasileiro. Jogando o cabo-pendente pela borda da barquinha, desligou o motor e gritou para os meninos com toda força dos pulmões:

– PEGUEM A CORDA! PUXEM O BALÃO CONTRA O VENTO!

Um dos garotos largou o fio da pandorga e agarrou-se ao cabo-pendente.

– VOCÊS TAMBÉM! TODOS VOCÊS! PUXEM O BALÃO CONTRA O VENTO!

Logo uma dúzia de meninos pendurava-se à corda, como um enxame de abelhas, e corria pelo campo puxando o balão. Abandonados pelos donos, os papagaios coloridos subiram livres pelo céu. A barquinha bateu no chão e foi arrastada com violência. Mas a manobra dos meninos impedira o impacto da queda livre. Alberto estava salvo.

PARIS E SEUS ARREDORES, VERÃO DE 1901

Vestindo roupas simples e folgadas, a mulher de cabelos grisalhos trabalhava em seu jardim. Ajudada por um velho de rosto queimado de sol, regava um a um os pés de roseiras, erguendo depois os olhos azuis para as flores como se fossem seres vivos. E são vivos, pensou ela. Papai dizia que as rosas são como princesas a serem cortejadas. E lembrou do homem afável, de barbas louras, exatamente como o vira na infância.

Como eram lindos os roseirais de Petrópolis. Quando chegava a cavalo dos passeios matinais, quase sempre com o pai e Leopoldina, a irmã mais moça, sua mãe costumava estar cuidando das rosas. Quem os visse ali juntos, na vida tranquila do palácio de verão, poderia confundi-los com uma família comum. Ou, pelo menos, com uma família da nobreza, mas despreocupada com assuntos de Estado. Seu pai amava a natureza, e a mãe, depois da morte dos dois filhos pequenos, Afonso e Pedro, só era feliz naquele palácio do alto da serra.

Com apenas quatro anos de idade, a menina fora declarada herdeira do trono do Brasil. Um país do tamanho da Europa, como o velho Marquês de Sapucaí lhe explicara, diante de um mapa pintado à mão. E ela, tão pequenina ao lado do preceptor austero e daquela imensidão verde-amarela, começara a aprender os nomes das províncias, das cidades, dos rios e das montanhas, muitos deles herdados da língua sonora dos índios tupis-guaranis.

No alto do mapa, cortando o norte do Império desde a fronteira do Peru até o oceano Atlântico, o rio Amazonas ainda hoje povoava a sua imaginação. Sabia de cor os nomes de todos seus afluentes, e algumas noites, quando perdia o sono, descia o Amazonas mentalmente, enumerando um a um os rios que deságuam nele. O Negro, o Branco, o Madeira, o Tocantins, o Tapajós, o Xingu e tantos outros mais. Todos eles juntando forças para formar a pororoca, o incrível choque das águas doces do rio com as águas salgadas do mar. E ela deixara o Brasil sem nunca ter visto aquela luta de gigantes.

Diante de um canteiro de rosas brancas, oriundas de Nápoles, lembrou-se outra vez da mãe. Naquela cidade nascera a Imperatriz do Brasil, três anos mais velha que D. Pedro II. Tereza Cristina de Bourbon, contrariando o caráter dominador das mulheres da sua dinastia, onde despontara a terrível Carlota Joaquina, era só candura e bondade. Além do amor às flores, houve tempo em que gostara de tocar piano e cantar, ensinando às filhas lindas canções napolitanas.

D. Pedro II, então com 17 anos, mandara buscar a noiva por uma esquadra de três navios de guerra. No dia 21 de maio de 1843, os veleiros fundearam no porto de Nápoles e no dia 30 celebrou-se a bênção nupcial na capela do palácio. Um casamento político, feito na presença dos pais de Tereza Cristina, o rei e a rainha das Duas Sicílias, mas na ausência do noivo. Este ficara lá no Rio de Janeiro, a semisselvagem capital de um Império sacudido por muitas revoluções, tendo apenas da futura mulher um retrato em miniatura. E, nesse retrato feito por um pintor lisonjeiro, não podia adivinhar que o lindo rosto pertencia a uma princesa baixotinha e coxa de nascença.

Tereza Cristina, por ser feliz no casamento, contara essa história às filhas adolescentes com muito bom humor. Talvez para não assustá-las com a próxima chegada ao

Brasil de dois nobres escolhidos para casarem com elas. O alemão Augusto, Duque de Saxe, estava destinado a Isabel. O francês Gastão, Conde D'Eu, a Leopoldina. Se as princesas gostassem ou não dos noivos, isso não alteraria as decisões diplomáticas. Isabel tinha 17 anos, Leopoldina 16, e o Império necessitava de herdeiros. Não contavam os políticos com a determinação de Isabel, com o calor do seu sangue italiano. Apaixonou-se por Gastão de Orléans à primeira vista. E foi correspondida de tal forma que o Imperador concordou com a troca de noivos.

Trinta e sete anos depois, naquela manhã ensolarada de Paris, Isabel sorriu ao lembrar-se do seu casamento. E recordou com ternura do noivo, aquele rapagão de vinte e dois anos de idade, esbelto e forte dentro do seu uniforme de gala. Sobre o largo peito que enfrentara as cimitarras mouras, brilhava o colar da Ordem da Rosa, que D. Pedro II lhe concedia em nome do Império do Brasil.

– Senhora, a água acabou. Deseja que eu vá buscar mais?

Surpreendida na intimidade de seus pensamentos, Isabel olhou para o jardineiro, custando a entender-lhe a pergunta.

– Sim... pode trazer. Mas vamos regar apenas os canteiros do lado da sombra.

– Foi o que eu pensei, Condessa. Ainda não são oito horas, mas o sol já está muito quente. Posso ir agora?

– Vá. E traga-me também a podadeira pequena. Quero colher algumas rosas.

Olhando as costas curvadas do jardineiro, Isabel pensou na sua ama, na tranquila e meiga Rosa de Santana Lopes, a *Minha Rosa*, como a chamava quando pequena. Sempre as rosas na sua vida. Até o Papa Leão XIII, em agradecimento pela lei que libertara os escravos, lhe mandara uma pequena rosa de ouro.

Mas havia também as camélias. As famosas camélias

do Leblon, cultivadas por escravos fugitivos. Naquele local distante do centro do Rio de Janeiro, formara-se um quilombo diferente de todos os demais. Um quilombo protegido pela princesa imperial. Os donos dos escravos fugidos ringiam os dentes e acusavam a polícia de negligência. Dois anos antes da abolição da escravatura, era uma afronta aqueles negros vivendo livres e cultivando camélias para a Princesa Isabel.

Emocionada, a mulher de cabelos grisalhos buscou um lenço no bolso do avental e enxugou os olhos. De uma certa maneira, trocara um Império por aquelas flores. Um ano depois da assinatura da Lei Áurea, que aboliu a escravatura no Brasil, a força dos escravagistas precipitou a proclamação da república. Enojado pela traição do general Deodoro da Fonseca e para evitar um banho de sangue, D. Pedro II aceitara partir para o exílio. O velho almirante Tamandaré implorara ao Imperador para enfrentar os traidores. A Marinha não se rebelara e teria sido fácil virar os canhões dos navios para os quartéis da cidade. Mas seu pai sabia que muitos inocentes morreriam.

Na calada da noite, como os antigos escravos fugitivos, a família imperial abandonou o palácio apenas com as roupas do corpo. Mas o velho Imperador não dobrara a espinha. Caminhava ereto e imponente, parecendo ainda mais alto ao lado da pequena Imperatriz, que se apoiava trêmula no seu braço.

A bordo do navio que os levava para Portugal, no dia 2 de dezembro de 1889, comemorou-se o aniversário de D. Pedro II. Completava ele 64 anos de idade, mas parecia um ancião, com o rosto cansado e a barba branca de patriarca. Rei desde os 14 anos, quase meio século de governo havia minado a sua saúde. Atravessando com coragem todas as tormentas, conservara unido o imenso Brasil. E, mesmo a caminho do exílio, conservava acesa a chama do seu patriotismo.

Depois de receber as homenagens e brindes da família e de alguns poucos amigos mais fiéis, D. Pedro II ergueu a taça em direção às águas que ficavam para trás e depois olhou fundo nos olhos tristes da princesa. Com voz forte, lhe disse: "Menina, ouça o meu brinde: À prosperidade do Brasil!" E ela, tomando o braço de André Rebouças, o famoso engenheiro negro que acompanhava espontaneamente os exilados, segredou-lhe, emocionada: "Meu pai tem razão, mas, se eles fizerem mais escravos no Brasil, nós voltaremos para libertá-los".

– Está aqui o regador, Condessa, e a podadeira que mandou buscar. *Madame Sophie* pede para a senhora passar na cozinha para tratar do almoço. Ela teimou comigo que o senhor Conde chegará ainda esta manhã.

Num gesto distraído, Isabel acomodou um grampo do coque que lhe prendia os cabelos.

– Não, Cirilo, meu marido não voltará hoje, infelizmente. Ele tem muitas ocupações no castelo de Dieppe. E, com nossos três meninos espalhados por este mundo de Deus, é certo que vou almoçar outra vez sozinha naquela mesa enorme.

Nossos meninos. Que bom quando eram meninos. Nós todos juntos no palácio Isabel, nas Laranjeiras. O meu Gastão sempre gentil e delicado com a família. Meu pai presenteando os netos com livros e mandando jogar no lixo os soldadinhos de chumbo. Como ele gostaria de vê-los agora... Pedro com 26 anos, Luís com 23 e Antônio com quase 20. Ainda bem que o meu aniversário é daqui a poucos dias. Com a graça de Deus, meus quatro homens estarão aqui junto de mim.

Isabel aproximou a podadeira afiada do caule de uma rosa vermelha e hesitou, aspirando-lhe o perfume. Antes que se decidisse a cortá-la, ouviu nitidamente o ruído de um motor que falhava. Mas o incrível era que o som vinha do céu. O jardineiro também baixara o regador e olhava estarrecido para o alto. Muito próximo do telhado de ardósia do palácio, aproximava-se um balão em forma de charuto. Ao passar sobre o jardim, sempre perdendo altura, o motor parou completamente. Isabel deixou cair a podadeira a seus pés. Debaixo do balão amarelo, dentro de uma barquinha minúscula, estava um homem de camisa branca e gravata vermelha. Parecia tranquilo nos comandos. E o balão continuava a cair.

– Meu Deus, Cirilo... Que coisa horrível! O que nós podemos fazer por ele?

O velho tirou o chapéu de palha e fez o sinal da cruz. Isabel correu em direção ao muro dos fundos da propriedade. Com surpreendente agilidade para os seus quase sessenta anos, atingiu o portão rapidamente e abriu-o. Uma lufada de vento atingiu-a no rosto. Protegeu os olhos com a mão em pala e viu o balão passar ao lado do castelo vizinho e desaparecer entre as árvores do parque. Logo em seguida, ouviu um estouro, como o de um saco de papel cheio de ar, quando se bate com a mão aberta. Arquejante, falou ao jardineiro que firmava o portão aberto contra o vento.

– Mande o Marco ir até lá de bicicleta. Que não perca tempo e me traga notícias daquele pobre homem.

– Sim senhora, sim senhora.

O jardineiro largou o portão que fechou com estrondo. Só então Isabel sentiu que seu corpo todo tremia e lembrou-se de rezar.

Meia hora depois, com o rosto acalorado e a voz aguda, o criado Marco contou-lhe que o balonista se salvara. A barquinha ficara presa num galho alto e ele descera de lá sem sofrer nenhum arranhão.

– Graças a Deus...

– Amém Jesus.

– Tem alguém lá com ele?

– Chegaram dois automóveis cheios de gente e o pessoal do castelo botou uma escada na árvore onde caiu o balão. O moço subiu nela e está tirando o que pode lá de cima. Gente não falta, até o Barão está lá no bosque.

– O Barão está lá? Pensei que não saísse mais de casa por causa da gota.

– Pois ele está lá. E, quando eu disse que a senhora pedira notícias do acidente, ele me disse para esperar e lhe mandou este bilhete.

– Um bilhete do Barão? Por que você não falou antes?

Marco fez uma careta.

– Porque a senhora não me deu tempo.

E, firmando a bicicleta com a mão esquerda, tirou do bolso um papel dobrado e entregou-o à Condessa. Isabel procurou os óculos no bolso do avental, colocou-os com mão trêmula e leu rapidamente.

"Prezada Condessa, saudações.

Seu compatriota Monsieur Santos Dumont caiu sobre um dos meus castanheiros com seu balão dirigível. Trata-se de um valente moço que honra o vosso distante país. Saiu incólume do acidente, após haver voado durante quarenta minutos, inclusive contornando a Torre Eiffel. Segundo me disse, quer recuperar logo o que sobrou do seu dirigível, porque pretende repará-lo e voltar a voar logo que possível.

Pode ficar tranquila que ele está sob a minha proteção.

Um humilde servidor de Vossa Alteza,

Barão de Rothschild"

Santos Dumont... Então era ele. Como todos os habitantes de Paris, Isabel acompanhava pelos jornais as façanhas do "brasileiro voador". Mas nunca imaginara que um dia ele passaria voando sobre a sua cabeça. E, pensativa, encaminhou-se para a cozinha para falar com a governanta.

Alguns minutos depois, acomodada em sua poltrona preferida, Isabel lia atentamente as últimas edições de

L'Illustration, que seu marido colecionava. Nessa revista e na curiosamente chamada *La vie au grand air*, encontrou diversas fotografias dos balões dirigíveis de Santos Dumont. E descobriu que, não muito longe de seu palácio, em Saint-Cloud, estava situado o parque do *Aéro-Club de France*. Em terreno vizinho, Santos Dumont tinha mandado contruir um hangar para os seus balões dirigíveis. Assim, como um cocheiro ou um automobilista, ele podia guardar seu veículo após cada passeio. Não era mais necessário, como no passado, encher o balão para subir e murchá-lo para descer. Se houvesse alguma perda de gás entre uma e outra saída *au grand air*, bastava completar o volume, antes do próximo voo. Para isso, o brasileiro possuía no hangar a sua pequena fábrica de hidrogênio. Além da oficina para conserto e ajuste de motores.

Numa edição de maio de 1901, ou seja, publicada há apenas dois meses, encontrou uma fotografia do "balão dirigível Santos Dumont nº 5", o mesmo que acabava de cair no belo parque de Edmont de Rothschild. E reconheceu dentro da barquinha, parecida com um cesto comum de roupa suja, o moço tão falado na cidade de Paris. Tomou de uma lente de aumento e admirou-se da maneira elegante como estava vestido. Chapéu *canotier*, que no Brasil era chamado de "picareta", camisa branca de colarinho alto, gravata-borboleta, colete abotoado e paletó escuro. Em outra fotografia de edição mais recente, conseguiu estudar-lhe o rosto. E gostou da seriedade da sua fisionomia, ainda tão moça. Os cabelos bem penteados para trás, a testa ampla, os olhos grandes, o nariz bem desenhado e um bigode aparado nos cantos da boca. O queixo pareceu-lhe firme, voluntarioso, mas não arrogante. Na entrevista, revelava sua decisão de vencer o Prêmio Deutsch, instituído pelo Aeroclube de França para o primeiro aeronauta que conseguisse provar na prática a dirigibilidade dos balões.

Cada vez mais curiosa, Isabel esqueceu das outras atividades que havia programado para aquela manhã. Esqueceu mesmo de tomar seu remédio contra erisipela, o que fazia sempre às dez horas em ponto. Já quase ao meio-dia, com os olhos ardendo e pilhas de jornais e revistas a seus pés, entendeu finalmente o que era o Prêmio Deutsch e quais eram as suas normas.

Henri Deutsch de la Meurthe, um dos mais destacados membros do Aeroclube de França, ficara milionário com vários negócios no ramo do petróleo. Apaixonado pela aeronáutica, instituíra em abril de 1900, dentro das comemorações do novo século, um prêmio de cem mil francos a ser conferido pela Comissão Científica do Aeroclube. Seria vencedor o primeiro aeronauta que, pilotando seu balão dirigível ou aeronave a partir do parque de aerostação de Saint-Cloud e, sem tocar em terra, unicamente por seus próprios meios, após descrever uma circunferência tal que nela se encontrasse incluso o eixo da Torre Eiffel, conseguisse voltar ao ponto de partida, no tempo máximo de meia hora.

Isabel remexeu no bolso do avental e encontrou o bilhete do Barão Rothschild. Releu-o atentamente e entendeu o seu significado. Seguramente Santos Dumont havia tentado vencer o Prêmio Deutsch naquela manhã e falhara na tentativa. Além de ter ultrapassado o prazo máximo em dez minutos, ainda sofrera aquele acidente, sem dúvida causado pela falha do motor. E agora estava juntando os cacos do seu dirigível para tentar de novo. Será que estaria fazendo tudo aquilo por dinheiro? Isabel sentiu nascer em si uma ponta de decepção.

Sacudindo a cabeça, procurou a revista onde o aeronauta fora entrevistado, localizou a fotografia em *close* do seu rosto e estudou-o atentamente. Não é possível, pensou. Um jovem aparentemente rico, com esta cara honesta, não faria sua mãe infeliz apenas por dinheiro. E, quando encarou a governanta, fez-lhe repetir a pergunta com ar de desafio.

– O que deseja, Sofia?

– *Madame la comtesse est servie.* O almoço está na mesa.

Sentindo o cheiro de comida que vinha da sala ao lado, Isabel descobriu que estava com fome. E pensou naquele moço brasileiro que deveria estar ainda lutando para salvar os restos do seu balão. Certamente, levantara-se muito cedo e, na expectativa do voo, não deveria ter tomado um bom café da manhã. Além disso, conforme lhe dissera Marco, outras pessoas, seus amigos provavelmente, tinham chegado em dois automóveis para ajudá-lo. O Barão Rothschild, com sua proverbial sovinice, não iria convidar a todos para almoçar. Caberia a ela resolver aquele assunto.

– Sofia, o que tem para o almoço?

A governanta, impecável em seu uniforme engomado, estranhou a pergunta mas respondeu educadamente.

– Conforme a senhora ordenou, por causa do calor, tem apenas frango assado, salada verde e frutas frescas como sobremesa.

– Está bem. Mande cozinhar meia dúzia de ovos e colocar junto com o frango dentro de uma cesta. A salada fica para mim. Mande também pão, queijo e duas garrafas de vinho. Garrafas abertas, só com a rolha pela metade. Entendeu? E ponha junto alguns copos. Quero mandar essa cesta o mais rapidamente possível.

– Sim, senhora. E para quem devo mandar a cesta?

– Para esse pobre moço que caiu com o balão e para seus amigos. Marco sabe onde eles estão. Mas é melhor que ele almoce primeiro, para não mexer em nada... E mais uma coisa, Sofia...

– *À votre service, madame.*

– Antes de mandar o almoço, fale comigo para eu lhe entregar um bilhete que enviarei junto.

Sorrindo feliz para a governanta que a olhava intrigada, Isabel levantou-se e abriu uma gaveta da escrivaninha.

Tirou uma folha de papel com o timbre do Conde D'Eu, escolheu uma pena de aço, sentou-se e molhou a pena no tinteiro.

"13 de julho de 1901.
Senhor Santos Dumont.
Queira aceitar este pequeno lanche como prova da minha admiração e grande alívio, após o susto que levei com a sua queda. Se tiver tempo, venha ver-me. Terei imenso prazer em conhecê-lo. O portador lhe mostrará a minha casa, aqui bem próxima.
Se me for possível ser-lhe útil em mais alguma coisa, estou a seu dispor.
Isabel, Condessa D'Eu".

Alberto leu o bilhete e sentiu-se comovido. Realmente, despertara às três horas da madrugada e não comera nada naquela manhã. A delicadeza do gesto da Condessa D'Eu, para ele a Princesa Isabel, redentora dos escravos do Brasil, após o acaso de ter caído tão próximo de seu palácio, parecia-lhe um fato extraordinário. Crente nos bons augúrios do destino, reuniu seus amigos em torno da cesta e dividiu com eles o almoço. Como num piquenique, a toalha foi esticada sobre a grama e cada um tratou de mastigar o seu pedaço. O mecânico Chapin, que detestava a nobreza, aceitou apenas um copo de vinho.

Pouco depois das três horas da tarde, Henri Lachambre chegou num fiacre para levar o invólucro rebentado do balão à sua oficina, em Vaugirard. Alberto discutiu alguns detalhes do conserto com ele e instruiu também Chapin para levar o motor avariado em um dos automóveis até o hangar de Saint-Cloud. Suarento, pediu licença ao Barão para entrar no castelo e lavar o rosto. Diante do espelho da *salle de bains*, depois de pentear os cabelos molhados, começou a colocar a gravata e interrompeu o gesto. Estava decidido a ir imediatamente visitar a Princesa, e aquela gravata vermelha, um símbolo republicano, poderia parecer uma indelicadeza. E ele não queria ferir em nada a sensibilidade daquela bondosa mulher.

Voltando ao parque, abordou seus amigos Emmanuel Aimé, Georges Goursat e Pedro Guimarães, explicando-lhes rapidamente a situação. Trocou rapidamente com Pedro a gravata vermelha por uma branca, sob o olhar irônico de Chapin. E partiu sozinho no seu *Buggy* elétrico para o casarão que o criado lhe indicara.

Avisada da próxima visita, Isabel também cuidara da sua *toilette*, empoando o rosto e colocando um vestido de seda azul, com rendas no busto. Na biblioteca, que servia também de sala de música, passou um dedo sobre a tampa envernizada do piano e tranquilizou-se ao ver que não estava empoeirada. Sentou-se e levantou-se logo, abrindo e fechando o leque nacarado. Junto ao piano, para dar maior amplidão à sala, havia um grande espelho com moldura dourada. Isabel aproximou-se e inspecionou seu rosto com desconfiança. Embora não tivesse dormido após o almoço, achou suas pálpebras inchadas. Arregalou um pouco os belos olhos azuis e botou a língua para o rosto redondo, o nariz grande e a boca pequena, que a desgostavam desde a mocidade.

– *Monsieur Santos Dumont est arrivé,* senhora Condessa.

Isabel virou-se rapidamente para a governanta e apontou-lhe o leque.

– Pode fazê-lo entrar.

Alberto aproximou-se um pouco intimidado. Pela etiqueta, devia dizer algumas palavras e aguardar que a Princesa apertasse ou não a sua mão.

– Bom dia... quero dizer... boa tarde, minha senhora... alteza.

A confusão arrancou dos dois os primeiros sorrisos.

– Boa tarde e muito obrigada por ter vindo.

Isabel avançou alguns passos e apertou a mão de Alberto. Gostou de senti-la áspera e forte. Também ela, trabalhando em seu jardim, perdera há muito a maciez das mãos.

– Sente-se aqui neste sofá. Está com sede? Quer comer ou beber alguma coisa?

Alberto inclinou a cabeça.

– Graças à sua generosidade, não tenho mais sede ou fome. E vim imediatamente agradecer-lhe, em meu nome e no dos meus amigos.

Sentados frente a frente, cumpridas as formalidades iniciais, ficaram ambos em silêncio por alguns momentos. Finalmente, Isabel suspirou, colocando a mão direita aberta sobre o peito.

– Confesso-lhe, meu amigo, que passei hoje por um dos maiores sustos da minha vida. Diga-me, por favor, o que aconteceu exatamente?

Conquistado pela palavra "amigo", Alberto venceu o constrangimento.

– Uma falha no motor... e uma falha minha. Eu sabia que o motor estava funcionando mal e resolvi voar assim mesmo.

– E por quê? Para vencer o Prêmio Deutsch?

O rapaz olhou-a surpreendido.

– Sim e não. Sim, porque eu desejo mesmo conquistar o prêmio. Não, porque voando metade do percurso contra o vento e com o motor falhando, era certo que não conseguiria percorrer o trajeto de onze quilômetros ida e volta em trinta minutos... A senhora conhece as normas do Prêmio Deutsch?

Isabel mostrou-lhe a mesa da biblioteca onde estavam algumas pilhas de jornais e revistas.

– Passei a manhã estudando o assunto. Mas será que cem mil francos valem um risco tamanho?

Disse isso e enrubesceu, porque não queria ofender seu convidado. Alberto sorriu para tranquilizá-la.

– Não sou tão rico como muitos pensam, mas tenho o suficiente para o meu sustento... e o dos meus balões. Por isso, vou contar-lhe um segredo que ainda não contei a ninguém. Não pretendo ficar com um único *centime* desses cem mil francos. Vou distribuir o dinheiro entre os meus auxiliares e os pobres de Paris.

Isabel olhou-o emocionada.

– Desculpe a minha franqueza. Mas confesso que me sinto feliz com a sua resposta. É que também sou mãe e penso como a sua deve sofrer com esses voos.

Alberto baixou a cabeça.

– É verdade. Minha mãe reza muito por mim. Mas também é verdade que as pessoas morrem de uma maneira ou de outra. Meu amigo Alexis Machuron, que foi meu primeiro instrutor e construiu com seu tio Henri Lachambre todos os meus balões, morreu há dois meses de uma pneumonia. Logo ele, que voou tanto em sua vida, morreu moço, na cama, e em meio a um sofrimento atroz.

– ...

– Talvez por isso, eu não tenha medo de voar... Quanto a minha mãe, creio que nunca colocou obstáculos, por saber que era esse o desejo de meu pai.

– Então seu pai é falecido?

– Sim, morreu em 1892. Era um homem muito forte, mas sofreu um acidente que o deixou semiparalítico. Uma queda da sua *charrette* em plena corrida.

Isabel suspirou.

– Meu pai morreu um ano antes, em 1891. Também não conseguiu sobreviver à sua queda, não conseguiu viver longe do Brasil... Mas vamos falar de coisas mais alegres, dos seus voos e da sua vida em Paris. Que idade você tem, se não sou indiscreta?

– Completarei vinte e oito anos dentro de uma semana.

– Apenas dois anos mais velho do que meu filho Pedro... Talvez por isso eu sinta em relação a você essa ansiedade de mãe. Mas conte-me mais sobre o que aconteceu hoje. Por que insistiu em fazer a prova se as condições de vento eram adversas, se o motor estava falhando?

Alberto acomodou-se melhor na poltrona.

– A senhora recorda quando, em plena efervescência do caso Dreyfus, um terrorista jogou uma bomba na Assembleia Nacional?

– Lembro vagamente. Houve tantas loucuras naqueles meses. Por que recorda especialmente dessa?

– Porque o presidente da Assembleia, logo após o estouro da bomba, enquanto a fumaça enchia o recinto e alguns deputados entravam em pânico, sacudiu sua sineta e disse com voz forte: "Senhores, a sessão continua".

– ...

– Pois foi exatamente o que aconteceu hoje comigo. Pelas normas do prêmio, eu tive que avisar por escrito à Comissão Científica que faria a prova e isso com 24 horas de antecedência. Em 24 horas, as condições atmosféricas mudaram completamente.

– Pois então deveria ter simplesmente desistido da prova.

Alberto sacudiu a cabeça.

– A Comissão Científica é presidida pelo Príncipe Bonaparte e composta por grandes figurões do nosso Aeroclube. Às seis e trinta da manhã, muitos de seus vinte e cinco componentes, inclusive o senhor Deutsch de la Meurthe, estavam em Saint-Cloud para cronometrar e fiscalizar a prova. Mesmo em condições adversas de vento e com o motor falhando, eu não poderia decepcioná-los.

– ...

– É isso mesmo, senhora, não se pode mobilizar os padrinhos para um duelo ao amanhecer e fugir da luta no último momento.

A princesa olhou fundo nos olhos do rapaz.

– Que raça, meu Deus! Papai também era assim. Quando foi para a guerra, no Rio Grande do Sul, usou uma frase parecida para justificar a sua coragem... Todos discípulos de D. Quixote.

Alberto olhou-a com simpatia.

– A senhora também lutou e foi valente no momento certo. Eu tinha quinze anos, em 1888, quando a senhora assinou a Lei Áurea. Meu pai não tinha mais escravos na fazenda de café, porque fora um dos primeiros a empregar imigrantes italianos. Mas recordo das lágrimas de um casal de antigos escravos, a querida Ordália e seu marido Damião, que ajudaram a criar a mim e aos meus sete irmãos. Os dois velhinhos de cabeças brancas, chorando ajoelhados diante de um retrato seu.

Isabel deixou duas lágrimas correrem dos seus olhos, antes de lembrar-se de enxugá-las com um pequeno lenço.

– Eu... eu fiz o que o povo brasileiro queria. O que Castro Alves pedira nos seus versos. Mas só o fiz, ocupando a Regência, porque sabia que libertar os escravos era o maior desejo do meu pai.

E, erguendo-se para compor o rosto desfeito, caminhou até a escrivaninha e ficou alguns momentos remexendo em seus papéis. A governanta entrou com uma bandeja e Alberto aspirou com delícia o cheiro de café. Ainda estava com sua pequena xícara pela metade, quando Isabel voltou com um velho jornal nas mãos. Sentou-se e tomou em silêncio o seu cafezinho. Depois colocou os óculos e olhou sobre eles para o rosto atento do aeronauta.

– Minha mãe morreu na cidade do Porto, um mês após o início do exílio.

Alberto ergueu o busto, surpreendido.

– Pois é no Porto que vive a minha mãe.

Isabel tentou sorrir.

– Muitos fatos nos aproximam, meu amigo. E isso me encanta, pelo carinho e sensação de força que me transmite.

– Obrigado, Princesa. Eu também me sinto mais forte na sua presença.

– O senhor conhece Petrópolis?

– Infelizmente não.

– A cidade de Pedro, a cidade que meu pai construiu para viver mais próximo da natureza. Prometa-me que um dia irá até lá e mandará notícias da minha casa, das minhas rosas.

– Eu prometo, senhora. Mas tenho certeza que muito em breve poderá voltar ao Brasil. Meu amigo, o embaixador Antônio Prado, é um dos que lutam por isso.

– Deus queira que um dia eu possa voltar, mas não quero iludir-me... Falei-lhe da morte da minha mãe, porque foi depois desse grande sofrimento que meu pai teve certeza que também iria morrer. E decidiu escrever, em poucas páginas, uma espécie de prestação de contas de sua vida a serviço do Brasil. Trata-se de um dos mais belos documentos da história brasileira. Uma espécie de despedida, que o *Jornal do Commércio* do Rio de Janeiro publicou nesta edição de 27 de maio de 1891.

– ...

Com voz um pouco rouca, Isabel prosseguiu.

– Nestas poucas linhas, meu pai fala de suas lutas passadas e de suas esperanças para o futuro. Defende a justiça social, o ensino público, a liberdade de pensamento e de imprensa. Brada por um Brasil sem ignorância, sem falsa religião, sem vícios e sem distâncias entre os cidadãos. Abre a sua alma e finalmente profetiza as grandes conquistas da ciência, sua maior paixão. E veja aqui, no final... como ele acreditava na navegação aérea, como o senhor a está realizando. Ouça: "Oxalá que a navegação por balões aerostáticos, elevando-se suficientemente nos ares, nos livre das tempestades. O mesmo ocorrerá com os submarinos, aprofundando-se nas águas".

– Interessante, muito interessante.

– Mais interessante ainda é uma notícia que li hoje sobre o sucesso das provas que o submarino francês *Gustave-Zedé* está fazendo na Córsega. É incrível que a profecia do meu pai esteja se realizando, no céu e no mar, praticamente ao mesmo tempo.

Isabel entregou o jornal a Alberto e disse-lhe simplesmente:

– Guarde com você. Seus balões nos céus de Paris fazem-me recordar o voo dos grandes pássaros da nossa Pátria. Meu pai ficaria orgulhoso dos seus feitos. Quando ele morreu, num quarto do *Hôtel Bedfort*, aqui em Paris, nós cumprimos o seu último e único desejo. Colocamos sob a sua cabeça uma almofada cheia de terra do Brasil.

Alguns dias depois, em seu apartamento na Rua Washington, junto aos *Champs Elysées*, Alberto recebeu um pacote com o selo da Maison Cartier. Dentro de um lindo estojo estava uma medalha de ouro. E junto dela uma pequena carta escrita no papel timbrado do Conde D'Eu.

"1º de agosto de 1901.

Senhor Santos Dumont.

Envio-lhe uma medalha de São Bento, que protege contra os acidentes.

Aceite-a e use-a na corrente do seu relógio, na sua carteira ou no seu pescoço.

Ofereço-lha pensando na sua boa mãe e pedindo a Deus que o socorra sempre e o ajude a trabalhar para a glória da nossa Pátria.

Isabel, Condessa D'Eu".

Paris, outono de 1901

Ainda sonolento, naquele início de tarde, o cocheiro ignorava os protestos do passageiro, seu velho conhecido. Sem estalar o chicote, mantinha os dois cavalos a passo, deixando o fiacre ser ultrapassado por todos os veículos. Seguiam pela margem esquerda do Sena, já próximos da Torre Eiffel, semiencoberta por nuvens escuras.

– Será possível ir um pouco mais rápido, Michel? Quero estar no Trocadero antes das três horas.

O cocheiro olhou para o passageiro feioso e bem-vestido, sacudindo a cabeça encimada por uma velha cartola.

– Meus cavalos estão cansados. Além disso, o senhor pode ouvir como o "Corsário" está com uma ferradura frouxa. Não posso forçar a marcha.

O homem calvo, equilibrando os óculos na ponta do nariz avermelhado, soprou fortemente o ar pelas bochechas flácidas.

– Quando o Metrô estender suas linhas por toda a cidade, vocês ainda vão mendigar por um passageiro.

O velho nem voltou a cabeça para responder.

– Pode ser, *Monsieur Goursat*, mas até lá eu já estarei comodamente enterrado no cemitério de Montparnasse.

Georges Goursat, o caricaturista "Sem", grande amigo de Santos Dumont, resmungou alguns desaforos impotentes e olhou para o céu. Começava a ouvir ao longe o ruído de um motor. Diante da Ponte de Yéna, o fiacre foi bloqueado por um grande engarrafamento. Todas as pessoas olhavam para cima. Aproximando-se rapidamente da Torre Eiffel, um comprido balão amarelo iniciava a curva para contorná-la. Junto aos pilares da torre, sobre a ponte e no terraço fronteiro ao Palácio do Trocadero, aglomerava-se uma verdadeira multidão de curiosos.

Para surpresa de Goursat, o cocheiro sonolento, ao ver o balão que se aproximava, tirou a cartola, ergueu-se na boleia e gritou a plenos pulmões:

– *Vive* Santôs!

Lá no alto, numa espiada rápida, Alberto também impressionou-se com a quantidade de espectadores que saudavam a sua chegada. Mas estava apenas na metade do trajeto. Tinha que contornar a Torre Eiffel e voltar a Saint-Cloud antes que se encerrasse o exíguo prazo de meia hora. Firmando o comando do leme com a mão esquerda, sem tirar os olhos da torre que se aproximava assustadoramente, puxou o relógio do bolso do colete. Firmando-o no côncavo da mão direita, tentou abrir a tampa com a unha do polegar e, nervoso, não conseguiu. Abafando um palavrão, soltou o relógio com a corrente, e concentrou-se nos comandos do balão.

Quero contornar a torre o mais próximo possível, pensou ele, mas sem arriscar um acidente. Este vento sudeste não está muito forte, talvez uns seis metros por segundo, mas posso ser arrastado por uma rajada imprevista. Olhando para a esquerda, calculou que estaria no máximo a cinquenta metros da estrutura de aço. Teve vontade de retribuir os acenos entusiásticos dos grupos que ocupavam as diversas plataformas, mas não podia liberar mais nenhuma das mãos. Com a esquerda, continuava controlando o leme, fixado na popa, muito longe às suas costas. Com a direita, abriu o depósito de água, para perder peso e subir mais alguns metros. Há dois anos idealizara esse novo tipo de lastro, deixando de jogar areia nas cabeças dos parisienses.

Completando lentamente a curva, sobrevoou o Campo de Marte, ainda atulhado com os pavilhões da Exposição de 1900. Mais calmo, puxou o relógio pela corrente e conseguiu abri-lo. Duas horas e cinquenta e um minutos da tarde. Como decolara de Saint-Cloud às duas horas e quarenta e dois, gastara apenas nove minutos para percorrer os primeiros cinco quilômetros e meio da prova. Sobravam-lhe vinte e um minutos para o retorno, mas teria agora o vento pela frente.

Aproximando-se perigosamente da Torre Eiffel, Alberto apontou o nariz pontiagudo do balão para o Palácio do Trocadero, que o professor Garcia chamava de "bosta de vaca". Sorriu ao pensar que o velho mestre estaria seguramente entre os espectadores, mas logo contraiu os maxilares, sentindo outra vez o peso da sua responsabilidade. Garcia lhe prometera assistir à passagem do balão junto com Gustavo Eiffel, no escritório que o engenheiro chamava de "ninho de águia". E saber que Eiffel estava ali bem próximo, olhando cada detalhe das suas manobras, era ao mesmo tempo um prêmio e um castigo. Quase sem sentir, acelerou o motor em seu ponto máximo, para afastar-se do para-raios da torre o mais depressa possível.

Sobrevoando o Sena, também atulhado de embarcações, o brasileiro olhou para os edifícios da Colina de Chaillot e sentiu um frio na barriga. Fora contra o telhado de um deles, o da esquina à direita da praça, que no dia 8 de agosto o seu balão "nº 5" se fizera em pedaços. Salvando-se por milagre, era agora no "Santos Dumont nº 6", um dirigível completamente novo, que ele repetia a prova. Num gesto espontâneo, liberou a mão direita por alguns segundos e tocou na medalha de São Bento, que trazia presa a uma corrente, no pulso esquerdo. Lembrou imediatamente dos olhos azuis da Princesa Isabel e também do rosto envelhecido de sua mãe. Rezou mentalmente um Pai-Nosso e depois sacudiu vigorosamente a cabeça, como se quisesse liberá-la de qualquer sentimentalismo. Se o vento não aumentar, pensou ele, eu chegarei a Saint-Cloud a tempo de vencer a prova. E ouviu com prazer o ronco regular do seu novo motor de doze cavalos, capaz de mover o balão, na ausência de vento, até a velocidade de vinte e cinco quilômetros por hora.

No fiacre imobilizado junto à ponte, Georges Goursat abrira um caderno de desenho sobre os joelhos e rabiscava traços rápidos com um lápis preto. Desenhou sem nenhuma proporção o perfil longilíneo da torre, o balão em forma de charuto, seu amigo Santos com o corpo minúsculo e uma grande cabeça com apenas os bigodes e o cabelo repartido ao meio, tendo em absoluto primeiro plano o perfil e o braço do cocheiro erguendo sua cartola para o céu. Enquanto desenhava, muitos homens erguiam seus chapéus o mais alto possível na ponta das bengalas para saudarem a passagem do "brasileiro voador". E um número expressivo de mulheres, vestindo capas de chuva e chapéus dos mais diferentes modelos, mantinham-se de mãos postas, os olhos úmidos seguindo o balão, emocionadas com a coragem daquele homem que despertava tantas paixões.

– Que dia é hoje, Michel?

O cocheiro respondeu ao desenhista, sem tirar os olhos do balão que prosseguia lentamente:

– Dia 19, eu acho.

Goursat rabiscou abaixo do desenho: "Paris, 19 de outubro de 1901", e assinou com as três letras "Sem" do seu famoso pseudônimo. Não gastara mais que um minuto para deixar no papel aquela imagem de uma das maiores conquistas da aeronáutica. Alguns fotógrafos também haviam feito instantâneos do balão com suas máquinas em forma de caixote. Agora corriam com elas para as carruagens estacionadas. O trânsito começava a mover-se na direção tomada pelo dirigível. O desenhista tirou a carteira do bolso e abriu-a.

– Quanto lhe devo, Michel?

O cocheiro tirou os olhos do céu e virou-se surpreendido para o passageiro.

– *Qu'est-ce qu'il y a?* Não vamos mais até Saint-Cloud?

Goursat apontou para o maior dos cavalos, um baio ossudo de crinas negras.

– Eu vou, mas em outro fiacre. Você disse que o "Corsário" está com uma ferradura frouxa.

Michel deu uma gargalhada, mostrando os dentes falhados.

– Isto foi antes de ver o *Petit* Santôs voando aí em cima como um passarinho.

– Quer dizer que a ferradura não está mais frouxa?

– Quer dizer que eu iria até o aeroclube para conhecê-lo pessoalmente, mesmo que as minhas quatro rodas estivessem frouxas... Segure-se bem aí!

E estalou o chicote por cima das cabeças dos cavalos.

Enquanto isso, distante apenas uns quinhentos metros da praça do Trocadero, com o vento açoitando seu rosto e a gravata vermelha esvoaçando para trás, Alberto começou a ouvir o som que mais temia. O grande motor de doze cavalos começava a falhar. Era nesses momentos que seus nervos reagiam com extrema frieza. Não podia perder nem mais um segundo. Com risco de desviar o rumo, abandonou o leme e concentrou-se na maneta do carburador. Depois acionou por diversas vezes a alavanca de comando da faísca elétrica. Sentiu um cheiro forte de gasolina, e o motor rateou tanto que poderia parar a qualquer momento. Enquanto trabalhava, sem tempo para rezar, Alberto ergueu os olhos para o céu, mas só distinguiu, bem próxima, a barriga do balão e o estandarte verde-amarelo. Pouco a pouco, o motor retomou seu ritmo. O jovem voltou a segurar o leme e ficou alguns momentos ofegante, respirando pela boca.

Graças a Deus escapei da pior, pensou ele. Daqui em diante começa o *Bois de Boulogne* e uma queda sobre as árvores sempre é melhor que sobre os telhados. Mas é incrível como estou perdendo altura e não tenho mais água para jogar fora. O ar fresco do bosque deve estar umedecendo o invólucro do balão. Só me resta acionar os pesos e erguer o nariz desse sujeito. Que merda! O motor está falhando novamente... Se for cuidar dele primeiro, vou direto para o chão.

Pouco a pouco, graças ao deslocamento do centro de gravidade para trás, o balão foi erguendo a proa e ganhando alguns metros de altura. O motor falhava nas rajadas mais fortes, mas conseguia empurrar o dirigível contra o vento, embora com muita dificuldade. Concentrado nos comandos, Alberto surpreendeu-se ao ouvir gritos e aplausos bem perto de si. Olhou para baixo e viu que estava voando a apenas uns cinquenta metros de altura sobre o Hipódromo de Auteuil. Esquecendo os cavalos, o público saudava o voo rasante com entusiasmo. Mas ninguém se dava conta do grande perigo que o aeronauta estava correndo. Muito empinado, o balão arriscava dar um giro sobre si e cair de costas, como um cavalo mal domado.

De repente, sem nenhum motivo aparente, o motor voltou a funcionar com sua potência máxima. Em poucos segundos o balão alcançou cento e vinte metros de altura. Alberto manobrou rapidamente os pesos e conseguiu nivelar o dirigível. Agora precisava embicar para o local de chegada. Voando sobre o bosque verde-escuro e respirando o ar perfumado a plenos pulmões, o brasileiro teve vontade de gritar de alegria. Não tirava mais os olhos da faixa prateada do Sena, no ponto onde devia atravessá-lo. Com a mesma dificuldade anterior, tirou o relógio do bolso e consultou-o. Estava voando há quase vinte e oito minutos. Se manobrasse para descer diretamente em Saint-Cloud, perderia um tempo precioso. Mas nada nas regras do Prêmio Deutsch falava em *descer* no local da subida, e sim *chegar* até ele. Para ganhar o prêmio, pensou, basta que eu passe diante do júri como um cavalo vencedor passa diante da raia. E foi assim que, exatamente às três horas, onze minutos e trinta segundos, o "Santos Dumont nº 6" passou voando sobre as cabeças dos jurados.

Henri Deutsch de la Meurthe trancou o seu cronômetro e fez a leitura: o voo durara exatamente vinte e nove minutos e trinta segundos. Mas o Marquês Albert de Dion, presidente do Aeroclube de França, só parou o seu quando Alberto fez a volta e o balão foi puxado para o chão. E gritou-lhe com voz estridente:

– Lamento, meu amigo, você perdeu a prova por quarenta segundos.

O brasileiro, que já saíra da *nacelle*, cruzou os braços e olhou-o fundo nos olhos.

– Pois se é assim, embora não concorde com o seu critério, estou pronto a repetir a prova.

Mas a multidão, que cercava os jurados e se adensava cada vez mais, colocou-se do lado de Santos Dumont. Gritos exigiram que o prêmio lhe fosse entregue. Bengalas ameaçadoras ergueram-se de todos os lados. Alberto, cercado pela admiração dos parisienses, foi impedido de voltar à barquinha. Só não foi carregado em triunfo, como um toureiro espanhol, porque seu criado Charles, Lachambre, Chapin e seus auxiliares trataram de levá-lo para dentro do hangar. Os jurados continuavam discudindo sob as vaias do povo. Estava iniciada a polêmica que iria sacudir Paris nos próximos dias. Mas, fosse qual fosse a decisão final, os parisienses já haviam considerado vitorioso o "brasileiro voador" e estavam dispostos a brigar pelos seus direitos.

Naquela noite, recusando qualquer tipo de comemoração, Alberto recolheu-se cedo a seu quarto e dormiu profundamente. Parecia-lhe que mal encostara a cabeça no travesseiro macio, quando foi acordado por batidas fortes na porta. Tonto de sono, viu pela claridade filtrada pela cortina que deveria ser tarde. Com preguiça de levantar-se, sentou-se na cama e apoiou as costas contra o travesseiro. As pancadas continuavam insistentes.

– Pode entrar, Charles! Só não entendo por que toda essa barulheira!

O vulto esguio do criado surgiu na moldura da porta, sendo logo ultrapassado pelo enorme corpo de Chapin. Surpreendido pela presença do mecânico, que nunca passara da sala de visitas, Alberto saltou da cama, pensando no pior.

– O que houve, Chapin? Algum incêndio?

O grandalhão sacudiu a cabeça em negativa, sorrindo sob o imenso bigode eriçado.

– Nada disso, patrão. Quem pegou fogo foi a imprensa de Paris. Até o meu conterrâneo Jean Jaurès está do seu lado! Veja aqui no *Petite République*! Hoje é o dia mais feliz da minha vida...

A um gesto do patrão, Charles abriu as cortinas, inundando o quarto de luz. Excitado, Chapin sentou-se na beira da cama e leu trechos do artigo do líder socialista, polemista notável que defendera o Capitão Dreyfus na Câmara dos Deputados. Jaurès elogiava o feito de Alberto e exigia, em nome da decência, que a Comissão Científica do Aeroclube lhe conferisse imediatamente o Prêmio Deutsch.

– Olhe aqui esta frase, senhor Santos, só ele mesmo para escrever isto, um socialista que não tem medo de nada: "Finalmente a navegação aérea encontrou um homem de verdade, embora algumas sombras de homens queiram negar seu feito. Enquanto o governo gasta o dinheiro dos impostos escorchantes com projetos fracassados, como o *Avion* de Ader, que nunca voou, Santos Dumont, sem custar um centavo para a França, acaba de resolver em definitivo o secular problema da dirigi... dirigibilidade dos balões. Negar-lhe o prêmio tem o mau cheiro da xeno...

xenofobia, por ser este valente um brasileiro, por não ter nascido em nosso país".

– Acho que ele está exagerando.

Chapin engasgou-se na saliva.

– O senhor... é bom demais. Não registra seus inventos. Não vê maldade em ninguém. Jaurès sabe do que está falando. Essa mesma gente que lhe nega o prêmio, esses burgueses e marqueses de ópera-bufa, foram os mesmos... os mesmos que mandaram o Capitão Dreyfus para a Ilha do Diabo.

– Dreyfus nasceu na França.

– Mas é filho de judeus. Para essa gente, um estrangeiro também.

– Tenho bons amigos no meio dessa... gente, como você diz. Mas vou agradecer a Jean Jaurès por estar do meu lado. Sua força moral é reconhecida em todo o país.

Chapin estusiasmou-se novamente.

– Eu posso cuidar de um encontro de vocês dois.

– Vamos pensar nisso para breve. O que dizem os outros jornais?

Chapin ergueu o queixo quadrado de *boxeur*.

– Não me interessa a imprensa da burguesia.

Charles adiantou-se, com uma pilha de jornais debaixo do braço.

– Comprei todos os que encontrei no quiosque. Mas só li *Le Figaro*, que é o jornal que eu confio. E aqui diz... que o senhor vai dar... os cem mil francos do prêmio para os pobres.

Chapin adiantou-se e apontou o dedo indicador para o jornal. Sua voz estava emocionada.

– Isso é verdade, senhor? Não é invenção... desse jornal de barbearia?

Alberto terminou de atar o cordão da *robe-de-chambre* e olhou direto nos olhos do mecânico.

– É parcialmente verdade. Se ganhar esse prêmio, darei metade do dinheiro aos pobres de Paris. Farei um levantamento no *Mont-de-Piété* para saber quantos operários estão com suas ferramentas de trabalho empenhadas e pagarei a liberação de todas.

E, sem desviar os olhos do rosto de Chapin, que parecia prestes a chorar, disse simplesmente:

– A outra metade do prêmio será repartida entre os meus colaboradores.

Chapin baixou a cabeça e falou com voz entrecortada.

– Liberar... as ferramentas dos operários é... é o ato mais lindo... que um homem... até hoje já fez...

E erguendo a cabeça leonina:

– Para mim não quero nada, senhor. O salário que me paga é mais que suficiente para as minhas necessidades. Mas alguns dos seus auxiliares mais pobres... poderão... criar seus filhos mais decentemente.

Dessa vez, foi Alberto quem baixou a cabeça.

– É verdade. Pretendo entregar uma parte do prêmio à viúva de Alexis Machuron e ao seu filhinho. É uma pena que ele não esteja mais aqui conosco. Foi o meu primeiro instrutor de voo e sempre foi paciente com as minhas teimosias.

E virando-se para Charles, que remexia, nervoso, na pilha de jornais:

– Você também terá sua parte. Acho que comecei a vencer o Prêmio Deutsch naquela madrugada, no *Bois de Boulogne*, quando você me ajudou a suspender o triciclo nos galhos de uma árvore.

Charles sorriu de orelha a orelha, mas logo voltou a mostrar o rosto preocupado.

– Obrigado, *patron*, muito obrigado por me considerar como parte da sua equipe. Mas o senhor acha... o senhor tem certeza que...

– ... que vou receber o prêmio? Só não repeti a prova ontem porque o povo não me deixou. Mas, se for preciso, poderemos repeti-la a qualquer momento.

Chapin arreganhou outra vez os dentes sob o bigodão arrepiado.

– Se os jurados o obrigarem a isso, acho que vão ser agredidos nas ruas. Quando o povo os cercou, achei que iam levar umas bengaladas. E seria muito benfeito.

Alberto sorriu, lembrando que o mecânico-chefe costumava desprezar "os desocupados" que assistiam a suas provas. Mas nada comentou. Era hora de somar e não de dividir suas forças.

– De qualquer maneira, é melhor estarmos preparados para repetir a prova. Se não fosse domingo, iria agora mesmo fazer uma revisão completa no número seis.

Foi a vez de Chapin sorrir.

– Já estive no hangar esta manhã. E tenho boas notícias para o senhor.

– Estou pronto para receber boas notícias. Mas você tem o direito de descansar no domingo.

– Não fui só eu que tive a ideia de ir até lá. *Monsieur* Lachambre e dois auxiliares já estavam no hangar quando eu cheguei.

– Todos trabalhando num domingo de manhã? Realmente...

– Eu revisei o motor e o encontrei perfeito. Bastou uma pequena limpeza no carburador. Lachambre mediu a pressão do gás e encontrou a mesma de antes da prova. Essa é a boa notícia. O balão não perdeu um único metro cúbico de gás e está pronto para voar a qualquer momento.

Alberto não escondeu sua alegria.

– É exatamente esse o meu maior desejo. Não construí meus dirigíveis para ganhar prêmios, e sim para provar que um dia serão meios de transporte comuns como o trem de ferro ou a bicicleta. Veículos pequenos para passear na cidade ou grandes o suficiente para competir com os navios na travessia dos oceanos.

Chapin concordou.

– É isso mesmo, senhor. E pode ter certeza que o mais difícil já está feito, graças aos riscos que o senhor correu. Parece que a bicicleta levou vinte e cinco anos para ser aperfeiçoada, e nós... o senhor, em apenas três anos, já conseguiu dirigir perfeitamente um balão.

– Pode dizer *nós*, Chapin. Sozinho eu não teria conseguido nada.

– *D'accord.* Todos nós ajudamos na nossa especialidade. Mas as melhores ideias foram suas, e foi o senhor que arriscou o pescoço para provar que estava certo. O senhor é o construtor e o piloto de provas ao mesmo tempo. E, lá em cima, não basta apenas ter coragem. Se não for bom mecânico também, não tem medalha de santo que o proteja.

E olhou com certo desprezo para o pulso de Alberto, que não tirava a medalha de São Bento nem para dormir.

Naquele domingo, 20 de outubro, e nos dias seguintes, a polêmica do Prêmio Deutsch tomou conta dos jornais franceses, extravasando-se por toda a Europa e chegando aos principais jornais dos Estados Unidos e do Brasil. O Príncipe Roland Bonaparte, presidente da Comissão Científica do Aeroclube, encaminhou pedido de parecer ao Instituto de França e declarou publicamente seu voto favorável a Santos Dumont. Também o jurado e financiador do prêmio, Henri Deutsch de la Meurthe, pressionado por jornalistas que o chamaram de "sujo negociante de petróleo", veio a público dizer que fora o primeiro a concordar com a vitória do brasileiro. Mas o Marquês de Dion, com sua autoridade de presidente do aeroclube, não se afastava da posição contrária.

Nos últimos dias de outubro, colocando-se contra a opinião da maioria da imprensa, o jornal *La Patrie* negou o direito de Santos Dumont a receber o prêmio. Em entrevista com o capitão Renard, que há dezesseis anos desistira de prosseguir suas provas em balão dirigível, considerou-o o verdadeiro pioneiro daquele feito. Era a opinião dos ultranacionalistas que os cem mil francos deveriam ser entregues a Renard, embora seu balão *La France*, apodrecendo desde 1885 num quartel de Chalais, não tivesse competido.

A opinião de Emmanuel Aimé, secretário do aeroclube, desmanchou esse início de nacionalismo exagerado. Após afirmar, pelas páginas de *L'Illustration*, que o próprio Santos Dumont reconhecia o pioneirismo de Giffard, dos irmãos Tissandier e dos militares Renard e Krebs nos primeiros ensaios de balões dirigíveis, ressaltou sua coragem em testar pela primeira vez o único motor que deu certo, o motor a gasolina, contrariando os argumentos de que iria explodir no ar. E concluiu magistralmente: "De todos os projetos de balões dirigíveis, estudados à luz do dia ou secretamente, durante anos, o de Santos Dumont é o único em condições de efetuar suas experiências ao ar livre. Digam o que disserem, não há duas aeronaves no mundo, há uma só. E é necessário vir a Paris para vê-la".

Em seu apartamento na Rua Washington, Alberto recebia telegramas e cartas de todas as partes do mundo. Mulheres famosas, como Mistinguett, cantora e bailarina do *Folies-Bergère*, mandaram-lhe flores e convites para jantares íntimos. Thomas Edison enviou-lhe dos Estados Unidos uma fotografia com dedicatória, chamando-o de "bandeirante dos ares". Georges Devin, advogado de grande prestígio em Paris, ofereceu-se para defendê-lo sem honorários, afirmando de público que "juridicamente, Santos Dumont ganhou o Prêmio Deutsch" e, se apelar para a justiça francesa, seu direito será reconhecido.

Mas isso Alberto recusou-se a fazer. Da mesma maneira que liberara todos os detalhes técnicos do "nº 6" para a imprensa mundial, considerando a conquista dos ares como um bem da humanidade, não iria exigir na justiça o que lhe era direito. Aparentando tranquilidade, continuou a trabalhar no seu hangar, a frequentar os salões mais elegantes da capital francesa e a jantar regularmente no "Maxim's", onde sua mesa tornou-se o centro de todas as atenções.

Numa noite fria do início de novembro, Alberto chegou ao famoso restaurante da *Rue Royale*, acompanhado da atriz Cécile Sorel, do feioso Georges Goursat e do embaixador do Brasil, Antônio Prado. Liderados pelo *maître*, foram encaminhados para a mesa habitual, nos fundos à esquerda. Na penumbra acolhedora do "Maxim's", os espelhos embutidos nas paredes refletiam as luzes avermelhadas dos pequenos abajures, cada um iluminado por uma vela. Muitas pessoas os cumprimentaram pelo caminho. *Mademoiselle* Sorel movia-se naquele ambiente refinado como se estivesse num palco. Antônio Prado, como bom diplomata, sorria à esquerda e à direita. Apenas Goursat percorria seu olhar míope com ironia pelos rostos das pessoas, pelas vidraças cheias de arabescos e pelas pesadas vigas esculpidas. Na sua irreverência, costumava chamar de "estilo Metrô" aquela decoração rica e sombria. Mas precisava frequentar esses ambientes em razão da sua clientela. Pessoas famosas que o temiam e admiravam, querendo ser retratadas em suas caricaturas, mas sempre temerosas do ridículo. É verdade, também, que, embora fosse de extração modesta, acostumara-se a viver como rico. E não conseguia dispensar os bons vinhos e a culinária sofisticada.

Pairava no ar do salão uma estranha mistura de aromas. Cheiros de tabaco, de *pâtisserie*, de perfumes caros, de cosméticos masculinos eram bruscamente superados pelo odor de *cognac* que subia das chamas de um prato flambado. As conversas se faziam geralmente em voz baixa, mas não eram raras as gargalhadas repentinas. Os olhares das mulheres pareciam ganhar expressões felinas, naquela caverna faiscante de joias. E cada vez que o porteiro, fardado como um general de ópera, abria a porta, os recém-chegados eram examinados sem piedade.

Na mesa de Santos Dumont, o assunto era a reunião

fechada que a Comissão Científica do Aeroclube estava realizando aquela noite. Não longe dali, na Rua do Coliseu, jogava-se a cartada final sobre o Prêmio Deutsch. A decisão, a favor ou contra o brasileiro, não podia mais tardar, sob pena de cobrir de ridículo o Príncipe Bonaparte e muitas outras figuras de prestígio em Paris. Talvez por isso, Alberto não estivesse gostando de sua própria voz. Parecia-lhe que estava falando francês sem naturalidade e num tom mais alto e agudo do que o habitual. A uma pergunta de Antônio Prado sobre o medo que poderia sentir nas suas provas aéreas, ele respondeu com a habitual franqueza, mas sentiu-se constrangido como um colegial em exames.

– É claro que eu sinto medo, quando tenho tempo para isso. Fico pálido e procuro controlar-me, pensando em outras coisas. Tenho que fingir que estou com coragem na frente dos que me observam. Por isso, geralmente, só sinto medo quando estou no chão, antes das partidas.

Mademoiselle Sorel interveio com sua voz musical:

– Isso acontece também comigo antes de entrar em cena.

Goursat engoliu seu vinho e completou:

– Deve acontecer até com os ursos amestrados.

Todos riram-se com gosto. Também sorrindo muito, chegou junto à mesa um cavalheiro de cabelos grisalhos. Imediatamente, Alberto levantou-se para recebê-lo.

– Caro senhor Santôs, espero que tenha encontrado meu telegrama de congratulações entre a montanha deles que deve estar recebendo... Meus respeitos, *Mademoiselle* Sorel, seu talento só é superado pela sua beleza.

– Obrigada, senhor Cartier.

O famoso joalheiro estendeu a mão para Prado e Goursat, demorando um pouco o olhar no rosto feioso do caricaturista.

– Senhor Goursat, na última vez que me honrou com sua pena, passei uma semana encerrado em casa. Agradeço-lhe por essas pequenas férias que me proporcionou.

E riu-se francamente, acompanhado por todos.

– Sente-se conosco, que eu lhe farei um retrato mais lisonjeiro.

– Sinto muito, mas estou acompanhado por dois ingleses. Assuntos de negócios, infelizmente.

Alberto o reteve por mais um momento.

– Tenho um favor a pedir-lhe, *Monsieur* Cartier.

O cavalheiro inclinou-se, com certa afetação.

– Seus desejos são ordens, senhor Santos Dumont. Em que posso servi-lo?

– Algo bem simples, eu creio. Quando estou voando, torna-se difícil para mim desocupar as mãos para tirar o relógio da algibeira, abri-lo, fechá-lo e guardá-lo outra vez. Nunca pensou em fabricar um relógio de pulso?

– Um relógio de pulso?!

– Exatamente. Um relógio leve, com mostrador à vista, para ser usado com uma pulseira. Assim como eu uso esta medalha de São Bento.

E, puxando o punho alvo da camisa, revelou a medalha de ouro, também obra da *Maison* Cartier. Cécile aproximou a mão esguia e tocou na medalha com as pontas dos dedos.

– Um relógio-pulseira feminino poderia ser incrustado de diamantes.

O *orfèvre* colocou a mão no queixo por um instante.

– A ideia me parece admirável, senhor Santôs. Prometo empenhar-me em realizá-la. Um relógio-pulseira. Interessante, muito...

Mas não conseguiu concluir a frase. Entrando como um furacão no restaurante, um homem de rosto redondo e ombros largos avançava quase correndo entre as mesas. Com a pressa, conservara o chapéu-coco na cabeça e as abas do paletó aberto ameaçavam derrubar copos e talheres. Alberto, que estava de pé ao lado de Cartier, sentiu que o sangue lhe fugia do rosto.

– Emmanuel... o que houve?

O secretário do aeroclube não conseguia falar. Goursat entregou-lhe seu cálice de vinho, que ele emborcou de uma só vez. O caricaturista não perdeu a oportunidade.

– Não vá fazer como o mensageiro da batalha da Maratona, que deu seu recado e morreu.

Aimé tentou sorrir e balbuciou, arquejante:

– A reu... reunião acabou... agora mesmo. Vim correndo para... avisar vocês. Alberto ganhou o Prêmio Deutsch... Dezesseis votos contra nove.

E deixou-se cair, exausto, sobre uma cadeira.

No dia seguinte, Alberto cumpriu sua promessa. Do total de 129 mil francos que o prêmio alcançara com os juros e mais um acréscimo espontâneo feito por Henri Deutsch, ele entregou 79 mil a *Monsieur Lépine*, o chefe de polícia de Paris. Dessa quantia, Lépine transferiu ao *Mont-de-Piété* a quantia necessária para levantar a penhora de todas as ferramentas ali empenhadas. O dinheiro que sobrou foi dividido entre cerca de quatro mil pobres catalogados na *Préfecture de Police* da capital. A metade do prêmio original, 50 mil francos, foi dividida por Alberto entre seus colaboradores.

Nos últimos dias de novembro de 1901, ao voltar de Londres, onde recebera uma homenagem consagradora do recém-fundado Aeroclube do Reino Unido, Alberto surpreendeu-se ao ver nos quiosques da *Gare du Nord* diversos cartões-postais do seu balão erguendo-se do solo, contornando a Torre Eiffel e sendo guardado no hangar de Saint-Cloud. Também encontrou à venda miniaturas do dirigível, ao lado dos costumeiros *souvenirs* da capital francesa. Ninguém o consultara para isso e ele jamais exigiria um único centavo de todo esse comércio.

Alguns dias depois, partiu para a cidade do Porto onde passaria o Natal com sua mãe, com as irmãs Maria Rosalina, Virgínia e Gabriela, e com os três irmãos Villares, seus cunhados. Foi ali que recebeu a notícia de que o governo brasileiro mandara cunhar uma medalha de ouro para comemorar seu feito e que o presidente Campos Sales, cumprindo determinação da Câmara de Deputados, lhe estava enviando uma doação de cem contos de réis para seus futuros projetos.

Recebeu também uma pequena carta de Ribeirão Preto, que fez questão de ler junto com a família, segurando a mão amiga de Virgínia e buscando algum sinal de alegria no rosto cansado e indiferente da mãe.

Meu caro Alberto

Lembra-se de quando nós brincávamos juntos de "passarinho voa"? Recordei-me disso, de repente, no dia em que chegaram aqui as notícias do seu sucesso. "Homem voa", companheiro! Você tinha toda a razão quando erguia o dedo, e acabou de prová-lo voando em torno da Torre Eiffel. Você tinha razão em não pagar a prenda. Foi o Sr. Deutsch quem pagou por você.

Aqui em casa, as crianças continuam com a velha brincadeira, e com renovado entusiasmo. Porém, o nome e as regras foram modificados desde o dia 19 de outubro. Chama-se, agora, "Homem voa!", e aquele que não levantar o dedo a essas palavras tem que pagar a prenda.

Seu amigo,

Pedro.

Paris, verão de 1903

Onze horas da noite. A chuva caía mansa sobre os telhados de Montmartre. Subindo aos solavancos pelo calçamento irregular, o pequeno automóvel era perseguido de perto por dois cães molhados. Poucas pessoas pelas calçadas estreitas. Na esquina da *Rue des Saules* com a *Rue Saint-Vincent*, o motorista acionou os freios com dificuldade. Os cães pararam de latir e vieram farejar o carro. Um deles ficou rosnando e o outro ergueu a perna para urinar contra uma das rodas altas.

Um homem de pequena estatura, vestindo um impermeável de cor clara, desceu do automóvel e puxou o chapéu grande sobre os olhos. Fez rapidamente a volta e abriu a portinhola para sua acompanhante. As botinas brancas pisaram sobre as pedras embarradas e ouviu-se uma voz juvenil com sotaque espanhol.

– É aqui, Alberto? Estou com o coração na boca... Sonhei durante meses em conhecer o *Lapin Agile*.

O brasileiro apontou para uma placa mal iluminada que identificava o cabaré.

– Como fazem os guias turísticos, Aída, vamos começar pela história. Frederico me disse que esta placa foi pintada por um tal de André Gill, em 1875, no tempo em que o local se chamava "O encontro dos ladrões", ou coisa parecida.

A moça ergueu o rosto contra a chuva fina e Alberto extasiou-se mais uma vez com a sua beleza. Sob o chapéu da mesma cor azul clara da gabardine, os cabelos negros cacheados emolduravam um rosto de traços perfeitos. Grandes olhos negros, nariz afilado, boca grande, lábios polpudos. Nenhuma pintura para lhe escorrer do rosto molhado pela chuva. E a voz macia, um pouco rouca, mesclando francês e espanhol com a maior naturalidade.

– Dá para ver... Não sei bem. Parece um *conejo* dentro *de una cazuela*.

– É isso mesmo. O coelho está saltando da panela com uma garrafa de vinho na mão. Por causa da placa, os frequentadores começaram a chamar este cabaré de *Lapin à Gill*, ou "Coelho do Gill". Daí para *Lapin Agil*e ou "Coelho Ágil", foi um passo.

– *Que bien!* Por essas coisas, Paris é uma cidade única no mundo. Perto do meu hotel, tem *una callecita* com o nome de "Rua do Gato que Pesca". *No es un amor?*

Alberto olhou para aqueles lábios e pensou: Você é um amor. O meu primeiro grande amor. E sentiu-se ruborizar como um adolescente.

– Vamos entrar, *querido?* Estou pingando água como uma goteira.

– É claro, Aída, desculpe. Mas prepare-se para um ambiente muito popular. Com bêbados, mau cheiro, palavrões e tudo mais que os boêmios têm direito. Afinal, a casa é deles.

A jovem sorriu, mostrando os dentes perfeitos.

– Confesso que *tengo nostalgia* dessas tabernas enfumaçadas. Em Havana, nós temos cem delas e nenhum "Maxim's".

Aberta a porta, no primeiro golpe de vista perceberam apenas uma longa mesa cercada por muita gente e ouviram uma voz masculina cantando uma canção popular. Para ajudar a pequena lâmpada elétrica pendurada do teto, dois candelabros com velas de diversos tamanhos, um em cada extremidade da mesa, mal conseguiam vencer a penumbra.

Os homens estavam com os chapéus na cabeça. E todos eles, homens e mulheres, mantinham-se em completo silêncio.

À direita da mesa, sentado numa cadeira tosca e apoiando o violão nas pernas cruzadas, localizaram o homem que tocava e cantava com animação. Tinha grandes bigodes negros e uma barba grisalha até o peito. Ao ver os recém-chegados, parou bruscamente de tocar e cantar. A plateia reclamou aos gritos e vaias. Mas ele ergueu-se de um pulo, apoiou o violão nas costas da cadeira e veio apertar a mão de Alberto.

– *Mon cher ami!* Que grande prazer!

– O prazer é todo meu, mas não precisava interromper sua canção.

– Ora... esses *ivrognes* querem que eu passe a noite cantando para eles, mas só tomam vinho barato... E querem pagar as contas com quadros e esculturas que ninguém compra. Não vai me apresentar a moça?

– Mas é claro. Minha amiga Aída tinha muita vontade de vir aqui. Este é o *patron* da casa, meu amigo Frederico.

Aída sorriu e estendeu a mão enluvada para o *cabarétier.*

– *Mucho gusto, señor Frederico.*

O velho segurou-lhe a mão e não a deixou escapar.

– Meus amigos me chamam de *Père Frédé.*

– *Père Frédé, entonces.*

– E não sou patrão de coisa nenhuma. O dono do *Lapin Agile* é Aristide Bruant. Eu apenas distraio os bêbados e passo uma vassoura neste salão antes de fechar.

– Eu também quero ser distraída... Ficaria feliz se continuasse a cantar.

– Agora mesmo, *mademoiselle.* Mas, primeiro, vamos falar de coisas sérias. O que vão beber? *Champagne?*

Alberto consultou Aída com um olhar.

– Você escolhe, *querido.*

O velho arregalou os olhos.

– Alberto, se ela dissesse esse *querido* para mim, juro que eu desmaiava.

– Então, antes de desmaiar, nos traga dois canecos de cerveja.

– Cerveja!? Está ficando pobre, companheiro.

– Estamos com muito calor.

– Está bem. Querem um reservado?

– Não, por enquanto.

– Então vou desocupar um lugar para vocês.

Sem a menor cerimônia, tirou da cabeceira da mesa um sujeito meio dormindo e acomodou Alberto e Aída em duas cadeiras de assento de palha. Depois pendurou os impermeáveis num grande prego na parede e voltou, colocando a mão esquerda sobre o ombro da moça e a direita na cabeça de Alberto, como se o abençoasse.

– Você tem muita sorte, companheiro. E você, *mademoiselle*, tem muito boa pontaria. Caçou o seu homem em pleno voo.

E estourou num riso gutural que lhe sacudiu a barriga avantajada. Aída tentou sorrir e cortou a respiração para não sentir o cheiro de suor muitas vezes dormido e outras emanações que exalava o simpático *cabarétier*. Embora fizesse muito calor dentro da sala, o *Père Frédé* não tirava da cabeça seu enorme gorro de pele, puxado sobre um olho. Vestia também, em pleno verão, seu famoso uniforme de bandido corso: roupas pesadas de veludo desbotado, um velho pulôver de tricô, que um dia fora vermelho, e botas embarradas de cano alto. Sem tirar a mão pesada do ombro da moça, fixou seus olhinhos de porco no rosto tranquilo de Alberto.

– Obrigado pela fotografia que você autografou para meu filho Paulo. Ele já recusou um bom dinheiro por ela.

– É mesmo?! Pois diga a ele que a venda que eu lhe darei outra.

– Para mim, eu gostaria daquela que você tirou em Mônaco com a Imperatriz Eugênia. Foi a primeira vez que ela concordou em ser fotografada, desde a morte de Napoleão III. E você sabe que eu vou morrer bonapartista.

– E eu quase morri depois de tirar aquela fotografia. O número 6 caiu no mar e só Deus sabe como me tiraram de dentro d'água.

– Você é um homem de sorte, Alberto. Nasceu com a bunda virada para a lua, com o devido respeito à *mademoiselle*, naturalmente.

Aída teve que rir e aspirar mais uma vez o cheiro nauseabundo de Frederico. Mas logo o velhote foi atraído por outros clientes que chegavam. A moça respirou fundo, acomodou-se na cadeira dura e correu um olhar curioso pelas paredes da sala.

– Que lugar maravilhoso! Veja aquela escultura em tamanho natural de Jesus Cristo... E aquela outra ali, da mulher grega tocando harpa. Aquele quadro lá, em vários tons de azul, também é lindo. Com a fumaça e a luz das velas, isto aqui parece mesmo uma *caverna de ladrones*.

Alberto olhou para a fauna de *habitués* do *Lapin Agile* e concordou. Vestidos cada um do seu jeito, a maioria usando barbas hirsutas ou enormes bigodes gauleses, os frequentadores do cabaré, na maioria artistas, tinham a aparência de bandidos de opereta. Falavam uns com os outros aos berros, batiam com os canecos sobre a mesa e beijavam na boca as mulheres uns dos outros, sem a menor cerimônia.

Olhando para os lábios sensuais de Aída, Alberto sentiu também desejo de beijá-la. O suor porejava da testa da cubana e molhava-lhe o vestido branco sob a axilas. Os seios grandes arquejavam sob o tecido leve, desenhando os mamilos em relevo.

– Não quero que você me olhe desse jeito, querido. Nós já falamos muito sobre isso. Não vamos começar o que não pode ter sequência.

O brasileiro sentiu um começo de vertigem e ouviu sua própria voz, parecendo vir de longe, dizer bobamente:

– Então... por que você está aqui comigo?

Aída ergueu os ombros e as sobrancelhas, num gesto bem seu, e deixou escapar uma gargalhada cristalina.

– Porque você é um homem maravilhoso! Nunca admirei tanto uma pessoa como admiro você. Desde que o vi em Nova Iorque com aquela sirigaita da Lurline... *que nombre de imbécil, Dios mio...* eu jurei que você ainda iria me amar. Eu jurei que iria impedir o seu casamento com aquela idiota, custasse o que custasse.

– Mas que casamento? Eu nunca tive nenhuma intenção de casar com Miss Sprekels.

– Miss Sprekels... Uma cadela branca sempre no cio...

– Aída, Aída, por favor.

– Você é muito ingênuo, Alberto. Um homem de trinta anos que se deixa enganar como um adolescente. Aquela rameira nunca tinha entrado na verdadeira sociedade de Nova Iorque. Foi você que abriu as portas para ela. E ela desfilava por toda parte com você como se fosse... um urso amestrado, como costuma dizer seu amigo Goursat.

– Você está sendo cruel sem a menor necessidade.

– Cruel? Se dependesse só de mim, eu tiraria este vestido suado e faria amor com você aqui mesmo. Aqui em cima desta mesa, *delante de todos esos borrachos...* Lurline Sprekels! O *New York Herald* publicou quase uma página contando tudo sobre vocês. O repórter escreveu que você estava tão apaixonado, que deixou um maluco colocar uma maçã na sua cabeça e despedaçá-la com um tiro. Só porque você queria mostrar à Lurline a sua valentia.

Cansado do ciúme de Aída, Alberto suspirou aliviado ao ver a garçonete que chegava com as bebidas. A mulher gorducha e desajeitada bateu com as canecas de estanho sobre a mesa, fazendo a cerveja espirrar para todos os lados. Sem desculpar-se, deu uma rabanada e sentou-se no colo de um rapaz corretamente vestido, com o rosto liso e rosado como um bebê. Alberto e Aída fizeram uma trégua para brindar, os olhos nos olhos, e beberam com prazer a cerveja fria. Mas logo a cubana voltou ao assunto interrompido.

– Foi verdade essa palhaçada, Alberto?

– Que palhaçada?

– Não posso acreditar que você... um aeronauta respeitado em todo o mundo, tenha virado num Guilherme Tell de circo de cavalinhos... e apenas para agradar uma loura babujada e cheirando a dinheiro mal havido.

– O senhor Sprekels é um usineiro com grande prestígio na Califórnia.

– *Una mierda* de prestígio numa terra de *ladrones.* Até a Califórnia eles roubaram do México.

Alberto sacudiu a cabeça, desconsolado.

– Está bem, Aída. Isso tudo é passado e agora só o que me interessa é você. Você e eu. Por que não podemos nos amar... como todo o mundo?

E olhou em volta da mesa, onde a temperatura subia a cada momento. Aída fez uma cara de nojo.

– Isso aí *no es amar.* Quem gosta de beijar e apertar mulheres em público são os impotentes *y los maricones.* Amor se faz dentro dos ninhos, como *los pájaros.*

– Mas você acaba de dizer que, se pudesse, faria amor comigo aqui mesmo, em cima desta mesa.

Aída ergueu novamente os ombros e as sobrancelhas, fazendo os seios marcarem mais ainda o vestido suado.

– Você está desviando o assunto, querido. Vamos voltar à história da maçã.

– Gênesis, capítulo primeiro, versículo...

– Deixe de ser irônico e me responda com honestidade. Você botou ou não uma maçã na cabeça para um sujeito atirar?

– Não foi um sujeito, Aída, foi o embaixador do Brasil nos Estados Unidos. Depois da visita que fizemos ao presidente Theodore Roosevelt, ele me levou a um clube de campo e...

– Então você esteve com o presidente? Nenhum jornal de Nova Iorque deu essa notícia.

– É claro que não. Eles preferem os *potins* de namoricos e outras infantilidades.

– O que o presidente queria com você?

– Usar os meus balões em caso de guerra.

– Só isso?! E você concordou?

– Claro que não. Embora vá ser difícil afastar os dirigíveis das guerras futuras. Aqui mesmo na França, depois que eu aceitei participar do desfile do 14 de julho, tive de mandar uma carta ao ministro da Guerra, explicando que meus balões estariam à disposição em caso de o país ser invadido, mas nunca numa guerra contra o Brasil ou outro país americano.

– Obrigado em nome de Cuba. Vamos tomar outra cerveja? Estou morrendo de calor... Mas não pense que eu esqueci da Lurline e da maçã. Você vai me contar tudo direitinho.

Alberto saiu pessoalmente à cata de dois canecos de cerveja e voltou o mais depressa possível.

– Alguém incomodou você?

– Ninguém. Conte logo a história da maçã... Que cerveja maravilhosa! Devia ter trazido logo quatro canecos.

Alberto bebeu um longo gole de cerveja e limpou a espuma da boca com seu lenço sempre impecável.

– Já que você quer, vamos lá. A história da maçã aconteceu em Washington, o ano passado, e a Lurline...

– Você está proibido de pronunciar esse nome na minha frente!

– ... nem estava lá. Foi o embaixador do Brasil que me levou a um clube de campo e quis mostrar a seus convidados que tem exímia pontaria. Ele colocou uma maçã na minha cabeça, pegou da sua bengala e armou-a como uma espingarda, da mesma forma que outras se transformam em estoques. Recuou alguns passos e atirou. Eu não vi nada. Só escutei os aplausos, quando a maçã voou em pedaços.

Aída estourou numa risada e passou a mão no caneco de cerveja, esvaziando-o de um só gole. Tossiu um pouco, engasgada, mas sem perder a classe. Mais calma, olhou fundo nos olhos de Alberto.

– É uma boa história. Estou vendo que os brasileiros são ainda mais loucos do que os cubanos. Como é o nome do embaixador Búfalo Bill? Um dia ainda vou visitá-lo em Washington. Para tirar uma azeitona a tiros da cabeça dele.

– O nome dele é Assis Brasil. Ele é do Rio Grande do Sul, uma província brasileira com a mesma fama do faroeste americano. Mas é um homem muito culto e um cavalheiro. Ele me afirmou que já fez essa mesma prova, várias vezes, com a esposa dele.

– Grande coisa. A mulher é dele, mas você é meu. Esse pistoleiro diplomático não tinha o direito de...

Aída interrompeu sua frase. O silêncio se fizera tão de súbito que sua voz soara alta e isolada no salão. Toda a atenção estava concentrada no *Père Frédé*, que voltara a tocar sua guitarra. Depois de alguns acordes, o patriarca ergueu sua voz bem modulada, sem parar de tocar:

– Quero dedicar esta canção ao meu amigo Alberto Santos Dumont, o nosso valente brasileiro-voador, e à sua maravilhosa *petite-amie* que eu não guardei o nome, mas nunca esquecerei a imagem divinal... *Mesdames et Messieurs*, vou cantar agora... *Le temps des cerises.*

Uma ovação saudou suas palavras. "O tempo das cerejas" era a canção predileta dos *habitués* do *Lapin Agile*. Uma espécie de hino que eletrizava a plateia. A voz do *cabarétier* soava um pouco rouca, mas quente e expressiva. Seu rosto mudava de expressão com incrível facilidade, acompanhando as imagens que evocavam a canção. Aída tirou uma das luvas rendadas, aconchegou-se contra Alberto e pegou-lhe a mão sob a mesa. O choque foi imediato em ambos. Até soarem os aplausos, não ouviram mais nada, enlevados um com o outro. Enquanto os frequentadores pediam aos gritos *La femme du roulier* e outros sucessos do momento, Alberto e Aída ergueram-se de seus lugares, vestiram os impermeáveis e saíram abraçados em direção à porta. Caminhavam como se tivessem fumado ópio, quando tiveram o passo barrado pela garçonete gorducha.

– Não vão sair sem pagar as cervejas, *n'est-ce pas*?

Alberto olhou para o rosto sujo de *rouge* e puxou a carteira do bolso. Tirou dela um punhado de notas e colocou-as na mão da mulher, sem contar.

– *Merci, mon prince.* Eu sabia que hoje era o meu dia de sorte.

E apressou-se em abrir a porta, enquanto o público continuava a discutir sobre a canção preferida. Dois rapazes se levantaram da mesa e trocaram socos desajeitados, sob o olhar impassível do *Père Frédé*, que olhava para o teto fumacento, dedilhando calmamente o seu violão.

Para surpresa dos dois namorados, a chuva de verão fora levada pelo vento e o céu estava límpido e estrelado.

– Que noite linda para voar.

Alberto pronunciou a frase distraidamente, mas Aída despertou do seu enlevo.

– Voar à noite? Isso é possível, querido?

E toda a energia voltou ao seu corpo amolecido pela paixão. Sentindo que perdia terreno, Alberto atraiu a cubana para seus braços e beijou-lhe os lábios com cautela. Aída colocou-lhe a mão direita espalmada sobre o peito.

– É possível voar à noite? Agora mesmo?

– É mais fácil compreender os mistérios do céu do que entender uma só mulher.

– Que bobagem é essa?

– Uma frase de Shakespeare.

– O que prova que os gênios, como você e ele, podem dizer muitas *tonterias*... Diga, *mi amor*, seria possível voar ainda esta noite?

– Tudo é possível, se você quiser.

Aída juntou as mãos como se fosse rezar.

– *Pués yo quiero*. Fica alguém no seu hangar, durante a noite?

– Sempre ficam duas pessoas cuidando dos balões. Esta noite devem estar Chapin e um dos jovens mecânicos.

– *Chapin es un amor!*

Alberto abriu a porta do carrinho para Aída e ajudou-a acomodar-se no banco.

– Se todo mundo é um amor para você, o melhor é esquecermos este voo noturno. Além disso, em caso de pane no motor, aterrissar pode ser muito perigoso no escuro, você sabe.

– Paris é uma cidade muito iluminada. E, depois que eu voei sozinha no seu "dirigível nº 9", acho que não vou ter mais medo de nada na minha vida.

Enquanto o *Buggy* descia aos solavancos a colina de Montmartre, Alberto e Aída recordaram seu primeiro encontro no novo hangar de Neuilly Saint-James, construído após a experiência frustrada de Mônaco.

– *Señor Santos Dumont? Encantada, señor.*

Alberto ficou boquiaberto diante da beleza da mulher.

– O encanto é meu, senhorita...

– Aída de Acosta.

– Muito prazer.

– Deixe-me apresentar-lhe meu noivo, *Mister* Breckinridge.

O prazer de Alberto ficou muito diminuído ao apertar a manopla do americano grandalhão, sardento e sorridente.

– Henry para os amigos.

– *Nice to meet you.*

– Ha... o senhor fala o meu idioma. *Nice to meet you, Mister Santos.*

Henry era advogado e, felizmente para Alberto, partiu no dia seguinte para o porto do Havre e de lá para Nova Iorque, onde trabalhava num escritório de grande prestígio. A noiva, que viera comprar seu enxoval, ficou em Paris acompanhada de *Miss* Campbell, uma solteirona amiga de sua mãe, há muito falecida. O pai de Aída, cubano de velha cepa, só saía de Havana para supervisionar seus imensos canaviais.

– Pensativo, amor?

– Por que você noivou com Henry, Aída?

– Por que você não se contenta com o que posso lhe dar, querido?

O *Buggy* atingiu o *boulevard* Montmartre e Alberto teve de moderar a marcha. Muitas carruagens e alguns automóveis circulavam de ambos os lados da avenida. Pedestres caminhavam distraídos, muitos deles embriagados àquela hora da madrugada. Ao passarem pela *Place Blanche*, Aída devorou com os olhos a famosa fachada do *Moulin Rouge*, imitando em cores e luzes vermelhas as enormes pás de um moinho verdadeiro.

Vencida a área dos cabarés, o carrinho seguiu em direção dos *Champs Elysées*, o caminho mais curto em direção a Neuilly. Circulando por pequenas ruas tranquilas, Alberto distraiu-se pensando no seu novo hangar, que a imprensa chamava com exagero de "a primeira estação de aeronaves do mundo". Depois que vencera o Prêmio Deutsch, Alberto decidira refugiar-se em Mônaco, levando o seu "dirigível nº 6". Ali, o Príncipe de Mônaco mandara construir especialmente para ele uma garagem no *boulevard* de La Contamine, à beira do mar. O hangar era perfeito, mas o movimento do tráfego, os postes e fios elétricos e a proximidade do cais acabaram sendo responsáveis pelo desastre que destruiu o seu dirigível. E antes disso, pensou ele sorrindo, só não morri torrado porque Deus não quis.

– Do que está rindo, querido? Conte para mim.

– Estava pensando no Príncipe de Mônaco.

– Ele é tão engraçado, assim?

– Ele é uma excelente pessoa. Mas quase me fez explodir junto com o meu balão.

– Como foi isso?

– Foi no dia mais feliz dos meus voos no Mediterrâneo. Eu havia entrado na baía, após ter feito cair o cabo-pendente sobre aquele lindo mar azul e branco, e comecei a ser rebocado pela chalupa oficial até próximo do cais. Tudo ia bem, até que o príncipe, meio encharcado de *champagne*, resolveu agarrar ele próprio o meu cabo-pendente... e foi atirado às cambalhotas no fundo do seu naviozinho.

Aída riu com gosto.

– Difícil para sua dignidade, *no es verdad*?

– Mas isso não foi nada. A aeronave descera muito perto da água, e os marinheiros, que haviam recuperado o cabo-pendente, o puxaram tanto que o balão ficou a poucos pés da chaminé do barco. Ora, essa chaminé expelia fagulhas vivas... Uma só dessas fagulhas bastaria para inflamar o hidrogênio e reduzir-nos, o nº 6 e eu, a pó. Felizmente, eu consegui escapar a tempo. Mas, alguns dias depois, caí no mar, e o meu dirigível foi-se para sempre.

Aída segurou a mão de Alberto sobre o volante e depois soltou-a bruscamente.

– Por causa dessas loucuras, eu vou me casar com Henry Breckinridge.

Alberto encarou-a rapidamente.

– O que tem o seu noivo a ver com isso?

– Tem tudo a ver. Eu não quero passar o resto da minha vida sofrendo com a expectativa da sua morte.

– Se você... casasse comigo... eu seria capaz de... de deixar de voar.

– E serviria para quê? Não seja bobo, Alberto. Você me fala em casamento todos os dias, mas já é casado, desde menino, com os seus balões.

– Mas você gosta deles. Você não tem medo de nada. Poderia voar comigo. A aeronáutica ainda tem muito para conquistar.

– Você não me conhece. Eu sou uma pessoa assim e não vou mudar. Gosto do perigo, mas quero ter um marido de verdade, um lar, criar meus filhos em paz... Alberto, baixe esta capota para mim. Estou sufocando aqui dentro e não consigo *mirar las estrellas.*

O *Buggy* seguia agora pela *Rue de Longchamps*, estreita via suburbana próxima à Porta de Bagatelle. A proximidade do *Bois de Boulogne* havia refrescado o ar. Alberto dirigia com extremo cuidado para não despertar Aída, que dormia com a cabeça apoiada em suas pernas. Próximo dali estava o campo de Bagatelle, tão cheio de recordações, desde que os meninos que soltavam papagaios lhe salvaram a vida. Ali também Aída fizera seu primeiro voo na *Balladeuse*, ou a "Passeadora", como costumava chamar o seu pequeno dirigível nº 9, construído especialmente para pequenos passeios.

Depois da partida de Henry, Aída voltara ao hangar de Neuilly acompanhada apenas de *Miss* Campbell. Sem o mínimo subterfúgio, tomara das mãos de Alberto e lhe dissera.

– Eu vim aqui para voar. Desde que o vi em Nova Iorque, sonho com este momento.

Extremamente perturbado, o aeronauta inclinou a cabeça.

– Admiro sua confiança e sua coragem em querer voar comigo.

A jovem apenas sorriu.

– Você não me entendeu. Eu não quero ser conduzida. Quero voar só, como você voa.

Para surpresa de seus auxiliares e amigos, Alberto consentiu imediatamente. Sua única exigência foi que ela recebesse algumas lições para entender bem a manobra do motor e dos maquinismos. Aída era inteligente, já dirigia automóveis e conhecia motores. Em apenas três lições, foi considerada pronta para voar.

No dia 29 de junho de 1903, que a imprensa de Paris considerou histórica para a navegação aérea, sua linda discípula entrou na barquinha e testou os comandos. Estava toda vestida de branco e usava um lindo chapéu primaveril, preso sob o queixo por uma echarpe de gaze azul-turquesa.

– O que eu faço agora? *Me muero de miedo!*

Alberto pegou-lhe uma das mãos morenas e beijou-a.

– Eu também tenho medo antes de voar. Se quiser desistir, não é nenhuma vergonha.

– Mas você nunca desiste... Vamos! Diga-me logo o que devo fazer e em que direção devo ir.

Alberto olhou com amor para a testa porejada de suor e depois fixou os olhos nos lábios trêmulos da moça.

– Procure estabilizar o balão no máximo a uns trinta metros de altura. Depois o conduza, apenas manejando o leme, até o campo de polo de Bagatelle. Vai haver um jogo daqui a pouco, entre ingleses e americanos. Vamos fazer uma surpresa àquela gente.

– *De acuerdo.*

– Você vai voar com o cabo-pendente arrastando no chão. Não acelere muito. Eu a seguirei de bicicleta. Se tiver medo, puxe esta corda. Mesmo que perca os sentidos, acabará chegando em terra, com alguma violência, mas sem risco de vida.

Aída concordou com um gesto de cabeça e gritou com voz firme:

– Larguem tudo!

O "número 9" subiu rapidamente para uns trinta metros de altura e ultrapassou o muro fronteiro ao *Bois de Boulogne*. Alberto montou na bicicleta e saiu pedalando com risco de cair, por não tirar os olhos do balão. Lachambre, Chapin, Georges Goursat e outros auxiliares e amigos olhavam a cena com incredulidade. Aída era a primeira mulher que voava sozinha em um balão dirigível. E justamente num balão de Santos Dumont, que nunca os emprestara a ninguém.

No campo de polo, os cavaleiros vestidos de azul e de vermelho preparavam-se para montar. O sol brilhava em cheio sobre o retângulo verde, delimitado por uma proteção baixa de madeira branca e pelas goleiras em cada extremidade. Em torno do campo, homens, mulheres e crianças acomodavam-se nas arquibancadas, todos vestidos com extrema elegância. Carruagens puxadas por lindas parelhas de cavalos despejavam mais pessoas de ambos os lados. Bandeiras francesas, americanas e inglesas ondulavam contra a brisa do sul. Aída, preocupada com as manobras, abarcou tudo isso com um rápido golpe de vista. Precisava descer rapidamente no centro do gramado, antes do começo do jogo.

Ouvindo o ruído do motor, várias pessoas apontaram para o balão que se aproximava rapidamente. Um dos jogadores vestidos de azul, com o taco de polo apoiado sobre o ombro, ergueu a cabeça e disse para o cavalariço:

– Firme bem o cavalo pela brida. É Santos Dumont que está chegando.

– Desculpe, senhor, mas acho que o piloto é uma mulher.

– Uma mulher?! Impossível!

Com o dirigível já sobrevoando as arquibancadas, o povo começou a agitar-se e alguns cavalos relincharam, assustados. Alberto entrou pedalando sem cerimônia pelo gramado e colocou-se bem no meio para segurar o cabo-pendente. Numa manobra perfeita, o dirigível desceu lentamente no centro do gramado. E o povo explodiu em aplausos quando viu descer da barquinha uma linda mulher vestida de branco.

Alberto pousou suavemente a mão direita sobre a cabeça da jovem adormecida. O *Buggy* rodava agora junto ao muro de pedras que limitava o terreno do hangar. O Sena corria próximo dali, o que se percebia pelo ar ainda mais fresco e pelo coaxar dos sapos. O rapaz parou o carro diante do portão e mergulhou seus dedos no cabelo macio, começando a coçar a nuca de Aída. A mulher mexeu-se e começou a ronronar como um gato.

– *Esto es mui bueno, mi amor.* Como é que você sabe que eu gosto disso?

– Porque você é uma sinhazinha.

– Uma quê?

– Uma jovem criada com mimo, cercada por escravos que adivinham todos os seus desejos.

A jovem levantou-se e olhou para o hangar que se destacava alto e sombrio contra o céu.

– É isso mesmo. E você, meu escravo número um, vai agora me levar para voar.

– Pensei que você queria voar sozinha.

– Hoje não. Nunca voei de noite e, além disso, quero me apertar naquela barquinha, bem junto de você.

Albert Chapin, acostumado com as excentricidades do patrão, não estranhou ser acordado às três horas da madrugada. Feliz com os dois beijos estalados que recebeu de Aída, puxou Alberto para um canto do hangar e falou-lhe com excitação:

– Ele telefonou duas vezes para o senhor esta noite. Uma para sua casa e outra para cá.

– Ele quem?

– O deputado Jean Jaurès.

– Deixou algum recado?

– Queria saber quando o senhor embarca para o Brasil.

– Você disse a ele?

Chapin coçou os cabelos desgrenhados.

– Como não é segredo, eu disse que o senhor embarca em meados de agosto.

– Muito bem. Ele disse mais alguma coisa?

– No telefone não. Estava com muita interferência. Mas eu sei o que ele quer. Ele me disse numa reunião do partido... Ele quer que o senhor faça contatos políticos no Rio de Janeiro. Que anime os companheiros da Internacional Socialista.

Alberto olhou surpreso para o mecânico.

– Mas... eu não sou político. Nunca fui.

– O deputado Jaurès acha que o senhor é político à sua maneira. E político socialista. O senhor nunca registra seus inventos. Distribui os prêmios que ganha entre seus trabalhadores e os pobres de Paris. Trata todas as pessoas, ricos e pobres, da mesma maneira. O senhor é um socialista, patrão. Queira ou não queira.

Alberto suspirou.

– Essa viagem para o Brasil já me assusta só pela perspectiva das homenagens, dos banquetes, dos discursos que terei de ouvir e responder. Imagine ainda me meter em política... Não, Chapin. Gosto muito de Jaurès, mas isso é absolutamente impossível.

O mecânico ficou cabisbaixo, com os lábios trêmulos sob o bigodão eriçado. Um gigante de braços caídos, derrotado.

– Não fique assim, *mon ami*. Cada um deve combater na sua barricada. A minha é lá no céu.

E apontou para o alto do hangar, parcialmente iluminado pelo reflexo das lâmpadas elétricas. O teto de lona, armado sobre cordas de ferro, como nos circos, formava uma espécie de cúpula apoiada nas altas paredes de madeira. Essa impressão de tenda era realçada pelas cores vermelho e branco das paredes. Embora o galpão fosse muito grande, a presença dos balões "número 7" e "número 9", os dois cheios de gás, já limitava bastante o espaço disponível. O resto era ocupado por um pequeno escritório, pelo dormitório dos vigias, pelas diversas bancadas para conserto e limpeza dos motores e pelas cubas de metal onde era preparado o hidrogênio. O soalho de areião socado ringia sob a sola dos sapatos. O cheiro dominante era de tinta fresca e gasolina.

Alberto aproximou-se de Aída que subira numa escada de armar e acariciava a seda esticada do nº 9 como se fosse o pescoço de um cavalo.

– *Te quiero, mi amor. Te quiero con toda mi alma.*

Cor de ouro fosco. Com a proa moldada no formato de um seio e a popa pontiaguda, o balão era ovalado e inflava-se com 261 metros cúbicos de gás. Sob o invólucro e a ele preso por estais feitos com cordas de piano, uma armação de alumínio, lembrando o esqueleto de um peixe, continha a barquinha em sua parte anterior. Logo atrás dela estava fixado o motor Clément-Bayard de 2 cilindros e 3 cavalos de força. Ajoelhados junto ao motor, Albert Chapin e seu jovem ajudante, que não parava de bocejar, terminavam de encher o reservatório de gasolina. No local onde ficam as nadadeiras caudais dos peixes destacava-se a enorme hélice de duas pás, feitas de metal leve coberto com seda esticada. Finalmente, no lugar do rabo do peixe, em posição vertical, estava fixado o leme, parecendo uma grande bandeira com os cantos arredondados, também fixa numa armação metálica.

– Desça daí, Aída. Temos que tirar o balão para fora do hangar.

– Alberto! Quando é que nós vamos passear no "número 7"?

E olhou do alto da escada para o balão negro, comprido e com as duas extremidades pontiagudas, que ocupava quase metade do hangar.

– Esse é um balão de corrida. Não é para passeios. Pode voar a até 60 quilômetros por hora.

– Tudo isso? E o "número 8", onde está?

– Não existe esse número. Não gosto dele. Acho que dá azar.

– Engraçado... Nos Estados Unidos, a superstição é com o número treze. Tem gente que...

– Desça já daí, Aída. É mais fácil você cair dessa escada do que do meu balão.

A cubana desceu agilmente e deixou que Alberto a abraçasse pelas costas, antes de saltar no chão. Mas logo se desprendeu, pegou-lhe do pulso e olhou o mostrador do famoso relógio feito por Cartier, que estava virando moda em Paris.

– Quase quatro horas da madrugada... O telefone está funcionando?

– Creio que sim.

– Então vou ligar para o hotel. *Miss* Campbell deve estar assustada com a minha demora. Ela até ronca sentada numa cadeira, mas não deita antes de eu chegar.

Aída dirigiu-se para o pequeno escritório, onde a caixa de madeira do telefone estava fixada na parede. Retirou o tubo do escutador, preso por um fio que penetrava na caixa, e colocou-o contra o ouvido esquerdo. Torceu a manivela várias vezes e aproximou os lábios do bocal para falar. Chapin aproximou-se de Alberto, que acompanhava de longe essas manobras.

– *Tout est prêt, patron.* Podemos abrir as portas do hangar?

– Sim. E, depois que nós partirmos, você pode ligar para a minha casa e acordar o Charles. Quero que ele nos espere com um bom café.

– O senhor vai aterrissar nos *Champs Elysées*? E quem vai ficar cuidando do balão?

Alberto sorriu, divertido.

– Vou amarrá-lo numa árvore diante da minha casa.

– Se o senhor quiser, eu posso pegar o *Buggy* e esperá-lo na esquina da Rua Washington.

– Se você comprar pão quente no caminho, eu aceito. Aída adora pão.

O ruído das portas rolando sobre os trilhos abafou a voz da moça que falava aos gritos no telefone. Com grande facilidade, os três homens retiraram o balão para o terreno coberto de capim alto. A força ascensional do hidrogênio era o que carregava o peso, bastando apenas impedir que o dirigível lhes escapasse das mãos. Enquanto Chapin e seu auxiliar André Gasteau prendiam alguns sacos de areia para manter o balão cativo, Alberto fixou o holofote com bateria diante da barquinha e acendeu-o. O facho de luz amarelada iluminou discretamente o muro de pedras e o portão de madeira que dava para a rua.

Aída chegou quase correndo do hangar, ergueu um pouco a barra do vestido e entrou na barquinha. Alberto tirou um caderninho do bolso do paletó e empurrou o velho chapéu panamá para a nuca, com a ponta do dedo indicador. Depois retirou um lápis que estava preso no caderninho e olhou seriamente para a moça.

– Quantos quilos você está pesando?

– Eu?! Uns quarenta e oito, eu acho.

– Eu acho não é resposta. Desça daí e vá se pesar lá no hangar. A balança está...

– Eu sei onde está a balança, não se preocupe.

Aída desceu da barquinha sem aceitar ajuda de Alberto, que a olhava desconsolado.

– Já expliquei a você várias vezes que o cálculo do peso é essencial para um voo seguro.

A cubana olhou para o céu estrelado e suspirou.

– Eu estava enlevada de poesia. Agora tenho de me pesar, como se fosse um saco de batatas.

E seguiu majestosa para o hangar, arrastando o vestido no capim alto.

Quase cinco horas da manhã. Conduzido pela mão firme de Alberto, o dirigível alçou voo por cima do muro e logo atravessou o Sena. Poucas luzes nas margens do rio. Do lado do nascente, uma tênue claridade começava a empalidecer as estrelas. Passado o rio, tomaram o rumo da esquerda, onde a massa de árvores do *Bois de Boulogne* estava imersa na escuridão.

– Pode ligar o holofote e baixá-lo sobre as árvores.

Para obedecer à ordem, Aída teve que apertar-se ainda mais contra Alberto. A moça ocupava a frente da barquinha e o rapaz a abraçava pelas costas, perturbado com o contato e o calor do seu corpo. Mas não perdia a concentração nos comandos, manobrando o leme com a mão esquerda e alterando a posição da proa com a direita. A luz amarelada destacava as árvores mais altas. Como numa pista de obstáculos, Alberto fazia o dirigível saltar sobre elas e voltar à altitude anterior. E assim, voando e piscando por cima do bosque, como um imenso vagalume, a *Balladeuse* atingiu a Porta Dauphine. Dali em diante as ruas, embora desertas, eram bem iluminadas.

– Solte o cabo-pendente, Aída. Vou descer mais e fazê-lo arrastar-se pela Avenida do Bosque. E pode apagar o holofote. Vamos aproveitar as luzes dos postes.

O dirigível mergulhou em direção ao meio da avenida e equilibrou-se a uns vinte metros de altura. Aída soltou o cabo-pendente que deu grande estabilidade ao balão, arrastando-se atrás dele como uma enorme cauda. Voavam agora mais baixo do que o nível dos telhados dos prédios, o que lhes transmitia a sensação de um verdadeiro passeio pelas ruas. E seguiram assim, bem colados um ao outro, sem dizer palavra, até que o balão confrontou o Arco do Triunfo.

– Vamos passar por dentro dele, *mi amor?*

– Acho que seria um desrespeito. Não. Não vamos. Eu amo esta cidade e todos os seus símbolos de soberania.

E Alberto fez o dirigível contornar a *Place de l'Étoile*, absolutamente deserta, como se fosse uma viatura comum. Tantas avenidas desembocavam na praça, que por alguns momentos sentiu-se perdido. Finalmente localizou os *Champs Elysées*, onde um único fiacre movia-se ao longe.

– Alberto?

– Sim, meu amor.

– Estamos perto da sua casa?

– Muito perto.

– Então quero que você suba o mais alto possível no céu.

– E para que isso, querida? Não quer ir mais na minha casa?

– Quero sim. Mas não vou fazer amor com você em nenhuma cama.

– Está bem, querida. Já estou muito feliz em estar assim, bem junto de você.

A jovem virou-se dentro da barquinha e olhou fundo nos olhos de Alberto. Seu peito arquejava de paixão.

– Faça o balão subir agora mesmo. Vamos fazer amor no alto do céu.

PARIS, FIM DO VERÃO E OUTONO DE 1906

Uma velha placa identificava seu nome: "Kuigno". Dentro da baia, o burrico cinzento acordara mal-humorado. Olhava para a manjedoura vazia e batia com uma pata dianteira sobre o chão poeirento. Por duas vezes, zurrou alto, erguendo o focinho branco. De súbito, torceu a cabeça na direção da porta do estábulo. Antes que ela se abrisse, suas grandes orelhas já estavam atentas aos passos do dono. Um estalar de tábuas e recebeu em cheio nos olhos a luz da manhã.

– *Bon-jour, mon p'tit.* Passou bem a noite? Hoje temos muito trabalho pela frente. Mas não se preocupe. Trouxe para você uma ração dobrada.

O burrico resmungou alguma coisa, voltando a bater forte com o casco no chão.

– Está bem, está bem, chega de conversa. Mas não coma depressa demais. Se soubesse o que nós vamos fazer hoje, talvez até perdesse o apetite.

E jogou dentro da manjedoura um balde quase cheio com grãos de aveia.

Dez horas da manhã. Com seus arreios de puxar carroça sobre o lombo, Kuigno pastava tranquilamente junto ao muro de pedras. Bem perto dali erguia-se o hangar em forma de tenda, com suas altas paredes pintadas de vermelho e branco, em faixas verticais. O dono do burrico estava sentado no chão, com as costas contra o muro, aproveitando a sombra. Vestia roupas folgadas de zuarte desbotado e fumava um cigarrinho enrolado em papel.

Mas somente naquele canto da "estação de aeronaves", em Neuilly Saint-James, havia um pouco de calma. Nos demais espaços do amplo terreno, diversos operários trabalhavam sob as ordens de um homem de pequena estatura, vestido como um cavalheiro e com um velho chapéu branco na cabeça. O homem apontava com gestos decididos para os lugares onde queria reforços na estrutura já quase montada. Ouviam-se ruído de martelos batendo no metal e o ringido de roldanas de ferro. O homem dirigiu-se a passos rápidos para os fundos do terreno, junto das árvores, onde estava cravado um poste de uns quinze metros de altura. No alto do poste fora instalada uma pequena plataforma de madeira, em direção da qual um operário estava subindo, com extremo cuidado, apoiando os pés nos degraus pregados no poste. Acima da plataforma, estava fixado um cabo de aço que descia numa inclinação de noventa graus até outro poste, bem mais baixo, onde estava fixada a outra ponta do cabo. A distância entre os dois postes era de mais ou menos sessenta metros. Sobre o cabo inclinado, quatro operários estavam instalando um sistema de roldanas, capazes de deslizar suavemente em ambas as direções.

No seu canto perto do muro, Kuigno ergueu o focinho do capim e olhou desconfiado, as grandes orelhas apontando para o portão de entrada do terreno. Pouco depois, entrou pelo portão um velho fiacre puxado por dois cavalos baios, muito suados. O burrico franziu o focinho, ergueu o peito como se fosse zurrar, mas logo voltou a pastar calmamente. A carruagem de aluguel vinha com a capota arriada e trazia um único passageiro. O cocheiro não parecia apressado. Conduziu os cavalos a passo lento até diante do hangar e ali ficou com a cartola caída sobre os olhos, como se estivesse cochilando. O passageiro desceu com cuidado do fiacre, tirou o chapéu "picareta" e passou um lenço pela calva. Ajeitou os óculos de aros de ouro na ponta do nariz avermelhado e soprou o ar fortemente pelas bochechas flácidas. Depois olhou para o relógio de pulso e deixou cair o braço.

– Virgem de Deus, Michel... Só eu mesmo para ainda pegar esta sua tipoia. Levamos quase duas horas para chegar aqui.

O cocheiro ergueu os ombros e respondeu com atrevimento.

– E o senhor se dê por satisfeito, *Monsieur* Goursat. Para vir nesta lonjura, devia me pagar a volta e eu não vou cobrar.

– Pensei que você gostasse de vir aqui. Que fosse um admirador de Santos Dumont.

– Ora... desde que venceu aquele prêmio de contornar a Torre Eiffel, parece que o *Petit* Santôs anda dormindo demais. Acho que ele cansou de criar coisas novas. Esses balões com motor já perderam a graça.

O caricaturista olhou para o cocheiro com vontade de brigar, mas desistiu. Deitara tarde, acordara cedo e estava com muita dor de cabeça.

– Está bem, Michel, mas, se fosse você, eu não perderia a confiança em Santos Dumont. Ele ainda tem muitos coelhos guardados na cartola... Tome aqui seu dinheiro e boa viagem de volta.

Goursat virou as costas para o fiacre e saiu pisando com cuidado no capim alto. Alberto o recebeu com alegria.

– Ora viva! Gabriel apostou comigo uma garrafa de *champagne* como você não chegaria aqui antes do meio-dia.

– Não me fale em bebida, *pour l'amour de Dieu*. Será que tem café para eu tomar aí dentro do seu circo?

– Chapin tem sempre café quente no escritório. E Rochefort? Não vinha com você?

– Ai, meu Deus, esqueci completamente daquele urso velho. Mas duvido que ainda esteja me esperando. Na certa já está vindo para cá.

– Eu não vou esperar por mais ninguém.

– Mas o Rochefort veio da Costa Azul só para assistir a esta prova com o 14-Bis.

O aeronauta encolheu os ombros.

– Você deveria ter pensado nisso antes de esquecer o homem.

No mesmo instante, outro fiacre entrou pelo portão.

– É o Rochefort. É melhor você ir recebê-lo e inventar alguma coisa a meu respeito. Eu vou logo atrás desse café.

Henri Rochefort, o famoso polemista, fundador do jornal *L'Intransigeant*, ficara amigo de Alberto durante os meses que o brasileiro passara em Mônaco. Todos os dias, ele descia até o *boulevard* de La Contamine para apreciar os trabalhos do inventor. E sua pena feroz, que já o levara a bater-se em duelo uma meia dúzia de vezes, era sempre macia e elogiosa para Santos Dumont. Aos setenta e cinco anos de idade, Rochefort era o jornalista mais temido e respeitado da França. Andava sempre de cabeça erguida, abrindo caminho com sua bengala de estoque.

Alberto recebeu-o sorrindo.

– *Mon cher ami*, fico feliz que tenha vindo ao batismo do meu aeroplano.

– O prazer é todo meu, Dumont. Mas se aquele rato desenhista não tivesse fugido para dentro do hangar, acho que, em vez de batismo, íamos ter hoje aqui um enterro.

– Peço-lhe que esqueça o incidente. Afinal, Goursat é um humorista e quase nunca pode ser levado a sério... Quer ver como vamos testar o aeroplano? Fiz montar este cabo de aço inclinado para içar o 14-Bis até o ponto mais alto e fazê-lo descer com auxílio daquelas roldanas.

– 14-Bis é o número do seu aeroplano? Mas não é o primeiro que você constrói?

– Exatamente. Mas dei-lhe esse nome, ou número, em homenagem ao meu dirigível nº 14 que o levou a voar pela primeira vez.

– ...

– Exatamente, *Monsieur* Rochefort. Eu amarrei o aeroplano debaixo do dirigível e saí voando com os dois juntos. Ficou um monstrengo, mas serviu para que eu testasse o motor em segurança.

Rochefort franziu as sobrancelhas grisalhas.

– Em segurança? Só você se acha em segurança nessas situações. E no que resultou o híbrido de balão com aeroplano?

– Resultou em excelentes observações sobre o funcionamento do leme do 14-Bis e do motor Antoinette de 24 HP.

– Ha... então você vai usar mesmo o motor da lancha de corridas do Levavasseur.

– Foi o que encontrei de melhor no momento. Se não fosse pela precariedade dos motores a gasolina, há muito eu já teria adaptado um deles a um planador.

– Então o 14-Bis é um planador?

– Sem motor, ele é. O Gabriel... o senhor conhece Gabriel Voisin, meu principal colaborador neste projeto?

Rochefort fez que não com a cabeça.

– É um moço de vinte e seis anos, mas tem muita experiência com planadores a reboque. Foi com Gabriel Voisin que Louis Blériot testou aquele hidroflutuador no lago de Enghien, o senhor se recorda? Um planador que se ergueu no ar puxado por uma lancha.

– Lembro vagamente do fato... E onde está o 14-Bis? Vou entender melhor suas explicações na frente dele.

Santos Dumont bateu palmas para chamar atenção dos operários.

– Por favor, venham comigo. Vamos empurrar o aeroplano para fora do hangar.

Rochefort ficou esperando, apoiado na bengala, e quase levou um susto quando foram abertas as portas de correr e o 14-Bis surgiu em pleno sol. À primeira vista, parecia uma armação em forma de cruz, feita com caixas cobertas de seda branca, colocadas sobre duas rodas de bicicleta.

– Mas... Mas que loucura é essa, Dumont? Você pretende voar mesmo com essa caranguejola?

Alberto sorriu, enquanto orientava os operários para prenderem o aeroplano no cabo de aço.

– Concebi o 14-Bis como um biplano, com essas seis divisões dentro das asas, no modelo das células de Hargraves. Se elas funcionam num planador, também devem servir para auxiliar este aparelho com motor a alçar voo.

– Mas por que as asas estão para trás e o corpo do bicho para frente?

O brasileiro teve que rir. Depois respondeu com seriedade.

– Porque o maior problema que terei será fazer o 14-Bis obedecer na hora todas as manobras do leme. Se eu colocasse o leme atrás, como nos meus dirigíveis, teria que forçar demais para baixo a popa do aparelho, a fim de que ele pudesse subir.

– Mas deste jeito, você me desculpe, me parece o mesmo que tentar arremessar uma flecha com a cauda para frente.

Gabriel Voisin veio em auxílio de Alberto. Depois de ser apresentado a Rochefort, mostrou-lhe os cabos do leme.

– São os mesmos usados nos relógios das igrejas. São muito resistentes e pesam pouco. Tudo pesa muito pouco neste aeroplano. Afinal, não terá nenhum balão de gás para puxá-lo para cima.

– Qual é o peso total dele?

– Cento e sessenta quilos. E isso que a estrutura foi feita apenas com bambu e vime, revestidos de seda.

Rochefort puxou do seu caderninho, colocou o *pince-nez* e fez algumas anotações rápidas.

– Pode me dizer as dimensões?

– Dez metros de comprimento e doze de envergadura, com uma superfície total de oitenta metros quadrados.

Quer ver o motor? Está colocado aqui, bem no centro entre as duas asas. Um pouco atrás da barquinha.

Rochefort guardou o caderninho e fez uma careta.

– E Dumont vai pilotar essa coisa de costas para as asas e de frente para o rabo do bicho?

Alberto, que voltava de uma inspeção ao cabo de aço, ergueu a mão direita em sinal de paz.

– Hoje vai ser apenas um voo simulado, para testar a estabilidade no ar. Vamos puxar o 14-Bis por aquela corda até o ponto mais alto do poste e deixá-lo escorregar pelas roldanas até o chão.

– Com você dentro, naturalmente.

– Está claro que sim.

– E se o bicho virar lá no alto e atirar o meu amigo de cabeça no chão?

Alberto riu-se novamente.

– Como se diz no Brasil, *Monsieur* Rochefort, só o peru morre de véspera.

E, desviando o olhar do rosto atônito do jornalista, entrou na barquinha e fez sinal a Chapin para girar as pás da hélice. Como naquele momento Georges Goursat saía do hangar, Rochefort desistiu de entender a resposta de Alberto e partiu para dizer umas verdades ao caricaturista.

Ouvindo o ronco do motor, Kuigno ergueu a cabeça e apontou as orelhas em direção do som. Seu dono levantou-se preguiçosamente da sombra do muro e puxou-o pelo cabresto até junto do aeroplano. A corda foi presa aos arreios e o burrico começou a puxar o 14-Bis cabo acima. Goursat não resistiu ao cômico da cena e desenhou-a com rápidos traços em seu caderno. Um jumento, o veículo mais ancestral do homem, puxando uma futura máquina voadora.

– Força, Kuigno! Vamos! Não é hora de empacar, *mon p'tit*... É bom alguém vir puxar aqui no cabresto. Vou ter que empurrar o burro por trás.

Atento dentro da *nacelle*, Alberto manteve o motor em ponto morto. As pás da hélice rodavam às suas costas em ritmo lento. Pouco a pouco, sua visão foi se ampliando por cima das árvores, até abranger uma parte do Sena e a ilha de Puteaux, ali bem próxima. Chapin e Gabriel subiam pela escadinha do poste, observando ansiosos a estabilidade do aeroplano.

– É melhor agora desligar o motor, *patron*. A hélice já está muito próxima de nós.

Alberto cortou o contato e o silêncio trouxe de volta o canto dos passarinhos. Ouviu também nítido o apito de um barco que avançava abrindo as águas do rio.

– Agora podem desprender o jumento. Vamos ver como o 14-Bis desce até lá embaixo.

Gabriel, já acomodado na plataforma, apontou para a caixa grande na frente do aparelho.

– Cuidado ao manobrar o leme, senhor. É preciso erguer bem a proa, para que as rodas batam antes dela no chão.

– Está bem. Podem soltar a corda.

Em poucos segundos, num mergulho perfeito, o 14-Bis deslizou pelas roldanas até a extremidade do cabo. A manobra foi repetida diversas vezes. Depois da última aterrissagem, Alberto desceu da barquinha e sorriu satisfeito.

– O teste do jumento foi um sucesso.

Caminhou até junto do animalzinho e passou a mão em pente sobre o pelo suado.

– Como é mesmo o nome dele?

– Kuigno, senhor.

– Se depender de mim, Kuigno, você vai entrar para a história da aeronáutica.

E, voltando-se para os assistentes, disse com voz emocionada:

– Nosso próximo passo será levar o 14-Bis para o campo de Bagatelle. Vamos tentar fazê-lo voar.

– Você vai convocar a Comissão do Aeroclube para a prova?

– Vamos acertar uma data com eles. E também com Ernest Archdeacon.

– Mas Ernest não é o presidente do Aeroclube?

– É sim, *monsieur* Rochefort, mas ele instituiu também um prêmio pessoal. A Taça Archdeacon será entregue ao primeiro aeronauta que conseguir que um aeroplano voe apenas com auxílio do motor, num percurso mínimo de vinte e cinco metros. Já o Prêmio do Aeroclube de França, com as mesmas regras básicas, exige um percurso de cem metros.

– Quer dizer que você terá outra vez metade do povo de Paris assistindo à prova.

Alberto inclinou-se.

– Se me derem a honra, ficarei feliz com isso. Para mim, essas provas só têm valor na frente de muitas testemunhas.

Sete horas da manhã do dia 13 de setembro. Dividido em duas partes, o 14-Bis é levado pelas ruas até o campo de Bagatelle. Uma das partes, composta pelas asas, o motor e a barquinha, desliza sobre as rodas de bicicleta. A fuselagem, com sua extremidade em forma de uma grande caixa oca, segue carregada pelos operários. Alguns curiosos começam a seguir o estranho cortejo. No meio deles, vestindo um terno azul-escuro impecável, Santos Dumont caminha pensativo. Com o chapéu branco puxado sobre os olhos, não consegue tirar da cabeça a imagem de Otto Lilienthal.

Nos últimos meses, trabalhando freneticamente com Gabriel Voisin no projeto do aeroplano, estudara todos os documentos disponíveis sobre planadores. Durante muitos anos, desde Leonardo da Vinci, a imaginação fértil dos inventores projetara vários aparelhos voadores "mais pesados do que o ar". Mas foi somente em 1891, no ano em que Alberto chegara pela primeira vez em Paris, que o alemão Otto Lilienthal conseguiu voar realmente com um planador. Depois de estudar por muitos anos o voo das aves, ele montou uma armação de vime forrada com pano encerado, formando uma superfície de curva parabólica com sete metros de envergadura. Como essa estrutura pesava apenas dezoito quilos, o alemão a amarrou em seu corpo e, servindo-se de um trampolim, atirou-se no espaço, contra o vento.

Alberto sorriu ao pensar nesse primeiro voo de sete metros, no qual Lilienthal realizara o sonho de tantos precursores. Com o tempo, mudando seu local de provas para uma colina nos arredores de Berlim, ele conseguiu notável perícia em dirigir seu planador, com simples movimentos dos braços e pernas. Durante cinco anos, realizou mais de dois mil voos planados, conseguindo percorrer distâncias acima de duzentos metros. Finalmente, em 9 de agosto de 1896, seu aparelho desequilibrou-se no voo, precipitando-se para o solo e matando seu inventor.

Enquanto prosseguia acompanhando passo a passo o 14-Bis, Alberto pensou na estranha coincidência daquelas datas. Exatamente dez anos depois da morte de Lilienthal, ele iria tentar seu primeiro voo com um planador equipado com motor. E um arrepio percorreu-lhe a espinha ao olhar para a fragilidade do seu invento.

– Está preocupado, *patron*?

Alberto olhou para o rosto amigo de Chapin e tentou sorrir.

– Você sabe que eu fico sempre assim antes dos voos. E, desta vez, nem sei se conseguiremos voar.

Olhando para os lados, espantou-se como aumentara o número de acompanhantes do 14-Bis. Passavam agora sobre os trilhos da linha férrea. Para acompanhar a marcha lenta, vários ciclistas desceram de suas bicicletas. Alberto acenou para Gabriel Voisin, que caminhava do outro lado da rua, e voltou a pensar nos planadores.

Depois da morte de Lilienthal, o engenheiro inglês Sinclair Pincher repetiu suas experiências, mas atrelando ao planador uma parelha de cavalos. Os animais eram tocados a todo o galope contra o vento, fazendo a armação elevar-se como se fosse um papagaio de bambu e papel. Quando atingia uma altura julgada suficiente, Pincher soltava a corda e prosseguia em voo planado. Realizou assim vários voos com sucesso, até que foi precipitado ao solo por uma rajada de vento e não resistiu ao impacto da queda.

Alberto tirou o chapéu e sacudiu a cabeça, como se quisesse espantar as lembranças dos mortos. Mas o rosto duro de Henri Lachambre, há pouco falecido, também assaltou-lhe a mente perturbada. Felizmente, o cortejo estava próximo do campo de Bagatelle. E, no momento da ação, nenhuma imagem negativa conseguirá penetrar na minha mente. Assim pensando, o brasileiro sentiu que lhe voltava o entusiasmo. Deixando seus auxiliares ocupados com a união das duas partes do aeroplano, seguiu pela sombra das árvores até o lado norte da clareira. Respirou com prazer o ar puro do bosque e correu os olhos pela grama verde banhada de sol.

Um grande automóvel fumacento surgia de uma das alamedas. Era o Mors de Ernest Archdeacon, dirigido por um *chauffeur* todo de branco. O presidente do Aeroclube ocupava o banco traseiro junto com Surcouf, o secretário encarregado de cronometrar a prova. Outros automóveis e carruagens não demoraram a chegar. Os amigos trocavam cumprimentos e desejavam sucesso a Santos Dumont. Mas, no íntimo, nenhum deles estava acreditando que aquele aparelho frágil e desengonçado conseguisse voar.

Depois que Alberto afastou-se em direção ao aeroplano, Archdeacon alisou os bigodes e falou baixo, quase no ouvido de Surcouf:

– Talvez Lord Kelvin tenha razão.

– Razão no quê, Ernest?

– A última vez que o encontrei em Londres, ele me disse não ter a menor fé em outro tipo de voo que não seja o de balão. E até eu, que destinei 3 mil francos do meu bolso para o vencedor desta prova, não consigo imaginar um aparelho pesado erguendo-se no ar.

No outro extremo do campo, Alberto subiu na barquinha e colocou o motor em funcionamento. Puxando o punho engomado da camisa, consultou rapidamente o relógio: sete horas e cinquenta minutos. Com um gesto imperativo, pediu a todos que se afastassem do aparelho. O 14-Bis começou a rodar lentamente em direção às árvores que limitavam o lado sul da clareira. Pouco a pouco, o povo foi ficando em silêncio. O veículo ganhou velocidade e os jurados abaixaram-se para ver as rodas erguerem-se do solo. Mas isso não aconteceu. Chegando próximo das árvores, Alberto teve que parar. E voltou lentamente ao ponto de partida, gritando para Chapin.

– O motor está fraco! Venha me ajudar a ajustá-lo.

O mecânico atarefou-se junto ao carburador. A cada aceleração, o ar era empestado pelo cheiro de óleo de rícino. Alberto pensou no seu velho *Peugeot* de 1891 e sacudiu a cabeça, desconsolado. Realmente, esses motores evoluíram pouco nos últimos quinze anos.

Oito horas e quarenta minutos. A aeronave desengonçada, com a fuselagem erguida para a frente, como um imenso ferrão, corre pelo gramado a uns trinta quilômetros por hora. Os espectadores estão novamente atentos. As mães seguram as mãos dos filhos pequenos. Todos os olhos seguem a progressão do aeroplano que começa a erguer-se. As rodas perdem por completo o apoio no solo por alguns segundos e giram no vazio. Mas rapidamente o 14-Bis perde a força e cai pesadamente ao chão. O chassis afunda e a hélice rompe-se em pedaços, sem parar de girar. Os jurados correm em direção ao centro da clareira, procurando medir a distância percorrida no voo. Alguns poucos metros. Mas quantos? Impossível saber. Alberto desce da barquinha e é abraçado por Ernest Archdeacon.

– Você voou! Uns poucos centímetros acima do solo, mas voou. Estou verdadeiramente impressionado! Nunca pensei que isso fosse possível.

Embora feliz com o resultado dessa primeira prova, Alberto recebeu os cumprimentos dos amigos sem entusiasmar-se demasiado. Quando conseguiu falar em particular com Gabriel e Chapin, segredou-lhes com convicção:

– Vamos trocar este motor por outro mais potente e melhorar a qualidade do leme. Antes que isso esteja resolvido, não voltarei a competir.

Cumprindo sua palavra, apenas no dia 22 de outubro Santos Dumont preveniu o Aeroclube de França de que tentaria repetir a prova no dia seguinte. Entregou a carta pessoalmente na Rua do Coliseu e voltou para casa a pé. Sob as árvores copadas da avenida dos *Champs Elysées*, nenhum passante poderia adivinhar que aquele cavalheiro de terno cinza-escuro e cravo branco na lapela iria tentar no dia seguinte uma das maiores façanhas da história da humanidade.

No dia 23 de outubro de 1906, às oito horas da manhã, mais de mil pessoas se amontoavam no campo de Bagatelle. Dessa vez a imprensa viera em peso e muitos fotógrafos montavam seus equipamentos, buscando posições estratégicas para os instantâneos. Até uma câmera de cinema, a maior novidade do momento, foi instalada para filmar a tentativa de voo. Embora fosse cedo para os hábitos da cidade, muitas mulheres estavam presentes.

O 14-Bis, agora com um motor de 50 cavalos de força, já estava colocado no extremo norte do campo. Exatamente às 8 horas e 45 minutos, Alberto subiu na barquinha e fez funcionar o motor. Antes de partir em velocidade máxima, percorreu lentamente a pista, como fazem os cavalos de corrida. O povo o aplaudia com entusiasmo. Mas, quando voltava para iniciar a prova, uma das rodas escapou do eixo e saiu rolando pelo gramado. O 14-Bis adernou para a esquerda, como uma ave ferida, e uma das pás da hélice espatifou-se contra o chão.

Ernest Archdeacon tirou a cartola da cabeça e abanou-se com ela, contrariado.

– Assim não vai dar. Vamos ver o que Santos Dumont está pensando fazer. Esse aparelho é frágil demais para um voo verdadeiro.

Mas Alberto recusou-se a cancelar a prova. Embora de má vontade, os membros da Comissão do Aeroclube concordaram em voltar a Bagatelle logo depois do almoço. Mas foi somente às quatro horas da tarde que os consertos foram terminados. A multidão não desistira de assistir ao voo, mas a brisa fria que soprava do rio afastou muita gente para dentro das carruagens.

O motor roncou novamente em sua potência máxima. Alberto, preocupado com as pessoas que se aglomeravam por todos os lados, pediu com amplos gestos que se afastassem. Depois fez o sinal da cruz e colocou a mão direita sobre a medalha de São Bento, que nunca tirava do pulso esquerdo. Milhares de olhos se fixaram no aeroplano que avançava rápido pelo gramado. Pouco a pouco, as rodas foram se desprendendo do chão e o 14-Bis ergueu-se a dois metros de altura. Depois de percorrer um pouco mais de cinquenta metros, a aeronave fez uma graciosa curva para a esquerda, sob o olhar incrédulo da multidão. Alberto cortou o contato e deixou o 14-Bis aterrissar com alguma violência, mas quase sem avarias.

O sol já se inclinava para o poente, pintando a tarde de rosa e violeta. No alto do céu, uma ave de longas asas fazia evoluções sobre o *Bois de Boulogne*. No meio da clareira de Bagatelle, o povo arrancou Alberto da barquinha e carregou-o em triunfo. O milagre do primeiro voo sem auxílio de balão havia acontecido diante de centenas de pessoas. Nos próximos anos, pelo gênio e coragem daquele homem, os aviões iriam disputar espaço com as aves nos céus de Paris.

Paris e seus arredores, setembro de 1909

A sala de redação do jornal *L'Humanité* estava no escuro. Apenas as luzes de néon da Rua Montmartre refletiam-se em vermelho sobre as mesas vazias. Mas o cheiro forte de tabaco e corpos suados ainda impregnava o ambiente. Depois da intensa atividade das últimas horas, só havia movimento junto às impressoras. Mas ali, onde era redigido o jornal socialista, o silêncio era total. Por baixo da porta da sala do diretor, no entanto, filtrava-se uma luz amarelada. O jovem estafeta aproximou-se timidamente e bateu à porta. Uma voz forte soou do interior.

– Entre!

O rapazinho abriu a porta com cuidado e baixou a cabeça.

– Eu trouxe a pasta que o senhor pediu, *Monsieur* Jaurès.

O homem barbudo e de ombros largos, sentado atrás da escrivaninha, fez-lhe sinal para aproximar-se. Pegou a pasta de couro e, antes de dispensar o funcionário, mostrou-lhe com o dedo indicador um homem que estava sentado do outro lado da mesa.

– Sabe quem ele é, François?

Timidamente, o rapaz olhou para o homem bem vestido que aparentava cerca de quarenta anos. Usava um bigode bem aparado e começava a ficar calvo, embora os cabelos escuros não mostrassem nenhum fio branco. Os olhos castanhos, grandes e um pouco exorbitados, fixavam-no com bondade.

– Desculpe, mas não sei, não, senhor.

– Nunca ouviu falar em Santos Dumont?

O rapazinho arregalou os olhos.

– O homem... que voa? É ele mesmo, *Monsieur* Jaurès?

– Dou-lhe a minha palavra.

Alberto ficou impressionado com a expressão de felicidade estampada no rosto do rapaz.

– Já me viu voar, François?

– Já vi, sim, senhor.

– Diga para mim quando foi.

– Eu vi... o senhor voar... há três anos, mais ou menos. Foi lá na clareira do bosque. Eu fui carregando o aparelho do fotógrafo.

Entusiasmado, o rapaz ergueu o braço direito com a mão aberta.

– O senhor voou bem alto por cima de um automóvel que corria na sua frente.

– Ah... Então você viu o meu voo do dia 12 de novembro.

E, virando-se para Jaurès:

– Depois do meu voo do dia 23 de outubro de 1906, apesar de toda a repercussão na imprensa mundial, o cocheiro de Georges Goursat lhe disse que aquele "salto" de dois metros de altura não valia nada. Que até um piano de cauda saltaria sessenta metros empurrado por um motor de 50 cavalos.

Jaurès riu-se.

– É mais fácil convencer o presidente da República do que um desses velhos cocheiros de Paris.

Alberto também sorriu, divertido.

– Como eu sempre tive o povo do meu lado, e muitas outras pessoas poderiam estar pensando a mesma coisa, resolvi aceitar o desafio. Foi a esse voo que você assistiu, François. Consegui naquele dia erguer o 14-Bis a cinco metros de altura, durante um trajeto de 220 metros. E ganhei o Prêmio do Aeroclube que exigia um voo de 100 metros.

– E o que disse o cocheiro?

Alberto empurrou o lábio inferior para cima, aproximando o bigode do nariz.

– Parece que ainda achou pouco. Mas, como Louis Blériot tentou voar também naquele dia e não conseguiu, o cocheiro Michel acabou convencido de que eu valia alguma coisa sem os meus balões.

Jaurès respirou fundo, para esconder um bocejo, e coçou a barba grisalha, aparada em ponta.

– E agora em julho, apenas três anos depois, Blériot conseguiu voar por cima do Canal da Mancha.

Alberto sorriu.

– É verdade. Tive o prazer de enviar-lhe os meus cumprimentos. Se me cabe algum mérito é o de ter aberto o caminho para essa e outras façanhas que virão.

Instintivamente, Jaurès fechou os punhos.

– Mas até isso querem lhe tirar, *mon ami.*

E, voltando-se de chofre para o estafeta, que esquecera ali junto da porta:

– Você já ouviu falar nos irmãos Wright, François?

– Nos irmãos... o quê, senhor?

– Nos irmãos Wilbur e Orville Wright, dois aviadores americanos.

– Nunca ouvi falar, senhor.

Jaurès acalmou a voz.

– Você já jantou, François?

– Sim, senhor.

– Então pode ir dormir. Não vou mais precisar de você esta noite.

– Obrigado, *Monsieur* Jaurès e... muito prazer, *Monsieur* Santos Dumont.

– O prazer é todo meu, François.

Depois que o rapaz fechou a porta, o deputado socialista encarou Alberto com a fisionomia sombria.

– Ninguém sabe quem são os irmãos Wright, mas vão acabar sabendo. Todos os dias a Embaixada dos Estados Unidos manda para os jornais folhas e folhas de propaganda a respeito deles. Estão gastando milhares de dólares para convencer a opinião pública de que eles voaram antes de você, em dezembro de 1903. Para mim isso é uma infâmia e...

Alberto ergueu a mão direita.

– Talvez tenham voado mesmo. Mas, se isso realmente aconteceu, só eles assistiram. Fica, assim, a palavra deles contra o testemunho de centenas de pessoas que me viram voar três vezes em 1906. Sem contar as fotografias e o cinematógrafo.

– A embaixada mandou para nós a cópia de uma fotografia do primeiro voo deles com o... como é mesmo o nome do aeroplano?

– *Flyer.*

– Isso mesmo. O instantâneo é tão ruim que parece uma montagem. E quem escreveu a data foram os próprios irmãos Wright... Nós, ao contrário, além de tudo que você já mencionou, estamos reunindo uma excelente documentação para provar que tudo isso é uma farsa. Que os irmãos Wright, acima de tudo, são dois mercenários.

Alberto endireitou-se na cadeira desconfortável.

– Por que mercenários?

Jaurès ergueu o punho direito, como costumava fazer nos seus discursos. A voz também soou mais alta e empostada.

– Porque, embora sabendo do valor militar de uma invenção dessas, tentaram vender o aeroplano deles ao Exército francês.

Resmungando todo o tempo, o deputado retirou da pasta alguns papéis e fotografias e espalhou-os sobre a escrivaninha. Enervou-se ao não encontrar imediatamente o que queria, mas logo sorriu, triunfante.

– Você sabe que eu vou apresentar um projeto na Assembleia Nacional sobre uma profunda modificação em nossas Forças Armadas. Quero um Exército do Povo, sempre preparado e treinado para defender as nossas fronteiras, mas sem vocação para invadir as outras nações.

– Admirável, meu amigo. Seu trabalho pela paz mundial me enche de entusiasmo.

Jaurès suspirou.

– Estamos apenas no começo. Como também está no começo a conscientização dos operários de não fazerem guerra uns contra os outros. Sem os operários, quem vestiria a farda na França e na Alemanha para uma guerra entre os dois países?

– ...

– ...

– ...

– Utopia... simples utopia, é isso que seu rosto está me dizendo... Não, não pense que eu sou ingênuo... Sei que o meu projeto do Novo Exército não vai passar imediatamente. Mas eu estou aprendendo muita coisa com este estudo, inclusive encontrando cartas e documentos surpreendentes, como este que aqui está.

– Se for confidencial, eu...

– De maneira nenhuma. Só mandei meu secretário fazer cópias dos documentos que podem passar ao domínio público. Como este aqui, meu amigo. Trata-se de uma carta de Wilbur Wright para o capitão Ferdinand Ferber, aeronauta do nosso Exército, pedindo duzentos e cinquenta mil dólares pelo *Flyer*, numa negociação que seria mantida em completo sigilo.

Alberto sacudiu a cabeça, impressionado. Jaurès acompanhou-lhe o gesto.

– É isso mesmo. Enquanto você não registra seus inventos e doa seus prêmios aos pobres de Paris, eles...

– E o Exército francês interessou-se pela compra do aeroplano?

– Mandaram o capitão Ferber aos Estados Unidos, em

1904, para verificar se o *Flyer* voava mesmo. Mas os irmãos Wright se recusaram a fazer a demonstração.

– ...

Jaurès abriu dois dedos da mão direita.

– Das duas, uma. Ou eles estavam mentindo sobre o primeiro voo e tentaram envolver a França para despistar, ou tinham medo que alguém os visse voar e copiasse o invento. Nesse último caso, na sua opinião, o que deveriam ter feito?

– Patentear o *Flyer* no nome deles, eu acho.

– Isso mesmo, meu amigo! Pois então veja este documento aqui, obtido em Londres pelo correspondente de *L'Humanité*. Você lê em inglês?

Alberto apenas inclinou a cabeça, pegou o papel e leu rapidamente.

– Aqui diz que Wilbur e Orville Wright patentearam em Londres, em 1904, um planador... sem motor. Então, não se trata do mesmo invento.

Jaurès apontou um dedo acusador para o papel.

– Exatamente! Se eles tivessem realmente voado com o *Flyer* em dezembro de 1903, por que iriam a Londres no ano seguinte para patentear um planador comum? O certo seria proteger a invenção mais valiosa. Principalmente para quem gosta tanto de dinheiro.

Alberto ficou uns momentos pensativo. Depois olhou direto nos olhos brilhantes de Jaurès.

– Você assistiu ao voo dos irmãos Wright, aqui na França, em 1908?

O deputado sacudiu a cabeça em negativa.

– Infelizmente, não.

– Pois eu assisti e fiquei impressionado com a plataforma de lançamento, com postes e trilhos, que eles tiveram que montar no local. Mas, depois que o aeroplano ergueu voo, foi lindo ver como se mantinha no ar e manobrava com facilidade. Pena que, ao aterrissar, não possa voar novamente sem ser colocado de novo sobre os trilhos da plataforma.

– Assim como uma locomotiva que levantasse voo?

Alberto teve que rir.

– Você está mesmo disposto a bater nos Wright.

– Disso não tenha a menor dúvida. Você não achou, apesar dos defeitos, o avião deles parecido com o 14-Bis?

– Sim. Tem muitas semelhanças na estrutura.

– Isso não é de admirar, *mon ami*. Você saberá logo por quê.

Jaurès atarefou-se novamente sobre a escrivaninha, localizou um envelope, abriu-o e retirou uma folha de papel.

– Aqui está. É uma carta que Wilbur Wright escreveu para o capitão Ferber no fim do ano de 1906, após o seu triunfo em Bagatelle. Leia você mesmo, por favor.

Alberto iniciou a leitura e interrompeu-a imediatamente, o rosto incrédulo.

– Mas... não é possível... ele pede...

– Prossiga... prossiga.

– ...

– ...

Concluída a leitura, o brasileiro deixou a carta cair no chão e recolheu-a num gesto lento. Jaurès recebeu-a de volta e segurou-a com as duas mãos.

– Está tudo aqui. Logo que tomou conhecimento do seu voo pioneiro com o 14-Bis, Wilbur Wright escreveu esta carta ao capitão Ferber pedindo-lhe todas as informações possíveis, inclusive desenhos, do seu avião. Como você publicou tudo isso na imprensa, é claro que ele poderia ter copiado o que quisesse do 14-Bis, antes de voar na França, o ano passado.

Alberto ficou cabisbaixo, sem dizer uma palavra. O deputado levantou-se da cadeira e ficou de pé a seu lado, colocando-lhe a mão pesada sobre um ombro.

– Se você estiver de acordo, vamos começar a desmascarar essa gente. Podemos publicar uma série de artigos no *L'Humanité* e nos jornais da Alemanha, Inglaterra, Itália, em todos os lugares onde a Internacional Socialista tem prestígio.

Alberto estremeceu. Jaurès retirou a mão do seu ombro e ele ergueu-se e caminhou alguns passos pela sala. De repente, começou a ouvir os ruídos da rua. Rodas pesadas sobre o calçamento. O tilintar da sineta de um ônibus. Um riso de mulher. Vozes de homens que pareciam discutir. Sentiu de repente muito calor e respirou fundo o ar viciado da sala. Sacudiu a cabeça em negativa várias vezes, encarando o amigo que voltara a sentar-se atrás da escrivaninha.

– Uma campanha dessas seria terrível para mim. Sou um homem que sempre trabalhou em silêncio. Ao contrário de você, que é o maior tribuno da França, eu gaguejo ao fazer o mais insignificante discurso.

– Nós falaremos e escreveremos por você. O que me interessa é saber se você acredita ou não na tese da Embaixada dos Estados Unidos. Se você, no seu íntimo, se considera ou não o pioneiro do voo com equipamento mais pesado que o ar.

Alberto não demorou a responder. E o fez com toda convicção.

– No meu íntimo, eu acho que ninguém pode me arrebatar essa conquista. O que diriam Edison, Graham Bell ou Marconi se, depois que apresentaram em público a lâmpada elétrica, o telefone e o telégrafo sem fios, um outro inventor se apresentasse com uma lâmpada elétrica, um telefone ou um aparelho de telégrafo sem fios, dizendo que os tinha construído antes deles?

– E você diz que não sabe argumentar...

– Talvez não me faltem argumentos, mas não autorizarei essa polêmica apenas para me defender. Sua luta pela paz não pode ser perturbada por nada que seja menos importante. A verdade se fará por si mesma, porque tudo que nós estamos fazendo aqui na França, Blériot, Farman, eu e outros aeronautas, é feito diante do povo e das comissões científicas, em plena luz do sol.

– Essa frase eu vou copiar agora mesmo... Para o caso de você mudar de opinião, naturalmente.

Alberto sorriu.

– Há uma outra razão para que eu não mude de opinião sobre essa polêmica.

Jaurès olhou-o com curiosidade.

– E qual é ela?

– A teoria da evolução de Darwin.

– ...

– É isso mesmo. Você já me viu voar na *Demoiselle?*

Jaurès sacudiu a cabeça, tristemente.

– Política e jornalismo devoram cada momento da minha vida. Mas o que tem Darwin a ver com o seu novo avião?

Alberto tirou do bolso do paletó uma fotografia em forma de postal e colocou-a diante do deputado.

– É o meu monoplano ultraleve, oito vezes menor que o 14-Bis. Veja como ele voa com naturalidade. As asas transparentes como uma libélula, ou *Demoiselle,* como o povo o apelidou. Comparados com esta aeronave, o 14-Bis e o *Flyer* parecem macacos ao lado de uma corista do *Moulin Rouge.* Eu consegui, Jean. Eu consegui criar um avião completamente novo, extremamente seguro, que eu carrego para onde quero na carroceria do meu carro.

E colocou sobre a escrivaninha outra fotografia.

– É impressionante como sua aeronave é pequena. É linda, realmente.

Alberto espreguiçou-se, feliz.

– Nesta semana, eu bati o recorde do americano Curtiss, que conseguiu erguer seu aeroplano no ar após oitenta metros de corrida. Diante da comissão julgadora, a *Demoiselle* decolou após correr apenas setenta metros. E pode pousar também em espaços mínimos. Assim sendo...

– ...

– Assim sendo, meu amigo, fico-lhe grato pela sua lealdade, mas peço-lhe que deixe tudo como está.

– A não ser que os irmãos Wright apareçam daqui a dois anos com uma cópia da sua *Demoiselle*...

Alberto sorriu.

– Não aceito a polêmica, mas vou aceitar o jantar que você me prometeu.

Jaurès juntou os papéis e colocou-os meio socados dentro da pasta.

– Nesse terreno, não posso competir com você. Aqui na frente temos o *Coq d'Or*, um restaurante sofisticado, mas com muita música e mulheres noturnas. Para conversarmos em paz, acho melhor o *Croissant*. É um *bistrot* comum, mas a comida se parece com a minha lá do Tarn. Chapin já esteve no *Croissant* e gostou muito. Quer experimentar?

– Se Chapin é tão competente com comidas como é com motores, tenho certeza que não me arrependerei.

No dia seguinte, ao ouvir Alberto contar essa história, o mecânico começou a andar em roda do *Demoiselle*, como um pavão. O avião pequenino já estava pronto para a decolagem. Apesar do tempo ameaçando chuva, muitas pessoas tinham vindo ao campo de Saint-Cyr para assistir ao voo.

– O deputado Jaurès é o maior orgulho da nossa província. Ele é como o senhor, *patron*, igual com todo mundo, bom com todo mundo. Se não fosse a sua luta pela paz, tenho certeza que já seria presidente da República.

A aproximação de um conhecido jornalista do *Le Matin* interrompeu o diálogo. Alberto abaixou-se junto às rodas de bicicleta e entrou logo no exíguo espaço reservado ao piloto. Acima de sua cabeça, entre as duas asas, estava fixado o pequeno motor, de sua invenção, capaz de impulsionar a *Demoiselle* em voo até 110 quilômetros por hora. Toda a estrutura era de bambu da China, com emendas de metal e cobertura de seda. Graças a isso, a aeronave pesava apenas um pouco mais que cem quilos.

– Pode girar a hélice, Chapin!

A hélice de madeira envernizada, em posição horizontal, mal chegava ao peito do mecânico. Com a mão direita, Chapin baixou-a com toda força. Ouviram-se alguns estalos, mas o motor não pegou. Nova tentativa, sem sucesso.

– É bom o senhor injetar um pouco de gasolina no carburador.

– Está bem. Mas não podemos exagerar. Este motor afoga com muita facilidade.

Mais duas tentativas e o motorzinho de 2 cilindros roncou forte. As pás da hélice foram ganhando velocidade, até ficarem quase transparentes. As rodas começaram a girar sobre o gramado e Alberto apoiou os pés no pequeno estribo, quase encostado no chão. Como de hábito, estava muito bem-vestido. Terno escuro, camisa branca de punhos engomados e colarinho alto. Gravata vermelha e branca. Chapéu de copa alta e abas caídas. Ergueu a mão direita enluvada, pedindo espaço para atingir a cabeceira da pista.

Enquanto rodava, Alberto sorriu, pensando no velho jornalista Rochefort. Ao contrário do 14-Bis, este seu novo "bicho" voava com as asas para a frente e a cauda para trás. E erguia-se do solo com tanta facilidade e elegância, que sempre arrancava aplausos dos espectadores embevecidos. No ar, além da docilidade do leme, a simples inclinação do corpo era capaz de auxiliar nas manobras. Suas pequenas asas transparentes, com as hastes de bambu lembrando delicadas nervuras, davam ao conjunto harmônico a impressão de uma libélula voando contra o sol do entardecer.

E agora? Para onde eu vou? Tenho pouco mais de meia hora antes da noite. Com este tempo ameaçando chuva, o sensato seria fazer algumas demonstrações para o povo e aterrissar. Mas acontece que estou com vontade de voar. Pelo menos, terei tempo para sobrevoar o Castelo de Rambouillet e ver outra vez aquele lindo rebanho de ovelhas... Assim pensando, Alberto inclinou o corpo para a esquerda, ao mesmo tempo que manobrava o leme. O monoplano obedeceu imediatamente ao comando, numa curva graciosa que arrancou novos aplausos dos espectadores. Aos poucos, a *Demoiselle* foi desaparecendo de vista, até poder ser confundida com uma ave qualquer, voando alto no céu.

Durante alguns minutos, Alberto manteve uma boa visão sobre os campos cultivados. Mas logo as nuvens esfiapadas começaram a adensar-se e ele teve que ganhar altura. Quanto mais subia, mais as nuvens eram espessas e escuras. Por duas vezes, sacudido pela turbulência, pensou em descer e voltar ao campo. Mas o desejo de voar era mais forte. Relâmpagos corriam em ziguezague na sua frente. E o antigo sorriso de desafio, herdado do pai, brotou-lhe espontâneo dos lábios.

De repente, como um peixe-voador emergindo das águas, a *Demoiselle* rompeu a camada de nuvens. Alberto manobrou para estabilizá-la e baixou o regime do motor. O espetáculo era deslumbrante. Ao alto, o céu azul imaculado. Abaixo, a camada de nuvens que se sumia no horizonte como um mar de gelo. E sobre essa planície de sonho, levemente ondulada, o rastro dourado do sol que mergulhava no poente. Alberto recordou de imediato o seu primeiro voo em balão. Quantos anos se tinham passado? Onze anos. E, nesse tempo, conseguira realizar todos os seus sonhos.

Durante quinze minutos, mantendo a mesma altura sobre o colchão de nuvens, deixou-se perder em devaneios. Quando se deu conta que o céu escurecia e que já brilhavam as primeiras estrelas, respirou fundo e tomou a decisão de descer. Foi quando sentiu uma vertigem e uma dor forte no peito. Meu Deus, o que está acontecendo comigo? Nunca senti isso na minha vida... É preciso manter a calma. Vai passar. Tem que passar. Aguenta firme, meu coração... Pouco a pouco, foi-se recuperando da tontura, mas respirava com muita dificuldade. Preciso descer. Preciso descer de qualquer jeito. Manobrou os comandos com mãos trêmulas e embicou contra a camada de nuvens. O risco era enorme. Não tinha a mínima ideia sobre o terreno que o esperava abaixo. Mergulhava pelo interior das nuvens, sacudido outra vez pela turbulência. Mas não via mais o clarão dos relâmpagos. Uma nova vertigem o colheu e vergou-lhe os ombros. Num esforço supremo, buscou estabilizar o aeroplano. Voava agora sobre uma floresta. Já era quase noite. Apertou os maxilares e sentiu que a cabeça pesada tombava sobre o peito.

Já noite fechada, o correspondente do jornal *Le Matin* telefonou para sua redação em Paris. Muito agitado, conseguiu fazer-se entender com dificuldade, entre os estalidos da estática.

– *Oui, c'est moi, Claude!* Está me ouvindo? Estou em Saint-Cyr... Não. Não tem nada a ver com a Escola Militar. Não. Estou no campo de pouso. É isso mesmo... O senhor Santos Dumont decolou com a *Demoiselle* quase ao entardecer e ainda não voltou... Deixa de ser bobo! *Demoiselle* é o nome do avião dele... Autonomia de voo? Os mecânicos dizem que ele levou treze litros de gasolina... O bastante para voar mais ou menos uma hora e meia... Eu também acho. Ou caiu ou conseguiu descer em algum lugar. É claro que eu vou investigar... Estou saindo agora com dois mecânicos dele... anote aí, Albert Chapin e André Gasteau... É... vamos de automóvel na direção de Nauphle-le-Chateau... É claro que sim. Não imprimam a primeira página. NÃO IMPRIMAM A PRIMEIRA PÁGINA, está me entendendo? Haja o que houver, seremos os primeiros a dar a notícia.

Durante as horas seguintes, toda a região parisiense foi percorrida num raio de cem quilômetros por policiais, bombeiros, jornalistas e amigos de Santos Dumont. Os telefones não paravam de tocar nas redações dos jornais e nos comissariados de polícia. Na casa de Alberto, Charles tremia de susto ao ouvir cada novo toque da campainha. As notícias eram as mais desencontradas. Um carroceiro teria visto um aeroplano cair, para os lados de Rambouillet. Um jornalista afirmava que tinha visto Santos Dumont descer antes da noite em Saint-Cyr e que tudo aquilo era para buscar publicidade. A chuva começou a transformar as estradas de terra em charcos lamacentos. O automóvel de Alberto, dirigido por Chapin, ficou mais de uma hora atolado, à espera de auxílio. Após a meia-noite, todos foram desistindo da procura. Era preciso esperar pela manhã.

Uma e meia da madrugada. Com o cabelo pingando água e a roupa colada ao corpo, o jornalista do *Le Matin* conseguiu finalmente telefonar para sua redação. Com a voz interrompida por espirros, deu a notícia tão esperada.

– Ele está dormindo sossegadamente no Castelo de Wideville... ELE QUEM? Santos Dumont, é claro... Conseguiu pousar... ninguém sabe como... no gramado diante do castelo... Um espaço de no máximo cinquenta metros... CinquENTA METROS, estou lhe dizendo! Jantou com o Conde e a Condessa de Galart e está dormindo em um quarto do castelo... Não. O telefone do castelo não está funcionando. Estou no comissariado de polícia... COMO?! Repita, por favor. Também acho que a notícia vale a primeira página... Não. Não vou para Paris... Vou voltar para o castelo... Quero entrevistar esse maluco amanhã bem cedo.

No dia seguinte, com o sol brilhando sobre a grama molhada, Alberto deixou-se fotografar diante do Castelo de Wideville. O relógio da torre central, engastado no telhado de ardósia, marcava nove horas e treze minutos. De pé ao lado da *Demoiselle*, o piloto parecia um jóquei com seu cavalo vencedor. Nada na sua aparência saudável lembrava o que lhe acontecera havia tão poucas horas. Mas o grande carvalho à esquerda do castelo ainda o enchia de susto. Sobrevoá-lo antes de descer no gramado fora sua maior façanha no comando de qualquer aeronave. E fizera isso em meio a uma debilidade física que nunca sentira antes. Discretamente, levou a mão ao peito e sentiu as batidas do coração. Tudo parecia normal. Nenhuma tontura naquela manhã. Bom apetite na hora do café. É melhor eu despachar logo este jornalista e voltar para Paris. Há muitos anos não consulto nenhum médico. Mas preciso saber o que houve comigo.

– Acho que já lhe disse tudo o que queria saber, não é verdade?

– Obrigado, senhor. Quer acrescentar mais alguma coisa?

Alberto pensou um pouco.

– Se quer fazer-me um favor, declare pelo seu jornal que, a partir de hoje, eu ponho à disposição do público as patentes de invenção deste aeroplano. Qualquer pessoa, na França, no Brasil, em qualquer país do mundo, terá o direito de construir um igual, sem pagar-me nada. Quero que a locomoção aérea seja a grande conquista dos homens e mulheres deste século.

– É uma grande notícia, *Monsieur* Santôs, obrigado pela prioridade.

– Chapin e Gasteau me disseram que você mereceu.

Nos dias que se seguiram, Alberto foi todas as manhãs ao Hospital *Salpêtrière*, um dos mais antigos e famosos de Paris. Meticuloso como sempre, deixou-se examinar com paciência, decidido a saber o que lhe acontecera durante aquele voo. Não contara nada para ninguém, nem mesmo para Cecília Sorel, com quem reatara e mantinha um íntimo relacionamento. Para seus amigos Georges Goursat e Antônio Prado, dissera apenas que precisava descansar e planejar alguns pequenos melhoramentos na *Demoiselle*. Aproximava-se a data do Salão de Aeronáutica, e ele prometera expor seu monoplano à visitação pública.

Numa manhã chuvosa dos últimos dias do verão, Alberto espiava por uma janela do hospital, procurando um pedaço do céu. Mas as altas paredes do prédio em frente erguiam-se contra seus olhos tristonhos. Naquela madrugada, deitado em sua cama, sofrera outra vez as mesmas vertigens e perdera a visão por alguns minutos. Conseguira recuperar-se sem nenhuma medicação, mas perdera a confiança no seu organismo. Esperava agora a chegada do médico para interrogá-lo diretamente. Seja o que for que eu tenho, preciso ser o primeiro a saber. Mas voltou-se, sobressaltado, ao ouvir ruído de passos.

– *Bon-jour, mon ami.* Aconteceu alguma coisa? Pretendia visitá-lo em sua casa, depois de atender a meus pacientes no hospital.

– Bom dia, doutor. Perdoe ter vindo a esta hora. Mas foi a doença que me acordou.

– Realmente? Sente-se por favor. Vou pegar sua ficha num momento.

O médico era alto e encurvado. Tinha espessos cabelos grisalhos nas têmporas e o alto da cabeça completamente calvo. Suas sobrancelhas espessas uniam-se como um traço sobre os olhos míopes. Costumava acavalar os óculos na ponta do nariz adunco. A voz era agradável, bem timbrada, denunciando claramente o sotaque suíço.

– Diga-me em detalhes o que sentiu nesta madrugada.

– Acordei antes de clarear o dia, com a sensação de quem desperta de um pesadelo. Suava muito e sentia um gosto amargo na boca.

– Dormiu tarde? Bebeu muita bebida alcoólica na véspera?

Alberto sacudiu tristemente a cabeça.

– Nada, doutor. Como o senhor me recomendou, nem vinho estou bebendo nas refeições. E deitei cedo, embora tenha custado muito para dormir.

– E a vertigem, foi muito forte?

– Como sabe que eu tive vertigens?

– ...

– Está bem. Tentei levantar-me e não consegui.

– Sua visão estava perturbada?

– O que eu tenho, doutor? O senhor conhece todos os sintomas. Vamos parar com este confronto de gato e rato.

– Tenha mais um momento de paciência, por favor, senhor Santos Dumont. E responda-me se a sua visão esteve ou não perturbada e por quanto tempo.

– Tentei ver as horas e não consegui. Estava com visão dupla ou tripla, não sei direito.

– E o coração?

– Esteve muito acelerado. Exatamente como da outra vez. E tudo passou, de repente, como se tivesse sido um sonho ruim.

O médico ficou uns momentos pensativo. Depois uniu as pontas dos dedos das duas mãos e encarou o paciente com atenção.

– O senhor é um homem de muita coragem e saberá enfrentar mais este desafio. Eu e meus colegas acreditamos que o senhor sofre de esclerose múltipla. Já ouviu falar nessa doença?

Alberto empurrou o lábio inferior para cima, na sua expressão característica de perplexidade.

– Ignoro completamente, doutor.

– Foi meu mestre Charcot quem a diagnosticou pela primeira vez. Mas não é tão rara, em nossos dias agitados, principalmente nas grandes cidades. Costuma surgir entre os trinta e cinco e os quarenta e cinco anos de idade, o que é o seu caso. Os sintomas mais comuns são os que acaba de me descrever: falhas na visão, fraqueza muscular, dor de cabeça, taquicardia, vertigens. São sintomas que surgem e desaparecem com intervalos cada vez menores. Ocorrerão com você, se ainda não estão ocorrendo, fases de riso e de choro, ambas sem motivo algum, que desaparecem de modo repentino.

Alberto sentiu que o sangue lhe subia ao rosto, como quem sente vergonha.

– Mas... então... essa doença é... um tipo de loucura?

O médico ergueu a mão direita em sinal de paz.

– Eu não disse isso. Mas é certamente uma doença das células nervosas.

– O que me parece exatamente a mesma coisa.

– Charcot não pensava assim. E outros pacientes que temos com esclerose múltipla não podem ser considerados como alienados mentais. Não posso, porém, ocultar-lhe um fato fundamental.

– ...

– ...

– ...

– Esta doença não é compatível com a sua profissão.

Alberto apoiou as duas mãos nos braços da poltrona, como se fosse erguer-se.

– Explique-se melhor... por favor.

E deixou-se afundar sobre as molas cansadas. O médico tirou os óculos e limpou-os com a extremidade do avental. Sua voz soava agora para Alberto como se viesse de todos os lados da sala ao mesmo tempo.

– O senhor vai ter que escolher entre a sua vida e os seus voos. Segundo me contou, desde os vinte e cinco anos de idade vive em extrema tensão, projetando e testando pessoalmente balões dirigíveis e aeroplanos. Escapou muitas vezes de morrer em acidentes graves, e o aspecto de competição dos seus projetos também foi predisponente à instalação da doença ou, pelo menos, se for realmente infecciosa, ao desenvolvimento do agente em meio propício.

– Então o senhor ignora a causa dessa esclerose...

– .... múltipla. Sim. Ainda estamos analisando diferentes hipóteses. Mas o que lhe interessa, como paciente, é saber como poderá conviver com ela.

– Não tem cura?

– Infelizmente, no grau atual de nossos conhecimentos, não tem. Mas, evitando emoções fortes, pode-se mantê-la controlada por muitos anos.

– ...

– Diga-me com a maior franqueza, senhor Santos Dumont, aconteceu algum caso de suicídio recente em sua família? Desculpe a pergunta, mas é absolutamente necessária.

Alberto voltou a sentir o sangue subir-lhe ao rosto. E custou bastante para responder.

– A minha... mãe... suicidou-se há sete anos... após... após um longo período de depressão.

O médico desviou os olhos do paciente, para não constrangê-lo mais.

– Sinto muito ter-lhe avivado o sofrimento. Mas Charcot levantou a hipótese de que a esclerose múltipla possa ter componentes hereditários.

Alberto levantou a cabeça e olhou duro nos olhos do médico.

– O senhor acha que eu também vou me suicidar?

– Não se trata disso, por favor. O senhor ainda não tem quarenta anos. Desista dos voos, contrate um piloto de provas, e poderá continuar sua brilhante carreira de inventor.

Alberto ergueu-se da poltrona, quase num pulo.

– A vida é minha, finalmente. Caberá a mim tomar ou não essas decisões. Se alguém lhe dissesse agora que só poderia fazer pesquisas científicas e nunca mais tratar um paciente, o que o senhor pensaria?

– ...

– ...

– ...

Alberto colocou o chapéu na cabeça e dirigiu-se em passos firmes para a porta. Com a mão na maçaneta de cobre polido, virou-se de chofre para o médico.

– Queira ter a bondade de enviar para a minha casa a conta dos seus honorários.

Quatro horas da tarde do dia 18 de setembro de 1909. A *Demoiselle* encontra-se novamente no campo de aviação de Saint-Cyr. Em torno do monoplano, diversos amigos e colegas de Santos Dumont conversam animadamente. Chapin e Gasteau colocam gasolina no tanque do motor. O céu está toldado e a grama molhada pela chuva da manhã. Todos vestem impermeáveis ou capas de chuva. Cecília Sorel arrasta as abas de uma linda capa azul com botões de prata. Ouvindo as anedotas de Georges Goursat, seu riso teatral brota a cada momento. Ernest Archdeacon, com o chapéu caído para a nuca, alisa seus bigodes e escuta meio distraído o que lhe diz Emmanuel Aimé. Quando responde, sua voz de tenor é inteligível a todos os presentes. O jovem Roland Garros, que planeja atravessar o Mediterrâneo com seu biplano, pede conselhos a Gabriel Voisin e Louis Blériot, que recentemente conseguiu sobrevoar o Canal da Mancha. Alberto pega Blériot pelo braço e segreda-lhe afetuosamente:

– Seu feito foi estimulante para todos os jovens pilotos. Um dia, graças a você, algum aeroplano atravessará o Atlântico.

Emocionado, o homem retaco, com grandes bigodes gauleses, respondeu simplesmente:

– Eu apenas segui o seu exemplo. Para nós, aviadores, o seu nome é uma bandeira. Você é o nosso pioneiro.

Alberto apertou-lhe a mão.

– Obrigado, meu amigo. Sua palavra é um bálsamo para o meu coração.

E afastou-se em direção a uma carruagem puxada por quatro cavalos zainos, que acabava de estacionar na margem do campo. Reconhecera imediatamente o cavalheiro que abria a portinhola decorada com um brasão. Quando o cocheiro saltou ao chão, o homem alto e grisalho já estendia o braço e auxiliava uma mulher toda vestida de negro a descer da carruagem. Sob o chapéu enfeitado com rendas, o cabelo da mulher estava quase branco. Mas seus olhos azuis continuavam com o mesmo brilho. E o seu sorriso lhe devolvia parte da mocidade.

– Meu querido Alberto! Ficamos felizes com o seu convite.

– A felicidade é minha, Princesa.

E inclinou-se formalmente para beijar-lhe a mão. Depois, dirigiu-se ao cavalheiro que sorria e apertou-lhe a mão forte e ossuda.

– Meu caro Príncipe, não imagina a alegria que me dá com a sua presença.

Gastão de Orléans colocou um dedo contra os lábios.

– É melhor que não nos trate de príncipes em público, meu amigo. Estamos tratando de voltar ao Brasil, nem que seja como turistas.

Isabel confirmou, entusiasmada.

– Nosso interlocutor com o governo do Brasil é o Rei Alberto, da Bélgica. Se Deus quiser, não vou demorar a rever os roseirais de Petrópolis.

– E nesse dia, pode ter certeza, eu voarei sobre aquela serra, nem que seja a última coisa que eu faça na minha vida.

O Conde D'Eu tomou familiarmente o braço de Alberto.

– Que surpresa está nos reservando para hoje? Isabel e eu estamos muito curiosos.

– Nada de mais. Apenas uma demonstração das habilidades do meu novo aeroplano.

Isabel olhou para o céu e sacudiu a cabeça.

– Acha que o tempo está bom para fazer acrobacias com a sua *Demoiselle*? Parece que vai chover a qualquer momento. E não me venha com a desculpa de que os padrinhos estão presentes e que não pode desistir do duelo...

Alberto olhou fundo nos olhos de Isabel e teve vontade de contar-lhe tudo. Mas não posso, não posso fazer isso. Ela sofreria muito e já sofreu o bastante em sua vida. Forçando um sorriso, ergueu o punho engomado da camisa e mostrou a medalha de São Bento.

– Com esta proteção, senhora, e a sua presença, tenho certeza que nada de ruim me acontecerá.

– Mesmo assim, prometa-me que não fará nenhuma loucura esta tarde.

– Fique tranquila. Quero apenas fazer um voo de demonstração, antes de tirar férias na *Côte d'Azur*.

Mal concluiu essa frase, a chuva começou a cair. As portas do hangar foram abertas e todos correram para abrigar-se, inclusive a *Demoiselle*, empurrada por muitas mãos solícitas. Por alguns minutos, a chuva fez tanto ruído sobre o telhado de zinco que as conversas foram interrompidas. Quando foi amainando, Alberto ergueu o braço para chamar a atenção de seus amigos.

– Quero agradecer a presença de todos e pedir-lhes mais alguns momentos de paciência. Logo que a chuva parar completamente, pretendo realizar uma pequena prova para demonstrar a extrema segurança em voo deste meu invento.

E acariciou rapidamente a seda de uma das asas da *Demoiselle*.

– Como todos sabem, e agradeço por isso ao nosso jornalista do *Le Matin*, aqui presente, este monoplano ultraleve pertence agora a quem o quiser fabricar, seja individualmente ou em escala industrial. Já entreguei todos os seus desenhos e detalhes técnicos para que sejam publicados na revista *L'Illustration*, que está encarregada de fornecer cópias autenticadas por mim a quem as desejar. Sabemos que brevemente a *Demoiselle* será matéria de destaque no *Illustrierte Zeitung* de Berlim, no *La Prensa* de Buenos Aires, na *L'Illustrazione Italiana*, no *New York Herald* e em outras revistas e jornais de todo o mundo.

Desacostumado aos discursos, Alberto ficou uns momentos organizando o raciocínio e prosseguiu:

– Como já lhes disse, uma das características deste monoplano ultraleve é sua grande segurança, sua perfeita estabilidade em voo.

Olhou rapidamente para o telhado e sorriu.

– Agora que a chuva parou, é isso que quero provar diante de todos vocês.

O jornalista do *Le Matin* deu um passo à frente.

– Podemos saber como será essa prova?

Alberto estendeu-lhe a mão direita.

– Pode me emprestar o seu lenço?

Confuso, o rapaz inspecionou rapidamente o seu lenço de bolso e entregou-o ao aviador.

– Muito bem. A Condessa D'Eu poderia também emprestar-me o seu?

Ruborizada, Isabel retirou da sua bolsa um lencinho branco. Alberto inclinou-se cerimoniosamente e segurou-o com as pontas dos dedos.

– Muito bem... Quando sobrevoar este hangar, dentro de alguns minutos, vou largar as alavancas de comando e manter meus braços afastados destas hastes de sustentação... Isto servirá para provar que a *Demoiselle* pode ter milhares de irmãs pelo mundo, com riscos mínimos para quem quiser voar.

Exatamente às cinco horas da tarde, ainda com o tempo fechado, mas sem nenhum vento, a *Demoiselle* decolou com sua graça costumeira. Alberto estabilizou o monoplano e começou a manobrar em amplas curvas, subindo e descendo em voos rasantes. Logo se distanciou velozmente e contemplou a paisagem com os olhos cheios de lágrimas. Sacudindo várias vezes a cabeça, apertou os maxilares e respirou com cuidado. Nenhuma vertigem. Seu coração estava um pouco acelerado, mas apenas pela emoção. Inclinou o corpo, fazendo a asa esquerda apontar em direção ao solo, e arremeteu mais uma vez para o ponto de partida.

Como fascinados, os espectadores viram a *Demoiselle* aproximar-se a baixa altura, com o piloto acenando com os dois lenços brancos, um em cada mão. E uma salva de palmas brotou espontaneamente de todos que assistiam àquele ato de habilidade e coragem.

Dominado pela emoção, Alberto soltou os lenços, que foram caindo, lentamente, como duas folhas secas. Quando aterrissou, alguns momentos depois, Isabel estava cortando os lenços e distribuindo os minúsculos pedaços, como relíquias, às muitas mãos que para ela se estendiam. Seu coração de mãe havia compreendido tudo. Ela sabia que aquele ato tinha sido uma despedida.

Praia de Deauville, verão de 1914

Uma casa branca na beira do mar. Noite calma e estrelada. Sozinho no terraço do terceiro andar, um homem aponta seu telescópio para o alto. Seus pulmões aspiram o cheiro bom da maresia. Seus ouvidos estão atentos aos mínimos ruídos. O ressonar tranquilo das ondas. O latido insistente de um cão. Seus olhos passeiam no alto do céu, visitando as constelações, estrela por estrela. Suas mãos, pousadas sobre os joelhos, descansam dos cálculos e anotações. O homem está ali apenas para contemplar o céu. E para distrair a mente exausta dos problemas da Terra.

Pensa com tristeza que isso está cada vez mais difícil. Todos os jornais que lera naquele dia 31 de julho só tratavam da guerra inevitável. E pareciam desejá-la como o pássaro hipnotizado vê aproximar-se a cobra. Apenas o *L'Humanité* ainda luta pela paz. Nas barricadas do seu pacifismo, Jean Jaurès agarra-se à esperança final: o boicote dos operários da França e da Alemanha. Mas os governos dos dois países dominam a situação e as tropas já se mobilizam para as fronteiras. Uma frase de Jaurès não sai da sua memória. Acusado de traidor pelos seus compatriotas, ele escrevera com toda sua coragem: *Nós continuaremos nossa campanha contra a guerra, mesmo que queiram nos fuzilar.*

Sem tirar os olhos das constelações, o homem solitário pensa no seu velho amigo. Vivendo há mais de quatro anos longe de Paris, não consegue passar um dia sem recordar o passado. Futuro não tenho mais. Se tivesse, não receberia tantas homenagens. A pedra gravada em Bagatelle e aquele monumento de Saint-Cloud são os maiores exemplos. Enquanto eu voava e inventava novos aviões, ninguém pensou na minha imortalidade. E reviu a gigantesca figura de Ícaro, de asas abertas, sobre o enorme bloco de granito. Numa face da pedra, em medalhão de bronze, a sua efígie. E a dedicatória elogiosa, mais condizente para um homem morto. Ainda bem que não esqueceram do meu amigo Chapin. A comenda que ele recebeu naquele dia foi o que me deu coragem para enfrentar a cerimônia de inauguração.

De repente, sem razão nenhuma, emergiu da divagação mórbida, tirou os olhos do telescópio e deu uma gargalhada. Não adianta você querer enganar a si mesmo. O monumento de Saint-Cloud encheu-o de vaidade. Você tem aqui mesmo, nesta casa, uns dez cartões-postais desse Ícaro e já mandou muitas cópias para seus amigos e familiares. Como brasileiro, tem que reconhecer que sua pátria também foi homenageada. Deixe de ter pena de si mesmo. Use a sua velha fórmula. As lições do fracasso são o melhor caminho para recomeçar. Não despreze as coisas boas que a vida lhe deu.

Revigorado por esses pensamentos, Alberto decidiu telefonar para Jean Jaurès. Ele tem razão. É preciso unirmos todas as forças para boicotar essa guerra. Se o meu nome vale alguma coisa, vou também colocá-lo a serviço da paz.

Levantou-se e desceu rapidamente as escadas para o segundo andar. Na grande sala de estar, anexa a seu quarto, Charles dormia sentado numa poltrona. Sobre seu peito, como um cobertor, espalhavam-se as folhas do jornal *Le Figaro*. Três lâmpadas com pedestal e abajur iluminavam a peça de paredes brancas. Era ali que estavam as lembranças mais queridas do seu ateliê da Rua Washington. Seus quadros preferidos, seus livros, as miniaturas dos balões e aeroplanos, a fotografia de Aída numa moldura de prata.

Próximo da porta que dava acesso ao andar térreo, ao lado da grande lareira apagada, estava fixado na parede o aparelho telefônico.

Alberto retirou o fone do gancho e torceu a manivela por três vezes. Depois de alguns estalidos, escutou a voz sonolenta da telefonista.

– Alô, senhorita, quero uma ligação com o jornal *L'Humanité*, em Paris.

– *Vous avez le numéro, monsieur*?

– Não tenho o número, infelizmente. Pode localizá-lo para mim?

– O senhor sabe que não é minha obrigação.

– Infelizmente, não disponho aqui de um catálogo de Paris. E o assunto é urgente.

– Está bem, senhor. Vou resolver seu problema, mas só desta vez. *Ne quitez pas.*

Depois de um ronco mais forte, Charles levantou-se de um pulo, deixando cair o jornal sobre o tapete.

– Desculpe, eu... Houve alguma coisa, patrão?

– Não houve nada. Desça na cozinha e me prepare um café bem forte, por favor.

– Agora mesmo, patrão.

Dez minutos depois, quando o criado chegava com a bandeja, a ligação foi completada. Alberto teve que falar bem alto.

– Alô! Alô! É do jornal *L'Humanité*? Aqui fala Alberto Santos Dumont. O senhor Jaurès está na redação? Como?! Eu tenho urgência em falar com ele... Se eu lembro de você? Claro, François... Sim, muito bem, obrigado... Será que ele volta depois do jantar? Está bem. Pode dar-lhe um recado? Diga-lhe que eu quero apoiar a sua campanha pela paz... Sim, sim, vou telefonar de novo mais tarde... É claro que eu me lembro de você... Boa noite, François. *Et merci encore.*

Desligando o telefone, o ex-estafeta, agora repórter do

jornal, ficou uns momentos pensativo. Depois sacudiu o ombro de um colega que dormia encolhido num sofá.

– Você sabe onde o senhor Jaurès foi jantar?

O outro resmungou.

– Acho... que eles foram todos... no *Croissant.*

– Preciso ir lá dar-lhe um recado. Atenda o telefone na minha ausência, por favor.

– Pode ir, pode ir. Vassoura nova varre bem.

François virou-lhe as costas, pegou seu chapéu *canotier* e saiu rapidamente para a Rua Montmartre. Fazia muito calor naquela sexta-feira. Diante do nº 142, onde funcionava o jornal, um grupo de pessoas aguardava pelos próximos telegramas com notícias sobre a guerra. Era costume fixá-los num quadro de madeira, depois de copiados na redação. Quando a notícia era muito importante, o porteiro soltava um foguete como aviso.

O repórter seguiu em direção à esquina onde funcionava o *bistrot* predileto dos jornalistas. Olhava guloso para as mulheres que passavam, cada vez mais despidas sob os vestidos leves de verão. Aspirava os perfumes da rua, como um cão de caça. Nem a proximidade da guerra nem a convocação que recebera do Exército perturbavam seus pensamentos. Confiava em Jean Jaurès como um novo Cristo sobre a Terra. Se ele não quer a guerra, a guerra não acontecerá.

Exatamente às nove horas da noite, François chegou na frente do *Croissant.* Todas as portas e janelas do *bistrot* estavam escancaradas. Os garçons, com seus longos aventais brancos, caminhavam com pressa entre as mesas lotadas. Cheiro forte de frituras, vinho e tabaco. Os pedidos eram gritados para o bar e a cozinha, com o tom de voz de vendedores ambulantes. François deu uma olhada nas mesas e localizou imediatamente o patrão. Estava sentado de costas para uma das janelas. Aqueles ombros largos e a cabeça taurina eram populares em toda a França. O rapaz avançou mais um passo e ouviu um tiro. Jaurès caiu com a boca contra a mesa e os amigos que estavam com ele levantaram-se ou jogaram-se no chão. Um segundo tiro e o grito estridente de uma mulher.

– *Ils ont tué Jaurès!* Eles mataram Jaurès!

François foi empurrado pelas pessoas que fugiam. Abriu caminho à força, com raiva, e conseguiu chegar mais próximo da mesa. Viu o corpo caído. Um guardanapo encharcado de sangue. Um homem ajoelhado que tentava estancar a hemorragia com as mãos sobre a nuca do moribundo.

– Eles mataram Jaurès!

– Eles mataram Jaurès!

– Eles mataram Jaurès!

Para os operários e os pacifistas de Paris, pouco importava saber que o assassino fora preso próximo do local do crime. Que era um francês, louro e alto, aparentando cerca de trinta anos. Que dizia ter agido sozinho, gritando que Jaurès era um traidor da França. O povo pobre sabia quem incentivava os fanáticos. E começaram a surgir grupos de operários que gritavam em coro pelas ruas.

– Eles mataram Jaurès!

– Eles mataram Jaurès!

– Eles mataram Jaurès!

Sem nenhuma combinação, o grande ponto de encontro foi a Praça da República. A polícia não tardou a entrar em choque com os manifestantes. Foram feitas centenas de prisões, mas logo o próprio Exército mandou soltar os prisioneiros. Como se apenas esperasse pela morte do grande pacifista, no dia seguinte, a Alemanha declarou guerra à França. E na terça-feira, dia 4 de agosto, as tropas do Kaiser invadiram a fronteira da Bélgica.

Isolado em sua casa na praia de Deauville, Alberto passou momentos de extrema amargura. O assassinato de Jaurès e o início da guerra trouxeram de volta os sintomas mais agudos da doença. O médico rural só lhe receitava calmantes, que ele se recusava a tomar. Durante uma semana, alternando crises de depressão com inexplicáveis acessos de euforia, só encontrava sossego diante do telescópio. Altas horas da noite, Charles ia buscá-lo no terraço e o conduzia trôpego até seu quarto.

Numa manhã, dez dias após o início da guerra, dois automóveis estacionaram diante da casa branca. Ante o olhar surpreendido de Charles, desceram dos veículos vários gendarmes, todos armados com carabinas. Um policial civil, com voz autoritária, mandou que ele se identificasse. O criado trouxe seus papéis do quarto e o comissário enfiou-os no bolso da gabardine, sem olhá-los.

– Onde está seu patrão?

– Está dormindo, eu acho. Ele anda muito doente.

– Já interrogamos o médico... O seu patrão passa as noites no terraço com o telescópio, não é?

– É sua única distração. Ele...

– Vá chamá-lo imediatamente. E diga-lhe que temos pressa!

Sem entender nada, Alberto vestiu-se apressadamente e desceu ao vestíbulo. Dois gendarmes mantinham-se junto à porta aberta para o pátio ensolarado. O comissário cruzou os braços para evitar qualquer cumprimento e olhou-o com desprezo. Aquele homem pequeno e calvo, com olheiras fundas, não lhe impunha o menor respeito.

– Alberto Santos Dumont é o senhor?

– Perfeitamente.

– Pode me dizer a sua nacionalidade?

– Sou brasileiro.

– Há quantos anos vive na França?

– Há mais de vinte anos. Posso saber o porquê dessas perguntas? E dessa invasão na minha casa?

O policial enrugou o nariz sardento como se sentisse mau cheiro.

– Saberá oportunamente. Depois de mais de vinte anos em nosso país, nunca pensou em requerer a nacionalidade francesa?

Alberto sentiu uma profunda irritação, mas procurou dominar-se. Este policial é jovem e deve estar empolgado com o seu poder.

– Meu avô era francês e escolheu o Brasil para viver. Nunca se naturalizou brasileiro.

– A comparação não é pertinente. Mas não importa. O senhor vive de quê na França?

– Vivo dos meus rendimentos.

– Tem negócios na Alemanha?

– Não. Nunca vivi na Alemanha.

– Teremos que investigar a origem de todos seus recursos financeiros.

– E pode me dizer a razão?

O policial olhou para os dois gendarmes, como a buscar comprovação do que ia dizer.

– O senhor está sendo acusado de espionar a nossa costa, enviando mensagens em código para os submarinos da Alemanha.

Alberto sentiu as pernas bambas e teve de se apoiar no espaldar de uma poltrona. Mas sua voz soou forte quando enfrentou o comissário.

– Isso é um verdadeiro absurdo! Que provas o senhor tem dessa acusação?

– Vamos revistar sua casa em busca dessas provas.

– Tem uma autorização judicial para isso?

– Estamos em guerra, senhor.

– O senhor sabe exatamente quem sou eu? Sabe que o governo da França me fez Cavaleiro da Legião de Honra?

O policial encolheu os ombros.

– Seus créditos serão considerados no devido tempo. Dado o seu estado de saúde, considere-se em prisão domiciliar. Mas não saia de casa em hipótese alguma. Também vamos desligar provisoriamente a linha do seu telefone.

Durante duas horas, a casa foi vasculhada de alto a baixo. Toda a correspondência e documentos encontrados foram colocados em grandes sacos de lona e levados para os automóveis. Até o telescópio foi desaparafusado de seu pedestal e levado no ombro de um gendarme.

Quando o silêncio voltou à casa saqueada, Alberto subiu ao alto do terraço e ficou contemplando o mar. Era tão grande a catástrofe que nada podia fazer. Gaivotas corriam pela areia e alçavam voo com gritos estridentes. Mas nem o voo dos pássaros o consolava mais. Ele sabia que seus preciosos inventos estavam sendo usados na guerra. Um dirigível alemão bombardeara Antuérpia, matando dezenas de pessoas. Aeroplanos da Inglaterra tinham atacado a cidade de Colônia. Breve, os bombardeios seriam na França... Tantos anos perdidos para criar essas armas assassinas. E os gritos das gaivotas foram crescendo em sua cabeça como gritos humanos.

Charles encontrou-o caído de joelhos no cimento do terraço, tapando os ouvidos com as duas mãos. Com muita paciência, conseguiu levá-lo para o quarto. Uma arrumação sumária não escondia os vestígios do saque. Alberto sentou-se na beira da cama, olhando incrédulo para o rosto sorridente do criado.

– O que houve? Você também enlouqueceu?

Sempre sorrindo, Charles enfiou a mão no bolso do blusão e exibiu uma carta.

– Esta aqui eles não conseguiram levar. Chegou hoje cedo, antes da polícia.

– Deixe ver. É uma carta do Brasil.

Com mãos de náufrago, Alberto pegou a carta e olhou o nome do remetente. Uma onda de ternura invadiu-lhe o peito. Só podia ser ela. Minha irmã Virgínia sempre me protegeu nas horas mais difíceis.

– Desça na cozinha, Charles, e me prepare um café bem forte, por favor.

– Agora mesmo, patrão... E pode ficar descansado. Quando a polícia souber o quanto a França lhe deve... o quanto o senhor é um homem bom...

Vendo que os lábios do criado começavam a tremer, Alberto juntou todas suas forças e indicou-lhe a porta.

– Vá agora, Charles. E tome um bom gole de *cognac*. Tenho certeza que lhe fará bem.

Sentado na cama, com dois travesseiros apoiando as costas, Alberto leu a carta rapidamente e depois a releu, saboreando cada detalhe.

São Paulo, 20 de julho de 1914.

Querido Alberto,

O que você ainda está fazendo na França? Quando receber esta carta, tenho certeza de que a guerra já terá começado. Se esses europeus loucos querem se matar, nada neste mundo os impedirá. Volte imediatamente para o Brasil (assim diria Papai, se fosse vivo). Toda nossa família já está aqui. Nem Portugal nos pareceu seguro. Nosso irmão Henrique ligou hoje do Rio de Janeiro, muito preocupado com você. Ele se culpa em ter deixado você voltar à França, depois que esteve aqui, no começo do ano. Guilherme e meus filhos também juntam-se a mim para pedir-lhe: VENHA LOGO NO PRIMEIRO NAVIO. Aqui é a nossa Pátria, Alberto. Não se esqueça disso.

Enfim, a decisão é sua... Hoje é o dia do seu aniversário e não quero importuná-lo mais. Acordei feliz e desenhei vários corações na folhinha do calendário. Quase não acredito que você está completando quarenta e um anos. A mesma idade de Papai, no dia em que você nasceu. Eu tinha sete anos e me lembro de tudo. Maria Rosalina foi a primeira a ver você, antes que Siá Ordália a corresse do quarto. Ela disse, você me perdoe, querido, que você nascera com cara de velho, todo enrugado e vermelhinho. Mas quem deu a notícia para Papai fui eu. Você se lembra do nosso cachorrinho Fox? Claro que não. Nem da casinha do Cabangu, ao lado dos trilhos, você deve lembrar. Quando você voltar, nós iremos juntos visitá-la, se ainda não se desmanchou.

Mas vamos voltar ao dia do seu nascimento. Nós estávamos pulando corda e soltando papagaios, quando o cachorrinho latiu. Eu e ele saímos correndo para encontrar Papai. Ele vinha caminhando firme, sempre lindo, com seus culotes e botas de montaria. Você herdou dele o gosto de vestir-se bem. E agora, que perdeu bastante cabelo, está muito parecido com ele. Fora os olhos, é claro, que são da mamãe.

Bem, aí eu gritei mais alto do que os latidos.

– Nasceu, Papai, nasceu o nenê!

Ele sorriu e me pegou no colo. Lembro de tudo como se fosse hoje. Até da mandinga que Siá Ordália fez no oratório da Mamãe, você imagine... Nós eramos muito pobres naquele tempo. Mas tudo deu certo. Mamãe amamentou você no peito. E você desceu a Serra da Mantiqueira para subir aos céus de Paris. Tenho tanto orgulho de você... Eu sou uma boba. Já estou chorando.

Meu querido, não vou poder escrever mais. Quero mandar esta carta ainda hoje. VOLTE LOGO PARA O BRASIL. A nossa Pátria é aqui, Alberto. Você gosta muito da França e eu também. Mas é como diz a Bíblia: ninguém pode servir a dois senhores. Volte logo, meu querido. Estamos esperando por você.

Com carinho e amor

Virgínia

P.S. No dia 5 de julho, seu amigo Edu Chaves conseguiu fazer um voo de São Paulo ao Rio, pela primeira vez. Não sei como ele consegue entrar no aeroplano e ainda voar, com todo aquele tamanhão.

P.S.S. Vou fazer um bolo com quarenta e uma velinhas e assoprar para você.

Naquela noite, de repente, o telefone voltou a tocar. Charles atendeu e passou logo o fone para Alberto que já estava às suas costas.

– É o senhor Antônio Prado, patrão.

– Alô! Alô! É você, Prado? Graças a Deus... Sim... Sim... Não se preocupe... Como?! Vocês agiram rápido na Embaixada... É... se a polícia religou o telefone é porque... claro... O próprio presidente Poincaré?! É um consolo para mim... Muito obrigado... É claro, meu amigo. O choque foi muito grande, uma injustiça dessas e logo aqui na França... É. O povo está apavorado... Eu compreendo... Agradeça por mim. Escreverei logo que possível... Não. Não poderei ir. Estou partindo de volta ao Brasil... Como? Ainda não sei qual o navio. O primeiro que sair do Havre... Do Havre não? Está certo. Vou descer então de trem até a Espanha... Muito obrigado, meu amigo... E, logo que puder, volte também para o Brasil... Alô! Alô! Caiu a ligação...

Na manhã seguinte, Alberto estava tomando o café da manhã quando os gendarmes voltaram. Bateram continência e esvaziaram os sacos de lona no assoalho do vestíbulo. Deixaram também num canto o telescópio. Nenhum sinal do comissário sardento. Os soldados partiram rapidamente e Alberto ficou olhando pensativo para os papéis espalhados pelo chão.

– Vamos queimar tudo.

Charles arregalou os olhos.

– Queimar o quê, patrão?

– Todos esses papéis.

– Mas... são suas cartas, documentos, todo seu arquivo...

– Temos álcool em casa?

– Sim, senhor, mas...

– Vamos duma vez. Me ajude a levar toda essa porcaria para a lareira.

Iniciada a queima, Alberto não se deteve mais. As chamas cresciam dentro da lareira e eram abafadas parcialmente por mais e mais papéis, entre eles os desenhos originais de todos os seus balões e aeroplanos, sem poupar o

14-Bis e a *Demoiselle.* Como um fanático, às vezes triste, outras vezes rindo, destruiu naquela manhã quase toda a documentação de seus últimos vinte e três anos de vida.

Queimados os papéis, foi a vez das fotografias. Sob o olhar horrorizado de Charles, uma por uma, as chamas foram devorando as imagens mais queridas. O automóvel Peugeot de 1891 estacionado diante do Arco do Triunfo. O professor Garcia e seu jovem aluno almoçando num restaurante da Torre Eiffel. O balão de seu primeiro voo com Alexis Machuron, já meio murcho, por trás de Alberto e dos trabalhadores de Ozoir-la-Ferrière. Fotografias dedicadas por muitas mulheres. Helena, Marcela, Cecília. Até a fotografia de Aída foi retirada da sua moldura de prata e jogada no fogo, depois de alguma hesitação. Queimou também todas as caricaturas de Georges Goursat. A foto do burrinho puxando o 14-Bis. A foto do povo saudando a passagem do balão dirigível que contornava a Torre Eiffel... Segurando a fotografia do *Brasil* no dia do seu lançamento, Alberto lembrou-se do batismo de Helena: *Brasil tu te chamarás. Seja feliz, ergue-te nos ares. E que Deus te proteja!* Mas não deteve a mão que jogava a fotografia no fogo.

Durante a tarde, enquanto Charles preparava as poucas bagagens que pretendia levar, Alberto queimou a sua coleção de balões e aeroplanos em miniatura. Queimou também o modelo do seu primeiro helicóptero e sentou-se exausto diante da lareira. Suava por todos os poros, tinha as mãos e o rosto encarvoados, mas seus olhos brilhavam de alegria.

Epílogo

O homem ergueu-se lentamente e limpou a areia do rosto. Não saberia dizer quanto tempo estivera deitado na praia. Diante dele, o sol batia em cheio sobre o mar verde-esmeralda. Fechou os olhos para protegê-los dos reflexos prateados. Respirou fundo, sentindo com prazer o cheiro da maresia. Sentiu-se tonto e abriu os olhos novamente. Uma ave marinha mergulhava verticalmente contra as águas, as grandes asas encolhidas. A ave sumiu-se entre o jato de espuma e ressurgiu logo adiante. Um pequeno peixe brilhou alguns segundos no seu bico. O homem desviou os olhos para o chão.

Vendo que estava descalço, ficou contemplando os pés, pequenos e brancos, como se não os conhecesse. Pouco a pouco, lembrou-se de onde estava. Sentou-se na areia quente e tirou as meias dos bolsos do paletó. Limpou cuidadosamente os pés e vestiu as meias. Calçou os sapatos, levantou-se e colocou o chapéu na cabeça. Foi quando ouviu claramente as explosões do bombardeio. E a memória lhe devolveu a imagem do avião vermelho, como uma mancha de sangue no céu.

– Meu Deus! Eu não deveria ter vivido tanto tempo para ver isso. O meu avião... a minha linda *Demoiselle*... matando a minha própria gente.

Ouvindo o som da sua voz, virou-se para os dois lados, surpreendido. Tirou o chapéu e abanou-se com ele. Depois seguiu caminhando pela praia na direção do hotel.

O trem atravessa agora os subúrbios do Rio de Janeiro. Muito calor dentro do vagão. No meio do corredor, dois soldados estão de pé. Um de cada lado do caixão coberto com a bandeira nacional. Embora cansados e sonolentos, procuram manter-se eretos, com dignidade. Outros soldados estão nos bancos da frente. Próximo do caixão, viajam homens e mulheres de luto. Todos falam em voz baixa, como num velório.

O homem olha distraído para a placa desbotada pelo sol: "Hotel de La Plage". Espera que uma carroça passe na sua frente e atravessa a rua. Agora, só falta eu lembrar do número do quarto. E exige um grande esforço da memória.

O trem foi diminuindo a marcha até parar completamente. Através do véu negro que lhe cobre o rosto, Virgínia olha para os casebres ao lado da ferrovia. Cheiro de podridão. Um arranco para trás, outro para frente. O trem volta a movimentar-se. Crianças nuas abanam para a mulher de negro e riem sem motivo.

Diante do balcão da portaria, o homem tira o chapéu e espera com paciência. Antes que pedisse a chave, o funcionário a estende, sorrindo.

– Tenho alguns telegramas para o senhor. E o seu sobrinho, doutor Jorge Villares, saiu a sua procura. Aquele seu amigo aviador, o senhor Edu Chaves, também esteve aqui hoje de manhã.

– Se eles voltarem, diga-lhes que fui descansar um pouco.

Olha para a chave e verifica que o seu quarto é o de número 152. Recolhe os telegramas e os enfia no bolso, sem olhá-los.

Na Estação Central do Brasil, uma multidão aguarda a chegada do trem expresso de São Paulo. Com seus instrumentos polidos ao alcance da mão, os músicos da banda militar aguardam em silêncio. O mestre, com divisas de sargento, aproxima-se do chefe de estação, imponente com seu quepe vermelho.

– O trem está muito atrasado?

– Chegará dentro de cinco minutos. Quem vocês estão esperando?

– O corpo de Santos Dumont.

Dentro do quarto, Alberto fecha as venezianas com cuidado e tira toda a roupa. Abre a porta do roupeiro e contempla-se longamente no espelho. Na obscuridade, ri-se do seu corpo descarnado, dos pelos púbicos grisalhos. Aproxima bem o rosto e acha graça das rugas, da calva brilhante, dos olhos exorbitados. Sacode a cabeça para os dois lados, aperta os maxilares e vira as costas ao espelho.

O trem entra finalmente na estação e a banda começa a tocar o *Cisne Branco*. As portas dos vagões abrem-se quase todas ao mesmo tempo. Carregadores erguem as mãos para as bagagens. O povo se comprime na plataforma, perturbando a descida dos passageiros. Soldados em uniforme de gala abrem caminho com dificuldade em direção ao vagão especial. Atrás deles, alguns homens vestidos de preto caminham acotovelados pela multidão.

Alberto entra no quarto de banho e pega o roupão, pendurado atrás da porta. Retira a faixa do roupão e fecha a porta à chave. Aproxima uma cadeira da parede ao lado da banheira. Sobe na cadeira e fica na ponta dos pés para amarrar o cinto do roupão num gancho alto. Pendura-se um pouco para sentir se o gancho e a faixa de pano resistem ao seu peso.

O caixão de madeira trabalhada é carregado nos ombros por seis soldados. Num relance, Virgínia recorda a estátua do general Foch, junto ao túmulo de Napoleão. Estonteada, apoia-se no braço de um dos filhos. A banda continua a tocar, mas o povo afasta-se dela. Todos correm para o extremo oposto da plataforma. E começa a gritaria ensurdecedora.

– Viva Fausto!

– Viva o nosso goleador!

– Ei! Ei! Ei! Fausto é o nosso Rei!

O famoso jogador de futebol é arrancado do trem e carregado em triunfo.

– Ei! Ei! Ei! Fausto é o nosso Rei!

– Ei! Ei! Ei! Fausto é o nosso Rei!

Alberto amarra a outra ponta da faixa do roupão no seu pescoço. Através da janela basculante, a luz do sol brilha contra as paredes brancas. Num gesto maquinal, encosta a ponta dos dedos na medalha de São Bento. Faz o sinal da cruz e começa a rezar mentalmente: Pai-Nosso que estais no céu. Santificado seja vosso nome. Venha a nós o vosso reino. Seja feita a vossa vontade. Assim na terra como no céu... Assim na terra como no céu... Assim na terra como no céu... Fecha os olhos e enxerga um céu cheio de estrelas. Subindo mais alto que as palmeiras imperiais, um enorme balão todo iluminado. O negro Damião, vestido de branco, olha para ele com ternura. *É reza forte, meu filho, é reza forte.*

Pouco a pouco, um sorriso de desafio ilumina o rosto de Alberto. E ele empurra a cadeira com o pé. O corpo nu sacode-se várias vezes. O rosto fica roxo. Os olhos esbugalhados. A cabeça tomba para um lado. E um fio de baba escorre lentamente pelo canto da boca.

Na frente da Estação Central, forma-se o cortejo. Uma longa distância a percorrer até o cemitério São João Batista. Nuvens escuras toldam o céu. O vento joga poeira nos olhos do povo. Poucas pessoas acompanham a marcha. Um relâmpago corta o céu e ramifica-se rapidamente pelas nuvens. Ruído de trovões como num canhoneio distante. A chuva começa a cair em catarata. Na frente do caixão de Alberto, soldados e populares empurram um avião coberto de crepe negro, com as asas partidas.

O Autor

Alcy José de Vargas Cheuiche viveu em Alegrete, no Rio Grande do Sul, até ingressar na faculdade de veterinária em Porto Alegre no final dos anos 50. Estudou também na França, Alemanha e Bélgica. Publicou os seguintes livros: *A mulher do espelho* (Sulina/AGE), *Lord Baccarat* (3ª ed., AGE), *Ana sem Terra* (6ª ed., Sulina), *O mestiço de São Borja* (3ª ed., Sulina/AGE), *A Guerra dos Farrapos* (4ª ed., Prêmio Literário "Ilha de Laytano", Mercado Aberto), *Sepé Tiaraju* (4ª ed., AGE), *Sepé Tiaraju – Revista didática* (em quadrinhos) (2ª ed., Martins Livreiro), *O gato e a revolução* (2ª ed., AGE), *O planeta azul* (crônica), *O pecado original* (teatro – Mercado Aberto), *Meditações de um poeta de gravata* (poesia), *Entre o Sena e o Guaíba* (teatro), *Versos do Extremo Sul* (poesia).

Os livros *Ana sem Terra* e *Sepé Tiaraju* foram traduzidos para o alemão (Erlagen, Alemanha) e o espanhol (Banda Oriental, Uruguai).

Coleção L&PM POCKET (LANÇAMENTOS MAIS RECENTES)

297.**Poesia de Florbela Espanca** vol. 1
298.**Poesia de Florbela Espanca** vol. 2
299.**Escreva certo** – E. Oliveira e M. E. Bernd
300.**O vermelho e o negro** – Stendhal
301.**Ecce homo** – Friedrich Nietzsche
302(7).**Comer bem, sem culpa** – Dr. Fernando Lucchese, A. Gourmet e Iotti
303.**O livro de Cesário Verde** – Cesário Verde
305.**100 receitas de macarrão** – S. Lancellotti
306.**160 receitas de molhos** – S. Lancellotti
307.**100 receitas light** – H. e Â. Tonetto
308.**100 receitas de sobremesas** – Celia Ribeiro
309.**Mais de 100 dicas de churrasco** – Leon Diziekaniak
310.**100 receitas de acompanhamentos** – C. Cabeda
311.**Honra ou vendetta** – S. Lancellotti
312.**A alma do homem sob o socialismo** – Oscar Wilde
313.**Tudo sobre Yôga** – Mestre De Rose
314.**Os varões assinalados** – Tabajara Ruas
315.**Édipo em Colono** – Sófocles
316.**Lisístrata** – Aristófanes / trad. Millôr
317.**Sonhos de Bunker Hill** – John Fante
318.**Os deuses de Raquel** – Moacyr Scliar
319.**O colosso de Marússia** – Henry Miller
320.**As eruditas** – Molière / trad. Millôr
321.**Radicci 1** – Iotti
322.**Os Sete contra Tebas** – Ésquilo
323.**Brasil Terra à vista** – Eduardo Bueno
324.**Radicci 2** – Iotti
325.**Júlio César** – William Shakespeare
326.**A carta de Pero Vaz de Caminha**
327.**Cozinha Clássica** – Sílvio Lancellotti
328.**Madame Bovary** – Gustave Flaubert
329.**Dicionário do viajante insólito** – M. Scliar
330.**O capitão saiu para o almoço...** – Bukowski
331.**A carta roubada** – Edgar Allan Poe
332.**É tarde para saber** – Josué Guimarães
333.**O livro de bolso da Astrologia** – Maggy Harrisonx e Mellina Li
334.**1933 foi um ano ruim** – John Fante
335.**100 receitas de arroz** – Aninha Comas
336.**Guia prático do Português correto – vol. 1** – Cláudio Moreno
337.**Bartleby, o escriturário** – H. Melville
338.**Enterrem meu coração na curva do rio** – Dee Brown
339.**Um conto de Natal** – Charles Dickens
340.**Cozinha sem segredos** – J. A. P. Machado
341.**A dama das Camélias** – A. Dumas Filho
342.**Alimentação saudável** – H. e Â. Tonetto
343.**Continhos galantes** – Dalton Trevisan
344.**A Divina Comédia** – Dante Alighieri
345.**A Dupla Sertanojo** – Santiago
346.**Cavalos do amanhecer** – Mario Arregui
347.**Biografia de Vincent van Gogh por sua cunhada** – Jo van Gogh-Bonger
348.**Radicci 3** – Iotti
349.**Nada de novo no front** – E. M. Remarque
350.**A hora dos assassinos** – Henry Miller
351.**Flush – Memórias de um cão** – Virginia Woolf
352.**A guerra no Bom Fim** – M. Scliar
353(1).**O caso Saint-Fiacre** – Simenon
354(2).**Morte na alta sociedade** – Simenon
355(3).**O cão amarelo** – Simenon
356(4).**Maigret e o homem do banco** – Simenon
357.**As uvas e o vento** – Pablo Neruda
358.**On the road** – Jack Kerouac
359.**O coração amarelo** – Pablo Neruda
360.**Livro das perguntas** – Pablo Neruda
361.**Noite de Reis** – William Shakespeare
362.**Manual de Ecologia** – vol.1 – J. Lutzenberger
363.**O mais longo dos dias** – Cornelius Ryan
364.**Foi bom prá você?** – Nani
365.**Crepusculário** – Pablo Neruda
366.**A comédia dos erros** – Shakespeare
367(5).**A primeira investigação de Maigret** – Simenon
368(6).**As férias de Maigret** – Simenon
369.**Mate-me por favor (vol.1)** – L. McNeil
370.**Mate-me por favor (vol.2)** – L. McNeil
371.**Carta ao pai** – Kafka
372.**Os vagabundos iluminados** – J. Kerouac
373(7).**O enforcado** – Simenon
374(8).**A fúria de Maigret** – Simenon
375.**Vargas, uma biografia política** – H. Silva
376.**Poesia reunida (vol.1)** – A. R. de Sant'Anna
377.**Poesia reunida (vol.2)** – A. R. de Sant'Anna
378.**Alice no país do espelho** – Lewis Carroll
379.**Residência na Terra 1** – Pablo Neruda
380.**Residência na Terra 2** – Pablo Neruda
381.**Terceira Residência** – Pablo Neruda
382.**O delírio amoroso** – Bocage
383.**Futebol ao sol e à sombra** – E. Galeano
384(9).**O porto das brumas** – Simenon
385(10).**Maigret e seu morto** – Simenon
386.**Radicci 4** – Iotti
387.**Boas maneiras & sucesso nos negócios** – Celia Ribeiro
388.**Uma história Farroupilha** – M. Scliar
389.**Na mesa ninguém envelhece** – J. A. Pinheiro Machado
390.**200 receitas inéditas do Anonymus Gourmet** – J. A. Pinheiro Machado
391.**Guia prático do Português correto – vol.2** – Cláudio Moreno
392.**Breviário das terras do Brasil** – Assis Brasil
393.**Cantos Cerimoniais** – Pablo Neruda
394.**Jardim de Inverno** – Pablo Neruda
395.**Antonio e Cleópatra** – William Shakespeare
396.**Tróia** – Cláudio Moreno
397.**Meu tio matou um cara** – Jorge Furtado
398.**O anatomista** – Federico Andahazi
399.**As viagens de Gulliver** – Jonathan Swift
400.**Dom Quixote** – (v. 1) – Miguel de Cervantes
401.**Dom Quixote** – (v. 2) – Miguel de Cervantes
402.**Sozinho no Pólo Norte** – Thomaz Brandolin
403.**Matadouro 5** – Kurt Vonnegut
404.**Delta de Vênus** – Anaïs Nin
405.**O melhor de Hagar 2** – Dik Browne

406.**É grave Doutor?** – Nani
407.**Orai pornô** – Nani
408(11).**Maigret em Nova York** – Simenon
409(12).**O assassino sem rosto** – Simenon
410(13).**O mistério das jóias roubadas** – Simenon
411.**A irmãzinha** – Raymond Chandler
412.**Três contos** – Gustave Flaubert
413.**De ratos e homens** – John Steinbeck
414.**Lazarilho de Tormes** – Anônimo do séc. XVI
415.**Triângulo das águas** – Caio Fernando Abreu
416.**100 receitas de carnes** – Sílvio Lancellotti
417.**Histórias de robôs:** vol. 1 – org. Isaac Asimov
418.**Histórias de robôs:** vol. 2 – org. Isaac Asimov
419.**Histórias de robôs:** vol. 3 – org. Isaac Asimov
420.**O país dos centauros** – Tabajara Ruas
421.**A república de Anita** – Tabajara Ruas
422.**A carga dos lanceiros** – Tabajara Ruas
423.**Um amigo de Kafka** – Isaac Singer
424.**As alegres matronas de Windsor** – Shakespeare
425.**Amor e exílio** – Isaac Bashevis Singer
426.**Use & abuse do seu signo** – Marília Fiorillo e Marylou Simonsen
427.**Pigmaleão** – Bernard Shaw
428.**As fenícias** – Eurípides
429.**Everest** – Thomaz Brandolin
430.**A arte de furtar** – Anônimo do séc. XVI
431.**Billy Bud** – Herman Melville
432.**A rosa separada** – Pablo Neruda
433.**Elegia** – Pablo Neruda
434.**A garota de Cassidy** – David Goodis
435.**Como fazer a guerra: máximas de Napoleão** – Balzac
436.**Poemas escolhidos** – Emily Dickinson
437.**Gracias por el fuego** – Mario Benedetti
438.**O sofá** – Crébillon Fils
439.**O "Martín Fierro"** – Jorge Luis Borges
440.**Trabalhos de amor perdidos** – W. Shakespeare
441.**O melhor de Hagar 3** – Dik Browne
442.**Os Maias (volume1)** – Eça de Queiroz
443.**Os Maias (volume2)** – Eça de Queiroz
444.**Anti-Justine** – Restif de La Bretonne
445.**Juventude** – Joseph Conrad
446.**Contos** – Eça de Queiroz
447.**Janela para a morte** – Raymond Chandler
448.**Um amor de Swann** – Marcel Proust
449.**À paz perpétua** – Immanuel Kant
450.**A conquista do México** – Hernan Cortez
451.**Defeitos escolhidos e 2000** – Pablo Neruda
452.**O casamento do céu e do inferno** – William Blake
453.**A primeira viagem ao redor do mundo** – Antonio Pigafetta
454(14).**Uma sombra na janela** – Simenon
455(15).**A noite da encruzilhada** – Simenon
456(16).**A velha senhora** – Simenon
457.**Sartre** – Annie Cohen-Solal
458.**Discurso do método** – René Descartes
459.**Garfield em grande forma (1)** – Jim Davis
460.**Garfield está de dieta** (2) – Jim Davis
461.**O livro das feras** – Patricia Highsmith
462.**Viajante solitário** – Jack Kerouac
463.**Auto da barca do inferno** – Gil Vicente
464.**O livro vermelho dos pensamentos de Millôr** – Millôr Fernandes
465.**O livro dos abraços** – Eduardo Galeano
466.**Voltaremos!** – José Antonio Pinheiro Machado
467.**Rango** – Edgar Vasques
468(8).**Dieta mediterrânea** – Dr. Fernando Lucchese e José Antonio Pinheiro Machado
469.**Radicci 5** – Iotti
470.**Pequenos pássaros** – Anaïs Nin
471.**Guia prático do Português correto – vol.3** – Cláudio Moreno
472.**Atire no pianista** – David Goodis
473.**Antologia Poética** – García Lorca
474.**Alexandre e César** – Plutarco
475.**Uma espiã na casa do amor** – Anaïs Nin
476.**A gorda do Tiki Bar** – Dalton Trevisan
477.**Garfield um gato de peso (3)** – Jim Davis
478.**Canibais** – David Coimbra
479.**A arte de escrever** – Arthur Schopenhauer
480.**Pinóquio** – Carlo Collodi
481.**Misto-quente** – Bukowski
482.**A lua na sarjeta** – David Goodis
483.**O melhor do Recruta Zero (1)** – Mort Walker
484.**Aline: TPM – tensão pré-monstrual (2)** – Adão Iturrusgarai
485.**Sermões do Padre Antonio Vieira**
486.**Garfield numa boa (4)** – Jim Davis
487.**Mensagem** – Fernando Pessoa
488.**Vendeta** *seguido de* **A paz conjugal** – Balzac
489.**Poemas de Alberto Caeiro** – Fernando Pessoa
490.**Ferragus** – Honoré de Balzac
491.**A duquesa de Langeais** – Honoré de Balzac
492.**A menina dos olhos de ouro** – Honoré de Balzac
493.**O lírio do vale** – Honoré de Balzac
494(17).**A barcaça da morte** – Simenon
495(18).**As testemunhas rebeldes** – Simenon
496(19).**Um engano de Maigret** – Simenon
497(1).**A noite das bruxas** – Agatha Christie
498(2).**Um passe de mágica** – Agatha Christie
499(3).**Nêmesis** – Agatha Christie
500.**Esboço para uma teoria das emoções** – Sartre
501.**Renda básica de cidadania** – Eduardo Suplicy
502(1).**Pílulas para viver melhor** – Dr. Lucchese
503(2).**Pílulas para prolongar a juventude** – Dr. Lucchese
504(3).**Desembarcando o diabetes** – Dr. Lucchese
505(4).**Desembarcando o sedentarismo** – Dr. Fernando Lucchese e Cláudio Castro
506(5).**Desembarcando a hipertensão** – Dr. Lucchese
507(6).**Desembarcando o colesterol** – Dr. Fernando Lucchese e Fernanda Lucchese
508.**Estudos de mulher** – Balzac
509.**O terceiro tira** – Flann O'Brien
510.**100 receitas de aves e ovos** – J. A. P. Machado
511.**Garfield em toneladas de diversão** (5) – Jim Davis
512.**Trem-bala** – Martha Medeiros
513.**Os cães ladram** – Truman Capote
514.**O Kama Sutra de Vatsyayana**
515.**O crime do Padre Amaro** – Eça de Queiroz
516.**Odes de Ricardo Reis** – Fernando Pessoa
517.**O inverno da nossa desesperança** – Steinbeck
518.**Piratas do Tietê (1)** – Laerte
519.**Rê Bordosa: do começo ao fim** – Angeli
520.**O Harlem é escuro** – Chester Himes

521.**Café-da-manhã dos campeões** – Kurt Vonnegut
522.**Eugénie Grandet** – Balzac
523.**O último magnata** – F. Scott Fitzgerald
524.**Carol** – Patricia Highsmith
525.**100 receitas de patisseria** – Sílvio Lancellotti
526.**O fator humano** – Graham Greene
527.**Tristessa** – Jack Kerouac
528.**O diamante do tamanho do Ritz** – Scott Fitzgerald
529.**As melhores histórias de Sherlock Holmes** – Arthur Conan Doyle
530.**Cartas a um jovem poeta** – Rilke
531(20).**Memórias de Maigret** – Simenon
532(4).**O misterioso sr. Quin** – Agatha Christie
533.**Os analectos** – Confúcio
534(21).**Maigret e os homens de bem** – Simenon
535(22).**O medo de Maigret** – Simenon
536.**Ascensão e queda de César Birotteau** – Balzac
537.**Sexta-feira negra** – David Goodis
538.**Ora bolas – O humor de Mario Quintana** – Juarez Fonseca
539.**Longe daqui aqui mesmo** – Antonio Bivar
540(5).**É fácil matar** – Agatha Christie
541.**O pai Goriot** – Balzac
542.**Brasil, um país do futuro** – Stefan Zweig
543.**O processo** – Kafka
544.**O melhor de Hagar 4** – Dik Browne
545(6).**Por que não pediram a Evans?** – Agatha Christie
546.**Fanny Hill** – John Cleland
547.**O gato por dentro** – William S. Burroughs
548.**Sobre a brevidade da vida** – Sêneca
549.**Geraldão (1)** – Glauco
550.**Piratas do Tietê (2)** – Laerte
551.**Pagando o pato** – Ciça
552.**Garfield de bom humor (6)** – Jim Davis
553.**Conhece o Mário?** vol.1 – Santiago
554.**Radicci 6** – Iotti
555.**Os subterrâneos** – Jack Kerouac
556(1).**Balzac** – François Taillandier
557(2).**Modigliani** – Christian Parisot
558(3).**Kafka** – Gérard-Georges Lemaire
559(4).**Júlio César** – Joël Schmidt
560.**Receitas da família** – J. A. Pinheiro Machado
561.**Boas maneiras à mesa** – Celia Ribeiro
562(9).**Filhos sadios, pais felizes** – R. Pagnoncelli
563(10).**Fatos & mitos** – Dr. Fernando Lucchese
564.**Ménage à trois** – Paula Taitelbaum
565.**Mulheres!** – David Coimbra
566.**Poemas de Álvaro de Campos** – Fernando Pessoa
567.**Medo e outras histórias** – Stefan Zweig
568.**Snoopy e sua turma (1)** – Schulz
569.**Piadas para sempre (1)** – Visconde da Casa Verde
570.**O alvo móvel** – Ross Macdonald
571.**O melhor do Recruta Zero (2)** – Mort Walker
572.**Um sonho americano** – Norman Mailer
573.**Os broncos também amam** – Angeli
574.**Crônica de um amor louco** – Bukowski
575(5).**Freud** – René Major e Chantal Talagrand
576(6).**Picasso** – Gilles Plazy
577(7).**Gandhi** – Christine Jordis
578.**A tumba** – H. P. Lovecraft
579.**O príncipe e o mendigo** – Mark Twain
580.**Garfield, um charme de gato (7)** – Jim Davis
581.**Ilusões perdidas** – Balzac
582.**Esplendores e misérias das cortesãs** – Balzac
583.**Walter Ego** – Angeli
584.**Striptiras (1)** – Laerte
585.**Fagundes: um puxa-saco de mão cheia** – Laerte
586.**Depois do último trem** – Josué Guimarães
587.**Ricardo III** – Shakespeare
588.**Dona Anja** – Josué Guimarães
589.**24 horas na vida de uma mulher** – Stefan Zweig
590.**O terceiro homem** – Graham Greene
591.**Mulher no escuro** – Dashiell Hammett
592.**No que acredito** – Bertrand Russell
593.**Odisséia (1): Telemaquia** – Homero
594.**O cavalo cego** – Josué Guimarães
595.**Henrique V** – Shakespeare
596.**Fabulário geral do delírio cotidiano** – Bukowski
597.**Tiros na noite 1: A mulher do bandido** – Dashiell Hammett
598.**Snoopy em Feliz Dia dos Namorados! (2)** – Schulz
599.**Mas não se matam cavalos?** – Horace McCoy
600.**Crime e castigo** – Dostoiévski
601(7).**Mistério no Caribe** – Agatha Christie
602.**Odisséia (2): Regresso** – Homero
603.**Piadas para sempre (2)** – Visconde da Casa Verde
604.**À sombra do vulcão** – Malcolm Lowry
605(8).**Kerouac** – Yves Buin
606.**E agora são cinzas** – Angeli
607.**As mil e uma noites** – Paulo Caruso
608.**Um assassino entre nós** – Ruth Rendell
609.**Crack-up** – F. Scott Fitzgerald
610.**Do amor** – Stendhal
611.**Cartas do Yage** – William Burroughs e Allen Ginsberg
612.**Striptiras (2)** – Laerte
613.**Henry & June** – Anaïs Nin
614.**A piscina mortal** – Ross Macdonald
615.**Geraldão (2)** – Glauco
616.**Tempo de delicadeza** – A. R. de Sant'Anna
617.**Tiros na noite 2: Medo de tiro** – Dashiell Hammett
618.**Snoopy em Assim é a vida, Charlie Brown! (3)** – Schulz
619.**1954 – Um tiro no coração** – Hélio Silva
620.**Sobre a inspiração poética (Íon)** e ... – Platão
621.**Garfield e seus amigos (8)** – Jim Davis
622.**Odisséia (3): Ítaca** – Homero
623.**A louca matança** – Chester Himes
624.**Factótum** – Bukowski
625.**Guerra e Paz: volume 1** – Tolstói
626.**Guerra e Paz: volume 2** – Tolstói
627.**Guerra e Paz: volume 3** – Tolstói
628.**Guerra e Paz: volume 4** – Tolstói
629(9).**Shakespeare** – Claude Mourthé
630.**Bem está o que bem acaba** – Shakespeare
631.**O contrato social** – Rousseau
632.**Geração Beat** – Jack Kerouac
633.**Snoopy: É Natal! (4)** – Charles Schulz
634(8).**Testemunha da acusação** – Agatha Christie

635.**Um elefante no caos** – Millôr Fernandes
636.**Guia de leitura (100 autores que você precisa ler)** – Organização de Léa Masina
637.**Pistoleiros também mandam flores** – David Coimbra
638.**O prazer das palavras** – vol. 1 – Cláudio Moreno
639.**O prazer das palavras** – vol. 2 – Cláudio Moreno
640.**Novíssimo testamento: com Deus e o diabo, a dupla da criação** – Iotti
641.**Literatura Brasileira: modos de usar** – Luís Augusto Fischer
642.**Dicionário de Porto-Alegrês** – Luís A. Fischer
643.**Clô Dias & Noites** – Sérgio Jockymann
644.**Memorial de Isla Negra** – Pablo Neruda
645.**Um homem extraordinário e outras histórias** – Tchékhov
646.**Ana sem terra** – Alcy Cheuiche
647.**Adultérios** – Woody Allen
648.**Para sempre ou nunca mais** – R. Chandler
649.**Nosso homem em Havana** – Graham Greene
650.**Dicionário Caldas Aulete de Bolso**
651.**Snoopy: Posso fazer uma pergunta, professora? (5)** – Charles Schulz
652(10).**Luís XVI** – Bernard Vincent
653.**O mercador de Veneza** – Shakespeare
654.**Cancioneiro** – Fernando Pessoa
655.**Non-Stop** – Martha Medeiros
656.**Carpinteiros, levantem bem alto a cumeeira & Seymour, uma apresentação** – J.D.Salinger
657.**Ensaios céticos** – Bertrand Russell
658.**O melhor de Hagar 5** – Dik e Chris Browne
659.**Primeiro amor** – Ivan Turguêniev
660.**A trégua** – Mario Benedetti
661.**Um parque de diversões da cabeça** – Lawrence Ferlinghetti
662.**Aprendendo a viver** – Sêneca
663.**Garfield, um gato em apuros (9)** – Jim Davis
664.**Dilbert 1** – Scott Adams
665.**Dicionário de dificuldades** – Domingos Paschoal Cegalla
666.**A imaginação** – Jean-Paul Sartre
667.**O ladrão e os cães** – Naguib Mahfuz
668.**Gramática do português contemporâneo** – Celso Cunha
669.**A volta do parafuso** *seguido de* **Daisy Miller** – Henry James
670.**Notas do subsolo** – Dostoiévski
671.**Abobrinhas da Brasilônia** – Glauco
672.**Geraldão (3)** – Glauco
673.**Piadas para sempre (3)** – Visconde da Casa Verde
674.**Duas viagens ao Brasil** – Hans Staden
675.**Bandeira de bolso** – Manuel Bandeira
676.**A arte da guerra** – Maquiavel
677.**Além do bem e do mal** – Nietzsche
678.**O coronel Chabert** *seguido de* **A mulher abandonada** – Balzac
679.**O sorriso de marfim** – Ross Macdonald
680.**100 receitas de pescados** – Sílvio Lancellotti
681.**O juiz e seu carrasco** – Friedrich Dürrenmatt
682.**Noites brancas** – Dostoiévski
683.**Quadras ao gosto popular** – Fernando Pessoa
684.**Romanceiro da Inconfidência** – Cecília Meireles
685.**Kaos** – Millôr Fernandes
686.**A pele de onagro** – Balzac
687.**As ligações perigosas** – Choderlos de Laclos
688.**Dicionário de matemática** – Luiz Fernandes Cardoso
689.**Os Lusíadas** – Luís Vaz de Camões
690(11).**Átila** – Éric Deschodt
691.**Um jeito tranqüilo de matar** – Chester Himes
692.**A felicidade conjugal** *seguido de* **O diabo** – Tolstói
693.**Viagem de um naturalista ao redor do mundo** – vol. 1 – Charles Darwin
694.**Viagem de um naturalista ao redor do mundo** – vol. 2 – Charles Darwin
695.**Memórias da casa dos mortos** – Dostoiévski
696.**A Celestina** – Fernando de Rojas
697.**Snoopy: Como você é azarado, Charlie Brown! (6)** – Charles Schulz
698.**Dez (quase) amores** – Claudia Tajes
699(9).**Poirot sempre espera** – Agatha Christie
700.**Cecília de bolso** – Cecília Meireles
701.**Apologia de Sócrates** *precedido de* **Êutifron** e *seguido de* **Críton** – Platão
702.**Wood & Stock** – Angeli
703.**Striptiras (3)** – Laerte
704.**Discurso sobre a origem e os fundamentos da desigualdade entre os homens** – Rousseau
705.**Os duelistas** – Joseph Conrad
706.**Dilbert (2)** – Scott Adams
707.**Viver e escrever** (vol. 1) – Edla van Steen
708.**Viver e escrever** (vol. 2) – Edla van Steen
709.**Viver e escrever** (vol. 3) – Edla van Steen
710(10).**A teia da aranha** – Agatha Christie
711.**O banquete** – Platão
712.**Os belos e malditos** – F. Scott Fitzgerald
713.**Libelo contra a arte moderna** – Salvador Dalí
714.**Akropolis** – Valerio Massimo Manfredi
715.**Devoradores de mortos** – Michael Crichton
716.**Sob o sol da Toscana** – Frances Mayes
717.**Batom na cueca** – Nani
718.**Vida dura** – Claudia Tajes
719.**Carne trêmula** – Ruth Rendell
720.**Cris, a fera** – David Coimbra
721.**O anticristo** – Nietzsche
722.**Como um romance** – Daniel Pennac
723.**Emboscada no Forte Bragg** – Tom Wolfe
724.**Assédio sexual** – Michael Crichton
725.**O espírito do Zen** – Alan W.Watts
726.**Um bonde chamado desejo** – Tennessee Williams
727.**Como gostais** *seguido de* **Conto de inverno** – Shakespeare
728.**Tratado sobre a tolerância** – Voltaire
729.**Snoopy: Doces ou travessuras? (7)** – Charles Schulz
730.**Cardápios do Anonymus Gourmet** – J.A. Pinheiro Machado
731.**100 receitas com lata** – J.A. Pinheiro Machado
732.**Conhece o Mário?** vol.2 – Santiago
733.**Dilbert (3)** – Scott Adams
734.**História de um louco amor** *seguido de* **Passado amor** – Horacio Quiroga
735(11).**Sexo: muito prazer** – Laura Meyer da Silva
736(12).**Para entender o adolescente** – Dr. Ronald Pagnoncelli

737(13).**Desembarcando a tristeza** – Dr. Fernando Lucchese
738.**Poirot e o mistério da arca espanhola & outras histórias** – Agatha Christie
739.**A última legião** – Valerio Massimo Manfredi
740.**As virgens suicidas** – Jeffrey Eugenides
741.**Sol nascente** – Michael Crichton
742.**Duzentos ladrões** – Dalton Trevisan
743.**Os devaneios do caminhante solitário** – Rousseau
744.**Garfield, o rei da preguiça (10)** – Jim Davis
745.**Os magnatas** – Charles R. Morris
746.**Pulp** – Charles Bukowski
747.**Enquanto agonizo** – William Faulkner
748.**Aline: viciada em sexo (3)** – Adão Iturrusgarai
749.**A dama do cachorrinho** – Anton Tchékhov
750.**Tito Andrônico** – Shakespeare
751.**Antologia poética** – Anna Akhmátova
752.**O melhor de Hagar 6** – Dik e Chris Browne
753(12).**Michelangelo** – Nadine Sautel
754.**Dilbert (4)** – Scott Adams
755.**O jardim das cerejeiras** *seguido de* **Tio Vânia** – Tchékhov
756.**Geração Beat** – Claudio Willer
757.**Santos Dumont** – Alcy Cheuiche
758.**Budismo** – Claude B. Levenson
759.**Cleópatra** – Christian-Georges Schwentzel
760.**Revolução Francesa** – Frédéric Bluche, Stéphane Rials e Jean Tulard
761.**A crise de 1929** – Bernard Gazier
762.**Sigmund Freud** – Edson Sousa e Paulo Endo
763.**Império Romano** – Patrick Le Roux
764.**Cruzadas** – Cécile Morrisson
765.**O mistério do Trem Azul** – Agatha Christie
766.**Os escrúpulos de Maigret** – Simenon
767.**Maigret se diverte** – Simenon
768.**Senso comum** – Thomas Paine
769.**O parque dos dinossauros** – Michael Crichton
770.**Trilogia da paixão** – Goethe
771.**A simples arte de matar** (vol.1) – R. Chandler
772.**A simples arte de matar** (vol.2) – R. Chandler
773.**Snoopy: No mundo da lua! (8)** – Charles Schulz
774.**Os Quatro Grandes** – Agatha Christie
775.**Um brinde de cianureto** – Agatha Christie
776.**Súplicas atendidas** – Truman Capote
777.**Ainda restam aveleiras** – Simenon
778.**Maigret e o ladrão preguiçoso** – Simenon
779.**A viúva imortal** – Millôr Fernandes
780.**Cabala** – Roland Goetschel
781.**Capitalismo** – Claude Jessua
782.**Mitologia grega** – Pierre Grimal
783.**Economia: 100 palavras-chave** – Jean-Paul Betbèze
784.**Marxismo** – Henri Lefebvre
785.**Punição para a inocência** – Agatha Christie
786.**A extravagância do morto** – Agatha Christie
787(13).**Cézanne** – Bernard Fauconnier
788.**A identidade Bourne** – Robert Ludlum
789.**Da tranquilidade da alma** – Sêneca
790.**Um artista da fome** *seguido de* **Na colônia penal e outras histórias** – Kafka
791.**Histórias de fantasmas** – Charles Dickens
792.**A louca de Maigret** – Simenon
793.**O amigo de infância de Maigret** – Simenon
794.**O revólver de Maigret** – Simenon
795.**A fuga do sr. Monde** – Simenon
796.**O Uraguai** – Basílio da Gama
797.**A mão misteriosa** – Agatha Christie
798.**Testemunha ocular do crime** – Agatha Christie
799.**Crepúsculo dos ídolos** – Friedrich Nietzsche
800.**Maigret e o negociante de vinhos** – Simemon
801.**Maigret e o mendigo** – Simenon
802.**O grande golpe** – Dashiell Hammett
803.**Humor barra pesada** – Nani
804.**Vinho** – Jean-François Gautier
805.**Egito Antigo** – Sophie Desplancques
806(14).**Baudelaire** – Jean-Baptiste Baronian
807.**Caminho da sabedoria, caminho da paz** – Dalai Lama e Felizitas von Schönborn
808.**Senhor e servo e outras histórias** – Tolstói
809.**Os cadernos de Malte Laurids Brigge** – Rilke
810.**Dilbert (5)** – Scott Adams
811.**Big Sur** – Jack Kerouac
812.**Seguindo a correnteza** – Agatha Christie
813.**O álibi** – Sandra Brown
814.**Montanha-russa** – Martha Medeiros
815.**Coisas da vida** – Martha Medeiros
816.**A cantada infalível** *seguido de* **A mulher do centroavante** – David Coimbra
817.**Maigret e os crimes do cais** – Simenon
818.**Sinal vermelho** – Simenon
819.**Snoopy: Pausa para a soneca (9)** – Charles Schulz
820.**De pernas pro ar** – Eduardo Galeano
821.**Tragédias gregas** – Pascal Thiercy
822.**Existencialismo** – Jacques Colette
823.**Nietzsche** – Jean Granier
824.**Amar ou depender?** – Walter Riso
825.**Darmapada: A doutrina budista em versos**
826.**J'Accuse...! – a verdade em marcha** – Zola
827.**Os crimes ABC** – Agatha Christie
828.**Um gato entre os pombos** – Agatha Christie
829.**Maigret e o sumiço do sr. Charles** – Simenon
830.**Maigret e a morte do jogador** – Simenon
831.**Dicionário de teatro** – Luiz Paulo Vasconcellos
832.**Cartas extraviadas** – Martha Medeiros
833.**A longa viagem de prazer** – J. J. Morosoli
834.**Receitas fáceis** – J. A. Pinheiro Machado
835.(14).**Mais fatos & mitos** – Dr. Fernando Lucchese
836.(15).**Boa viagem!** – Dr. Fernando Lucchese
837.**Aline: Finalmente nua!!! (4)** – Adão Iturrusgarai
838.**Mônica tem uma novidade!** – Mauricio de Sousa
839.**Cebolinha em apuros!** – Mauricio de Sousa
840.**Sócios no crime** – Agatha Christie
841.**Bocas do tempo** – Eduardo Galeano
842.**Orgulho e preconceito** – Jane Austen
843.**Impressionismo** – Dominique Lobstein
844.**Escrita chinesa** – Viviane Alleton
845.**Paris: uma história** – Yvan Combeau
846(15).**Van Gogh** – David Haziot
847.**Maigret e o corpo sem cabeça** – Simenon
848.**Portal do destino** – Agatha Christie
849.**O futuro de uma ilusão** – Freud
850.**O mal-estar na cultura** – Freud
851.**Maigret e o matador** – Simenon
852.**Maigret e o fantasma** – Simenon

853.**Um crime adormecido** – Agatha Christie
854.**Satori em Paris** – Jack Kerouac
855.**Medo e delírio em Las Vegas** – Hunter Thompson
856.**Um negócio fracassado e outros contos de humor** – Tchékhov
857.**Mônica está de férias!** – Mauricio de Sousa
858.**De quem é esse coelho?** – Mauricio de Sousa
859.**O burgomestre de Furnes** – Simenon
860.**O mistério Sittaford** – Agatha Christie
861.**Manhã transfigurada** – Luiz Antonio de Assis Brasil
862.**Alexandre, o Grande** – Pierre Briant
863.**Jesus** – Charles Perrot
864.**Islã** – Paul Balta
865.**Guerra da Secessão** – Farid Ameur
866.**Um rio que vem da Grécia** – Cláudio Moreno
867.**Maigret e os colegas americanos** – Simenon
868.**Assassinato na casa do pastor** – Agatha Christie
869.**Manual do líder** – Napoleão Bonaparte
870(16).**Billie Holiday** – Sylvia Fol
871.**Bidu arrasando!** – Mauricio de Sousa
872.**Desventuras em família** – Mauricio de Sousa
873.**Liberty Bar** – Simenon
874.**E no final a morte** – Agatha Christie
875.**Guia prático do Português correto – vol. 4** – Cláudio Moreno
876.**Dilbert (6)** – Scott Adams
877(17).**Leonardo da Vinci** – Sophie Chauveau
878.**Bella Toscana** – Frances Mayes
879.**A arte da ficção** – David Lodge
880.**Striptiras (4)** – Laerte
881.**Skrotinhos** – Angeli
882.**Depois do funeral** – Agatha Christie
883.**Radicci 7** – Iotti
884.**Walden** – H. D. Thoreau
885.**Lincoln** – Allen C. Guelzo
886.**Primeira Guerra Mundial** – Michael Howard
887.**A linha de sombra** – Joseph Conrad
888.**O amor é um cão dos diabos** – Bukowski
889.**Maigret sai em viagem** – Simenon
890.**Despertar: uma vida de Buda** – Jack Kerouac
891(18).**Albert Einstein** – Laurent Seksik
892.**Hell's Angels** – Hunter Thompson
893.**Ausência na primavera** – Agatha Christie
894.**Dilbert (7)** – Scott Adams
895.**Ao sul de lugar nenhum** – Bukowski
896.**Maquiavel** – Quentin Skinner
897.**Sócrates** – C.C.W. Taylor
898.**A casa do canal** – Simenon
899.**O Natal de Poirot** – Agatha Christie
900.**As veias abertas da América Latina** – Eduardo Galeano
901.**Snoopy: Sempre alerta! (10)** – Charles Schulz
902.**Chico Bento: Plantando confusão** – Mauricio de Sousa
903.**Penadinho: Quem é morto sempre aparece** – Mauricio de Sousa
904.**A vida sexual da mulher feia** – Claudia Tajes
905.**100 segredos de liquidificador** – José Antonio Pinheiro Machado
906.**Sexo muito prazer 2** – Laura Meyer da Silva
907.**Os nascimentos** – Eduardo Galeano
908.**As caras e as máscaras** – Eduardo Galeano
909.**O século do vento** – Eduardo Galeano
910.**Poirot perde uma cliente** – Agatha Christie
911.**Cérebro** – Michael O'Shea
912.**O escaravelho de ouro e outras histórias** – Edgar Allan Poe
913.**Piadas para sempre (4)** – Visconde da Casa Verde
914.**100 receitas de massas light** – Helena Tonetto
915(19).**Oscar Wilde** – Daniel Salvatore Schiffer
916.**Uma breve história do mundo** – H. G. Wells
917.**A Casa do Penhasco** – Agatha Christie
918.**Maigret e o finado sr. Gallet** – Simenon
919.**John M. Keynes** – Bernard Gazier
920(20).**Virginia Woolf** – Alexandra Lemasson
921.**Peter e Wendy** *seguido de* **Peter Pan em Kensington Gardens** – J. M. Barrie
922.**Aline: numas de colegial (5)** – Adão Iturrusgarai
923.**Uma dose mortal** – Agatha Christie
924.**Os trabalhos de Hércules** – Agatha Christie
925.**Maigret na escola** – Simenon
926.**Kant** – Roger Scruton
927.**A inocência do Padre Brown** – G.K. Chesterton
928.**Casa Velha** – Machado de Assis
929.**Marcas de nascença** – Nancy Huston
930.**Aulete de bolso**
931.**Hora Zero** – Agatha Christie
932.**Morte na Mesopotâmia** – Agatha Christie
933.**Um crime na Holanda** – Simenon
934.**Nem te conto, João** – Dalton Trevisan
935.**As aventuras de Huckleberry Finn** – Mark Twain
936(21).**Marilyn Monroe** – Anne Plantagenet
937.**China moderna** – Rana Mitter
938.**Dinossauros** – David Norman
939.**Louca por homem** – Claudia Tajes
940.**Amores de alto risco** – Walter Riso
941.**Jogo de damas** – David Coimbra
942.**Filha é filha** – Agatha Christie
943.**M ou N?** – Agatha Christie
944.**Maigret se defende** – Simenon
945.**Bidu: diversão em dobro!** – Mauricio de Sousa
946.**Fogo** – Anaïs Nin
947.**Rum: diário de um jornalista bêbado** – Hunter Thompson
948.**Persuasão** – Jane Austen
949.**Lágrimas na chuva** – Sergio Faraco
950.**Mulheres** – Bukowski
951.**Um pressentimento funesto** – Agatha Christie
952.**Cartas na mesa** – Agatha Christie
953.**Maigret em Vichy** – Simenon
954.**O lobo do mar** – Jack London
955.**Os gatos** – Patricia Highsmith
956.**Jesus** – Christiane Rancé
957.**História da medicina** – William Bynum
958.**O Morro dos Ventos Uivantes** – Emily Brontë
959.**A filosofia na era trágica dos gregos** – Nietzsche
960.**Os treze problemas** – Agatha Christie
961.**A massagista japonesa** – Moacyr Scliar
962.**A taberna dos dois tostões** – Simenon
963.**Humor do miserê** – Nani
964.**Todo o mundo tem dúvida, inclusive você** – Édison Oliveira
965.**A dama do Bar Nevada** – Sergio Faraco

UMA SÉRIE COM MUITA HISTÓRIA PRA CONTAR

Alexandre, o Grande, Pierre Briant | **Budismo**, Claude B. Levenson | **Cabala**, Roland Goetschel | **Capitalismo**, Claude Jessua | **Cérebro**, Michael O'Shea | **China moderna**, Rana Mitter | **Cleópatra**, Christian-Georges Schwentzel | **A crise de 1929**, Bernard Gazier | **Cruzadas**, Cécile Morrisson | **Dinossauros**, David Norman | **Economia: 100 palavras-chave**, Jean-Paul Betbèze | **Egito Antigo**, Sophie Desplancques | **Escrita chinesa**, Viviane Alleton | **Existencialismo**, Jacques Colette | **Geração Beat**, Claudio Willer | **Guerra da Secessão**, Farid Ameur | **História da medicina**, William Bynum | **Império Romano,** Patrick Le Roux | **Impressionismo**, Dominique Lobstein | **Islã**, Paul Balta | **Jesus**, Charles Perrot | **John M. Keynes**, Bernard Gazier | **Kant**, Roger Scruton | **Lincoln**, Allen C. Guelzo | **Maquiavel**, Quentin Skinner | **Marxismo**, Henri Lefebvre | **Mitologia grega**, Pierre Grimal | **Nietzsche**, Jean Granier | **Paris: uma história**, Yvan Combeau | **Primeira Guerra Mundial**, Michael Howard | **Revolução Francesa**, Frédéric Bluche, Stéphane Rials e Jean Tulard | **Santos Dumont**, Alcy Cheuiche | **Sigmund Freud**, Edson Sousa e Paulo Endo | **Sócrates**, Cristopher Taylor | **Tragédias gregas**, Pascal Thiercy | **Vinho**, Jean-François Gautier

L&PMPOCKETENCYCLOPÆDIA

Conhecimento na medida certa

IMPRESSÃO:

GRÁFICA EDITORA
Pallotti
IMAGEM DE QUALIDADE

Santa Maria - RS - Fone/Fax: (55) 3220.4500
www.pallotti.com.br